上海市高原学科法学环境资源法建设项目 资助
上海政法学院学术文库·环境资源法学丛书

LEGISLATIVE STUDY ON MARINE BIODIVERSITY CONSERVATION BY COASTAL ZONE MANAGEMENT IN CHINA AND FOREIGN COUNTRIES

朱晓燕 著

国内外海岸带管理对海洋生物多样性保护立法研究

中国法制出版社
CHINA LEGAL PUBLISHING HOUSE

“环境资源法学丛书”
总　序

我校环境法学科在“十一五”期间被上海市教委列为重点学科，在上海市教委的资助下出版了系列学术著作和教材。在“十二五”开局之年，经专家评审，上海市教委批准，我校环境法学科被列入上海高等教育内涵建设“085”工程建设项目，建设周期五年，包括环境法重点学科建设项目和城市环境安全知识创新平台建设项目两个子项目。2012年，我校环境法学科被列入上海市高校一流学科（上海市重点学科）法学建设规划项目，建设周期五年。该学科以环境资源法理论和实践为总体建设方略，注重与相关学科的交叉与融合，下设环境保护法、自然资源法、能源法、海洋法、环境健康法、灾害防治法、循环经济法、国际环境法、房地产法、环境资源经济（金融）法、环境资源行政法、环境资源犯罪、环境社会学、生态哲学14个方向。根据总体建设方略，该学科在“十二五”期间，成果形式除课题和论文外，计划出版系列环境法专著和教材。期盼学术界同人和广大读者提出批评和建议，帮助我们把这套丛书出好。

王文革

2013年1月

前言

凡世界大事变迁，国力之盛衰强弱，常在海而不在陆，其海上权力优胜者，其国力常占优胜。① 海洋安全、海洋经济发展、海洋生态系统维护等问题都如孙中山先生所言，日益受到海洋强国的关注。我国拥有18000多千米海岸线，6900多个面积在1500平方米以上的海岛②及21770平方千米海涂，在如此广袤而脆弱的区域内，海岸带——这一集居住区及海洋经济资源开发利用区于一体的区域已引起各沿海国的广泛关注。海岸带作为一个陆地和海洋邻接的区域，其生态系统资源丰富且利用价值极高，因此人口趋海性日益明显，从而导致人类对海洋生态系统服务的需求日益增加。它既是人类开发利用最早，经济、社会发展程度最发达的黄金地带，也不可避免地沦为海洋环境资源破坏的重灾区——海岸带区域无序开发、海洋生态破坏严重、海洋生物多样性岌岌可危等问题日渐严重。从多方数据统计来看，目前海岸带海洋生物多样性破坏的主要表现就是海岸带生态系统呈现退化趋势。导致其退化的直接因素包括：海洋外来物种入侵、土地利用方式改变、陆源和船源污染、气候变化等。也就是说，人类在海岸带的高密度经济活动——消费海洋生物、兴建海洋和海岸工程、进行近海养殖、沿海高污染企业建设、港口码头贸易往来和船舶排污、渔业捕捞、休闲业和旅游业开发、矿产

---

① 孙中山：《孙中山全集（第二集）》，中华书局1956年版，第79页。

② 数据来源：《2013年中国海洋环境状况公报》。

资源开发及保护与海洋生物资源开发及保护争夺土地和海域等——使海岸带生态系统环境承载力呈现出越来越强的不稳定性。放眼全球，海岸带区域人口密集程度的持续加大，必然使生态系统服务遭受越来越大的损失，并且很可能造成更加严重的后果。“Worm 等人根据长期渔业数据和区域时间序列分析了海洋生物多样性的改变对主要生态系统服务的影响。研究发现，海洋生态系统的恢复潜力、稳定性和水质随生物多样性的下降呈指数衰减趋势。与之相对应的是通过恢复生物多样性，平均可以增加4倍的生产力，并将生产力的波动性降低21%。”① 可以这么说，生物多样性可以增强生态系统的稳定性，且能够为防止种群丧失或功能降低提供保障，物种数目越多生态系统稳定性越强。② 生物多样性是生物入侵的屏障，其丧失可能意味着生态系统对外来物种入侵的抵抗力下降，外来物种可通过改变入侵途径进入先前不能入侵的环境。③ 正是由于生物多样性与生态系统功能服务关系如此密切，对此类问题的研究也就显得尤为重要。让人扼腕的是，尽管在评估海岸带养殖水域和滨海旅游的承载力方面相关部门和科研单位已经取得了一定进展，但是目前仍然没有一种可靠的方法来预测和计算与人口、经济增长相关的海岸带区域的同化能力。

根据社会学的观点，20 世纪 70 年代开始，人类社会进入后现代社会。这一时期也正是人类加大海岸带开发利用并对海岸带管理发展模型进行探索并逐渐成熟的时期。越来越多的学者和国家对海岸带管理进行区域性乃至全球性的探索，将关注点从地区、国家的海

---

① Worm B, Barbiere, Beaum Ontn: *Impacts of Biodiversity Loss on Ocean Ecosystem Services*. Nature. 2006. 314 (3): 787 –790.

② Naeems. Lis: *Biodiversity Enhances Ecosystem Reliability*. Nature. 1997. 390: 507 –509.

③ Kennedy, Naeems, Howekm: *Biodiversity as a barrier to ecological invasion*. Nature. 1997: 636 – 638.

岸带管理转移到地区协调、国家内部协调、国家间协调的层面。同时，对海岸带开发利用过程中造成的海洋生物多样性减损等问题予以更多的关注，逐步从个体多样性保护转移到群体多样性、区域生态多样性、整个生态系统多样性保护的平台上来。随着管理手段、措施、体系和立法的不断设立和完善，海岸带海洋生物多样性保护不仅仅只停留在初级阶段，而是提升到“海岸带管理是一种对沿海地区环境可持续发展的适用性的资源管理过程”这样一种高度上来。“Vallega（1993）指出，海岸带综合管理是一种整体方法论。在这个方法论中，生态系统被作为一个整体（不管是生物成分还是非生物成分），所有海岸资源利用、海岸资源利用之间的相互作用及对生态系统的相应影响都考虑在内。”① 根据这种观点，在对海岸带资源进行综合管理时，应多着眼于三点：1. 管理应该是一个循序渐进、各方面整体配合实施的过程；2. 应从整体的角度出发，来进行自然资源和环境保护比重的再分配；3. 可持续发展应成为海岸带管理的终极目标。

我国在加强海岸带综合管理、增强海洋生物多样性保护力度的同时，不断加快立法步伐。2017 年，我国国家海洋局（已撤销）印发《海岸线保护与利用管理办法》（以下简称《办法》），《办法》明确当前海岸线保护与利用管理的主要任务，在管理体制上强化了海岸线保护与利用的统筹协调，在管理方式上确立了以自然岸线②保有率目标为核心的倒逼机制，在管理手段上引入了海洋督察和区域限批措施，提出了海岸带管理工作的新举措、新要求：1. 坚持保护优先，增加生态安全需求在用海管理决策中的权重，当生态利益和其他利益发生冲突时，坚持把生态利益放在优先考虑的位置；2. 坚持

① 任光超、杨德利：《后现代社会发展视野下的海岸带管理》，载《中国发展》2011 年第 3 期。

② 自然岸线是指由海陆相互作用形成的岸线，包括砂质岸线、淤泥质岸线、基岩岸线以及生物岸线等原生岸线。

陆海统筹，建立产业用海岸线准入制度，落实海洋生态文明建设实施方案，海洋生态红线制度、海洋主体功能区规划、海洋经济发展规划、海洋功能区划等管控要求，全面构筑岸线利用的生态红线，强化生态“安检”，对触及自然岸线保有率指标和海岸线红线的用海活动一律予以“一票否决”；3. 坚持科学整治，自然恢复和生态恢复并举，推进海岸线整治修复制度，要求制定国家和省级海岸线整治修复五年规划和年度计划，建立全国海岸线整治修复项目库，完善整治修复投入机制，设立中央海岛和海域保护专项资金支持开展海岸线整治修复，并积极引入社会资本参与；4. 建立自然岸线保有率控制制度。到2020年，全国自然岸线保有率不低于35%（不包括海岛岸线）。同时，《办法》将整治修复后具有自然海岸形态特征和生态功能的海岸线纳入自然岸线管控目标管理；5. 建立健全海岸线分级保护制度。根据海岸线自然资源条件和开发程度，将海岸线分为严格保护、限制开发和优化利用三个类别，并分别提出各个保护级别的管控要求。同时，《办法》强调加强海岸线红线管控，严格保护岸线按照生态保护红线有关要求划定，由省级人民政府发布本行政区域内严格保护岸段名录，明确保护边界，设立保护标识。

目前，我国还没有一部专门针对海岸带管理的综合性法律法规，已有的涉及海岸带方面的立法又针对性不强，缺乏强有力的综合协调管理制度。加上我国涉海部门众多，军事、渔业、盐业、交通、土地、城市规划、环保、旅游和临海产业的主管部门之间缺乏统筹协调，不利于海岸带海洋生物资源多样性的有效保护与合理开发。《办法》的出台弥补了这些空白和短板，为扭转海岸带缺少统筹规划、多头管理、管控手段不足的被动局面提供了有力保障。特别是《办法》加大了地方政府在自然岸线监管中的责任，将自然岸线保护纳入了沿海地方政府政绩考核，这将进一步促进各地方政府加强海岸带海洋生物资源多样性保护工作。

本书希望在后现代社会海岸带综合管理模式的框架探讨下，以

“大海洋生态”理念为主导，通过实务和理论相结合的方法对本书论题进行阐述和分析，以期使海岸带综合管理中海洋生物多样性保护的立法更加符合综合与可持续发展的理念，从追求经济利益、保护生态系统完整性和保证资源再分配的社会公正性角度对海岸带管理进行综合评估并提出相关解决方案设计，从而使海岸带海洋生物多样性保护与海岸带区域经济产业转型升级实现协调发展，使我国能够从更开放的角度制定海岸带可持续发展策略和政策。

目录
Contents

第一章　海岸带综合管理在海洋生物多样性保护中的应用

从《海洋环境保护法》的实施到其他涉海及环保法律的补充，再到各类单行条例、规章、法规的颁行，围绕海岸带综合管理和海洋生物多样性保护方面的法律法规层出不穷，我国政府已经投入巨大的人力、物力和财力在这类问题上，但是谈及具体的治理情况却收效甚微。在部分海域，甚至出现环境恶化和治理投入同步增长的态势，这不得不引起相关部门和学术界的反思——是否之前海岸带管理中关于海洋生物多样性的保护问题存在根本上的思路走偏的趋向。

由于海洋这一生物存活的媒介具有由海水连接形成生态环境从而形成生态系统的特质，涵盖其中的生态要素之间的联系和影响较之陆地生态系统而言更加紧密，换言之，系统性更强。因此，生态系统方法（Ecosystem Approach，EA）在海岸带管理中的运用要比在陆地资源管理中的运用更有发挥的空间和影响力。自 20 世纪 90 年代以来，生态系统方法——即遵循生态规律，从生态系统的完整性和独特性出发，运用综合手段，采用整体论方法管理环境资源的一种策略——已经逐步被很多国家尝试运用到本国的海岸带综合管理体系内，并取得了很大成效，如 1998 年澳大利亚颁行的《澳大利亚海洋政策》、2002 年加拿大颁行的《加拿大海洋战略》、2004 年和 2005 年美国分别颁行的《美国海洋行动计划》和《基于生态系统管理海洋管理的科学声明》等。2006 年，联合国秘书长也在向联大提交的“有关海洋问题的报告”中特别列出“生态系统方法和海洋”

一章，强调过去那种“零散的政策、立法、方案和管理计划已经不能防止生态系统健康的恶化”，而应“以科学信息为基础，采用更加统一、综合和适应的管理方式”。

因此，各国学界对生态系统方法进行了长期的探讨并对其内涵达成了一致共识：1. 以生态系统整体为管理对象；2. 以生态系统与社会经济系统之间的协调持续发展为核心；3. 对被管理的生态系统本身深入了解，管理过程中综合运用生态、社会、经济、政治等多方面的知识；4. 强调共同协作和积极参与。① 可以说，在依靠传统环境管理理念治理海岸带问题处处碰壁的情况下，生态系统方法以其鲜明的特色成功地吸引了我国乃至国际社会的普遍关注，各国学界和政府开始将其逐步纳入本国海岸带管理的整体框架之下。因此，本章将以此为主线探讨海岸带综合管理在海洋生物多样性保护中的应用问题。

第一节　以“大海洋生态”理念为主导的海岸带海洋生物资源开发保护

目前，多数国家已根据《联合国海洋法公约》和《生物多样性公约》的规定，因地制宜地建立或逐步建立起本国海岸带海洋生物资源开发保护机制，取得较好效果的国家主要有美国、法国、日本、韩国、新西兰等。综观主导国内外海岸带海洋生物资源开发保护的理念，虽然这两个主要公约及各国立法对该问题设定了较为完善的方针指导路线，也逐步实施了较为符合各国发展状况的开发保护措施，但是从深层次上讲，出于经济和政治的考虑来进行开发保护，

① 黎莲卿等编：《亚太地区第二代环境法展望》，法律出版社 2006 年版，第 31 页。

而不是从维护、养护整个海洋生态系统的角度出发进行区域性治理，已然从根本上束缚了海岸带海洋生物资源多样性开发保护的步伐。

从《联合国海洋法公约》到《21 世纪议程》，再到《生物多样性公约》和《濒危野生动植物种国际贸易公约》等，涉及海岸带综合管理中海洋生物多样性保护的立法时，其制定和颁行的主导理念就是将各国、各区域的海岸带按行政区划、社会功能、经济功能等标准进行规制，但多数国家及国际社会都忽视了一个问题：海洋资源由于其自身的特殊性，不能仅仅依靠国家间、区域间的海洋污染防治来进行海洋生物多样性的养护，而应该在“大海洋生态”这一理念下，对各国海岸带生态环境进行具体分析，注重其生态功能，从而根据不同海域形态制定不同的治理方式。诚如韩洋在文中所说，“要弥补这种海洋法的生态功能的缺失，就应通过海域制度的完善来达到对海洋生态保护区域的具体分配，从而在宏观条约的指导下根据各不同海域的特性制定相应的区域性规范——由于海洋生物多样性是呈一种群落方式存在的，只有通过以生物多样性的群落为基础来划分海洋生态保护界线，方能有效地为各国对海洋生态与环境的合作、治理进行约束，海洋法才能正确地为海洋生态保护提供相应的法律保障，海洋法生态功能的缺失方能得到有效的弥补。”① 回到本书的论题上来，在解决如何合理有效推进“大海洋生态”这一理念之前，先要确定几个概念，即海岸带、海岸带生态系统管理、海洋生物多样性。②

① 韩洋：《大海洋生态系区域：海洋法新制度的构建研究》，中国海洋大学 2010 年硕士学位论文，第 10 页。

② 由于这三个概念不是本书讨论重点，因此作者通过对所搜集资料的比较，认为晏维龙、袁平红、管岑、蒋金龙、王金坑等几位作者的观点符合本书主旨，在此均直接引用相关作者对此的阐述，在本书中不作分析和重新定义，也非常感谢几位作者的智力成果。

1. 海岸带①

关于海岸带，目前尚无统一的定义，一般是指海洋与陆地的交接和过渡地带，即包括海岸及其毗连水域。其组成部分有河流、三角洲、海岸平原、湿地、海滩与沙丘、红树林及其他地理单元。而海岸带实际上是指海岸线向海陆两侧扩展一定距离的带状区域，兼有海陆两个生态特征。目前比较有代表性的定义主要有两种：美国定义和墨西哥定义。② 具体而言：第一，美国将其定义为临海水域和邻近的岸边土地，受到对方的强烈影响并且靠近几个沿海州的海岸线，包括岛屿、潮水区、盐碱地和海滩。这个区域从海岸线延伸到足够控制岸边的陆地，这些土地的使用将对沿海水域产生直接且重要的影响，对这些地理区域的控制有可能会受到或者非常容易受到海平面上升所带来的影响。第二，墨西哥将其定义为陆地区域、海洋区域和所有墨西哥岛屿组合这三个区域的综合：（1）陆地区域。这个区域被沿海自治市和靠近沿海自治市的内陆自治市覆盖。（2）海洋区域。淹没在水下的区域往上到200米等深线处。（3）所有墨西哥岛屿的组合。③ 陆地和海洋的交界处，具体包括江河海的河口、河口湾、海湾、盐沼泽、高潮线与低潮线之间的岩石、防护岛屿以及实心的陆地形式。

海岸带之所以没有一个完全统一的定义，关键在于国内外对于海岸带向陆地和向海洋延伸的范围存在差异。从目前的研究来看，主要包括自然地理标准、经济地理标准、行政区域标准、任一距离

---

① 晏维龙、袁平红：《海岸带和海岸带经济的厘定及相关概念的辨析》，载《世界经济与政治论坛》，2011年第1期。

② 晏维龙、袁平红在《海岸带和海岸带经济的厘定及相关概念的辨析》一文中阐述了三种定义，本书作者认为其所列中国定义并不具有代表性，因此在本书中只列举了其他两种定义。

③ 转引自 Ellina Levina etal：*Policy Frameworks for Adaption to Climate Change in Coastal Zones*. The Case of the Gulf of Mexico Organization of Economic Co – operation and Development. 04 – May – 2007.

标准、人为选择的地理单元五种标准。（见表1）

表1　海岸带的划分标准

	海岸带向陆一侧的范围	海岸带向海一侧的范围
自然地理标准	向陆一侧的边界至沿海山脉分水线。在孟加拉2/3的区域位于洪水位以下，因此全国陆域都在海岸带范围内。	向海边界以水下台地或其他自然地理特征为界。在陆地和大洋相互作用（LOTCZ）研究中，把第四纪海岸线迁移到的所有区域（远离陆域的海底沉积和暗礁边缘）作为边界。
经济地理标准	以滨海的第一条公路作为向陆一侧的分界线。	以浅海水域养殖海域外界向海一侧为边界。
行政区域标准	以沿海乡镇的界线或沿海县界为标准，如中国。以行政管理为边界，如美国。	美国海岸带向海一侧以划归州政府管理的领海外界为边界。
任一距离标准	以高海平面边线起始，向内陆延伸一定的距离为标准。斯里兰卡从平均高水位线向陆地延伸300米。危地马拉向陆一侧的边界是从高潮线向内陆延伸3000米。	斯里兰卡从平均低潮线向海域延伸到2000米处。俄罗斯在北极附近海岸带的确定是考虑到尽可能便于通向北冰洋之路。
人为选择的地理单元	海岸带区域台地的范围从几米到上百米、上千米不等。	向海边界一般以大陆架的边缘为标准。大陆架就是海水表面紧连陆地的那部分，它可以水平延伸到低于海平面200米深处的大陆坡边缘。

（根据栾维新等：《海陆一体化建设研究》，海洋出版社2014年版整理制作成表）

从上文所述来看，海岸带的定义由于种种因素的阻碍而很难形成统一的科学意义上的定义。但是在海岸带综合管理中，如果不确定海岸带的定义，在将来的具体法律法规和措施的颁行实施上就会产生权责不明、概念不清、职权交叉等诸多难题。所以，本书建议我国对海岸带的概念界定使用开放列举式的方法，因地制宜地针对具体沿海地区的需要来界定海岸带的定义。① 也就是说，在不脱离自然范畴的基础上，以但书的形式鼓励地方立法或者实施细则来做适合本区域发展的、更为具体的定义；还可以在进行专项地方立法时将需要充分考虑的社会经济因素、人文美学因素等纳入其中，以有利于海岸带管理的良性发展。

2. 海岸带生态系统管理②

2000 年《生物多样性公约》缔约方第五次会议上，与会各方对生态系统管理的概念、原则达成共识——生态系统管理是对土地、水和生物资源进行综合管理的战略，目的是使用公平的方式来促进资源的保护与可持续利用。

生态系统管理的十二项原则是：第一，确定土地、水和其他生命资源的管理目标，并认识到这是一种社会的选择；第二，将管理层级下放到最低且适当的水平；第三，生态系统管理应考虑各种活动对其他生态系统存在的实际的或潜在的影响；第四，考虑管理带来的潜在收益，通常需要从经济学的角度，以便增强对生态系统的了解和管理；第五，为了保持生态系统的服务性，保护生态系统的结构和功能的方法应该是一个优先级管理目标；第六，必须以自然生态系统的边界和功能进行管理；第七，应在适当的时空范围内实施生态系统方法；第八，实现生态系统过程的特点是时间的变化性和影响，因此应当制定长期的生态系统管理目标；第九，在管理过程中必须认识并体现变化的必然性；第十，生态系统方法应该寻求

① 以美国多个沿海州所做的定义为例，可以发现至少有如下几个特点：一是难以从科学角度对海岸带作出整齐划一的定义；二是海岸带的定义超越了自然属性的范围，纳入了社会经济、资源利用、人类活动等因素；三是对海岸带的定义采取开放式的做法。不论是联邦级还是沿海州，都隐含着一个态度——根据各自需要来定义海岸带。

② 管岑：《海岸带生态系统管理法律研究》，中国海洋大学 2011 年硕士学位论文，第 28 ~ 29 页。

生物多样性的保护和利用之间的适当平衡与统一；第十一，生态系统模式应考虑不同形式的有关信息，包括自然科学和社会科学的有关知识，还包括当地居民的知识和习惯；第十二，生态系统模式要求所有相关的社会部门和科学部门积极和广泛参与。

海岸带生态系统管理是生态系统管理在一定尺度上的体现。海岸带生态系统管理中的因素包括：全社会确定的目标和管理目标；综合的、整体的科学手段；比资源管理标准更久远、更广阔的时间和空间尺度；依赖合作的决策；一个更加灵活的、更易接受的机制。

海岸带生态系统管理通过充分认识和了解海岸带生态系统组成、结构和功能以及生态关系和过程，从而确立明确的管理目标，并由政策、协议和实践活动保证其管理的实施，通过监测和研究不断完善，其最终目的是通过管理海岸带生态系统实现社会经济自然的和谐发展。

海岸带生态系统管理和传统的海岸带管理有以下不同：第一，在海岸带管理活动中综合考虑生态、经济、社会和体制等各方面因素；第二，对影响海岸带生态系统的各要素进行统一管理；第三，海岸带生态系统管理的目标是维持海岸带生态系统健康和可持续利用，而不是短期产量和经济效益；第四，强调公众参与的重要性，将人类作为海岸带生态系统的重要组成部分，在一定的生态承载力内，允许和鼓励人类活动。

3. 海洋生物多样性

生物多样性是地球上所有生命形成的总和，包括数以百万计的动物、植物、微生物种类，它们所拥有的基因以及它们与生存环境所组成的复杂的生态系统。作为描述地球上生命的变化及其形成的自然格局的术语，这种多样性常常被理解为植物、动物和微生物的广泛变化。[①] 因此，《生物多样性公约》将生物多样性定义为所有来源的形形

① 徐道一、易善锋：《生物多样性及其理论意义》，载《地球科学进展》1994 年第 3 期。

色色的生物体，这些来源包括陆地、海洋和其他水生生态系统及其所构成的生态综合体；这包括物种内部、物种之间和生态系统的多样性。① 因为本书重点围绕海岸带这一特定区域所涉生物多样性进行阐述，所以在此粗浅地将海洋生物多样性定义范围仅局限于海岸带内。

目前，研究较多、意义重大的生物多样性层次有：遗传多样性、物种多样性、生态系统多样性。

（1）遗传多样性。遗传主要通过基因的传承和变异来完成。基因的多样性是生命进化和物种分化的基础。广义的遗传多样性泛指陆地、海洋和其他水生生物体携带的各种遗传信息的总和。从另一个角度讲，遗传多样性也可以说是生物遗传基因的多样性。狭义的遗传多样性将基因范围再次缩小，仅指生物种内基因变化，既包括种内显著不同的种群之间的基因遗传变异，也包括同一种群内的遗传变异。

（2）物种多样性。物种是生物分类的基本单位。通常是指地球上所见或所存在的动物、植物和微生物等生物种类的丰富程度。一般情况下，物种多样性包括两个方面：第一，群落物种多样性。它主要是从生态学角度，根据物种分布的均匀程度来定义物种多样性。第二，区域物种多样性。它通过确定特定区域内物种丰富程度来定义物种多样性。二者相比较而言，后者多用来作为衡量一个国家或地区生物多样性丰富程度的标准。区域物种多样性的测量有以下三个指标：第一，物种系数，即特定区域内拥有的特定类群的物种数目。第二，特有种比例，即在特定区域内某个类群特有种占该地区物种总数的比例。第三，物种密度，即单位面积内的特定类群的物种数目。

（3）生态系统多样性。生态系统是生物与周遭环境共同构成的自然综合体。目前已知、未知的所有物种都是生态系统的组成部分。生态系统多样性是指地球生态系统在组成、功能等方面的多样性和

---

① 蒋金龙、王金坑等：《基于海岸带综合管理的海洋生物多样性保护规划》，载《海洋开发与管理》2012 年第 1 期。

各种生态过程的多样性，即生物圈内栖息地、生物群落、生态学过程的多样性和生态系统内栖息地差异及生态学过程变化的多样性。

以上三方面也体现了海洋生物多样性的三个层次。总而言之，遗传多样性是其他二者的基础，是生物多样性的内在形式。物种多样性构成生物多样性的基本单元。生态系统多样性是生物多样性的整体和外在表现形式。三者密切联系，缺一不可。

在明确以上基本概念的基础上，本书所提出的“大海洋生态”理念是美国海洋生物学家 R. Sherman 和海洋地理学家 L. Alexander 于 1984 年提出的。它具体包括四大要素：第一，大海洋生态系应该是世界海洋内面积大于或等于 20 万平方千米的大海域；第二，大海洋生态系所应具备的条件是具有独特的海底地形、海洋学或生产力特征；第三，大海洋生态系区域中的生物种群具有适宜的繁殖、生长和摄食策略以及营养关系；第四，大海洋生态系区域受共同要素的作用。①

“大海洋生态”理念提出根据各海域本身的特点，通过科学调研的方法提出合理治理方式，从而划定各海洋区域，最终由与各海域相关的国家共同商讨确定解决途径和实际治理规划。该理念重点在于通过不同标准对海域进行划分，再根据区域生态整体性的主导思想进行各海域的治理和维护。它实际上跳出了传统海域管理分而治之的思维模式，通过前期的“分”，最终达到“合”的目的。它主要是希望沿海国通过对本国海域进行深入的科学调研，采集足够的数据从而形成海洋生物基因数据库，根据所辖海域生物的具体情况划定界线，利用立法、监测、数据公开、执法、赔偿、补偿等方式，在恢复和改善特定海域生态状况的基础上，形成一地区、一国乃至各国之间海域串联而成的“大海洋生态体系”。该理念落实到我国海岸带综合管理海洋生物多样性保护工作中即可理解为，划定海洋功能规划区，在维护、

① 韩洋：《大海洋生态系区域：海洋法新制度的构建研究》，中国海洋大学 2010 年硕士学位论文，第 2 页。

恢复和改善该海域生态状况的基础上，使本海域海洋生态多样性保持在一个较为理想和稳定的状态上，从而进一步与周边海洋功能规划区进行生态整合，形成更为庞大的生态链和生态系统，从而使海岸带综合管理工作能够更为及时、有效地贯彻执行下去。这一理念实际上可以说是将传统海域管理理念从“分权主义”转向“合作治理”，更加符合中央关于实现海洋生态化策略的思路。

第二节　以生态系统为基础的海岸带综合管理

从管理体制来看，我国目前的海岸带管理体制实行以部门管理为主的方式，部门划分过细。以《海洋环境保护法》规定的涉海部门为例，环保、海事、海洋、渔政、军队环保等部门都具有相关职权。除此以外，和海岸带管理有关的农业、水利、建设、交通、林业、规划等部门也有着盘根错节的权力交织，这非常容易导致各行政部门之间区段分明、各自为政现象的出现，给海岸带综合管理在实务操作中带来深远而难以处理的症结。“海洋部门不上岸、环保部门不下海、管排污的不管治理、管治理的管不了排污”这句话已不仅仅是茶余饭后的一个笑谈，而是阻碍我国海岸带综合管理的一块绊脚石。本书认为，这一切和以往进行海岸带综合管理时进行职权划分的出发点或主导思想脱不开干系。我国海岸带综合管理太偏重于进行行政职权分割，而不是从生态系统整体性的角度进行综合管理。进入后现代社会以来，各国已经积极开始转变海岸带综合管理的指导思想，逐步纳入以生态系统为基础，改善区域海洋管理的政策理念，并取得了很大成效。以美国为例，美国海洋政策委员会和民间私立性组织皮尤海洋委员会于 2002 年提出了以生态系统为基础，改善区域海洋管理的政策理念，标志着其海岸带综合管理进入了区域海洋管理阶段。随后美国“在全国范围内建立起了八个区域渔业委员会来管理全国的渔业资源，并尝试着以生态系统为基础对海洋资源进行管理”。① 其他国家也相继根据本国国情进行相关改革，如澳大利亚海洋管理的核心内容是《区域海洋规划》的实施，加拿大《海洋战略》的实施也是通过建立“大型海洋管理区”和“沿海管理区”来进行的。②

生态系统管理以生态学尤其是生态系统生态学理论为原理，一方面强调生态系统结构和功能的重要性，健康的生态系统是社会和经济得以持续发展的基础；另一方面强调人类是生态系统的重要组成部分。从宽泛意义上讲，“各海洋区域的种种问题都是彼此密切相关的，有必要作为一个整体来加以考虑”。③ 因而受人类活动影响至深的海岸带区域整体上就是一个大生态系统。生态系统管理的方法就是将社会、经济的需要纳入生态系统之中，综合协调社会、经济和生态目标，将人类活动和资源维护综合起来，维持生态系统健康的结构和功能。在此基础上使社会、经济和生态目标得以持续，实现三者的可持续发展。但是，如果在进行海岸带综合管理时按照传统的职能部门进行划分的话，将增大综合管理和协调行动的难度，出现我国现有的部门之间权责交叉、职权不明等情况。因此，如何在海岸带生态系统的整体性和社会实践的可行性之间找到一个平衡点来对海岸带区域作出恰当区划，对海岸带综合管理的有效实施至关重要。“区域海洋管理是一种以生态系统为基础的管理方式，它通过综合考虑一个相对封闭的海洋生态系统中各种因素的相互作用，来实现对海洋和海岸资源的可持续管理。”④ 推至海岸带综合管理上

---

① 徐祥民、于铭：《区域海洋管理：美国海洋管理的新篇章》，载《中州学刊》2009 年第 1 期。

② 张海文等：《渤海区域环境管理立法研究》，海洋出版社 2009 年版，第 26 页。

③ 《联合国海洋法公约》序言。

④ 徐祥民、于铭：《区域海洋管理：美国海洋管理的新篇章》，载《中州学刊》2009 年第 1 期。

来，其基本思路是根据海岸带各海洋生物资源的自然属性差异将之划分为不同区域，从该海域生态系统的特点和整体保护需要出发，对各种有影响的人类活动加以综合协调和干预。从这个意义上说，生态系统管理的对象包括三个组成部分，即人类社会—经济状态—生态系统。海岸带是典型的社会—经济—生态复合系统，海岸带综合管理的根本目标是实现海岸带的可持续发展，就本书论题而言，既要实现海洋生物资源的最佳持续利用——社会和经济目标，同时也要保护海岸带海洋生物多样性和关键生境——生态系统目标。由此可见，海岸带综合管理的理念与生态系统管理的理念十分接近，都是在维持可持续的生态系统的同时，支撑可持续的经济和社会，实现生态系统与社会经济系统间的平衡。开展海岸带综合管理需要以生态系统管理为基础，因为：①

1. 海岸带综合管理应以生态学为科学依据，而采用生态学的方法能够使生态学作为海岸带综合管理的科学依据得以体现；

2. 生态系统管理与海岸带综合管理具有十分类似的概念和目标，都以实现人类社会、经济和自然的共同持续发展为根本，都强调人类是生态系统的重要组成部分，强调将人类活动纳入生态系统之中进行管理；

3. 海岸带综合管理的主要不足是管理工具和科技支撑力量不足，生态系统管理可以为实现海岸带的可持续发展提供一种管理思路和运行框架，并且生态系统管理具有明确的管理过程，可操作性强，可以很好地与海岸带综合管理规划的具体实施过程相结合。

也就是说，以生态系统为基础进行海岸带综合管理，可以从国家、区域的整体利益出发，既能实现多部门、多产业的融合，又能协调沿海地区经济开发活动与海洋环境保护之间的冲突，还能推进

① 陈宝红、杨圣云、周秋麟：《以生态系统管理为工具开展海岸带综合管理》，载《台湾海峡》2005 年第 1 期。

海岸带资源可持续的多样化利用，实现海洋生物多样性。但是，在此也必须强调，本书认为海岸带综合管理应以生态系统为基础，并不意味着生态系统管理方法可以取代海岸带综合管理方法，这是由于生态系统管理仅以维护生态系统的结构和功能为重点，不能满足提高人民生活质量的需求。出于生态环境是社会经济发展的前提和基础，因此，生态系统管理应当作为海岸带综合管理的基础，以更好地实现海岸带综合管理的目的。

第三节 我国海洋生物多样性破坏及保护现状

19 世纪的生物学家托马斯·赫胥黎曾说，“浩瀚的海洋渔业资源是取之不竭的”，可遗憾的是，事实并非如此。我国海岸带生态系统由于近年来沿海地区的开发建设遭受了很大破坏，出现了不同程度的脆弱区，区内海洋生物多样性呈现出濒危、特危物种不断增多、甚至有些物种灭绝等现象。这些其实早已是老生常谈的问题，更为可悲的是，明知生态环境破碎与栖息地的丧失对海洋生物多样性构成直接的威胁——“环海发展”和“向海要地”已成为海岸带内工程建设的主要形式，也成为海岸带生态环境破坏和改变的重要方式，土著生物栖息地的破坏、滨海湿地开发利用、港口航道开发和高密度海水养殖在不同程度上改变了海岸带生态系统的结构和功能，对海洋生物多样性带来了不可挽回的损失和破坏——在海岸带综合管理建设过程中，有关部门却并不把海岸带海洋生物多样性保护作为一个重要事项提上议事日程。

我国海洋物种丰富，学者刘瑞玉①根据《中国海洋生物名录》记载的 22629 种物种的分布记录，计算了各海区的物种丰富度（即

① 刘瑞玉：《中国海物种多样性研究进展》，载《生物多样性》2011 年第 6 期。

100km 岸线的物种度，见表 2）。他指出："中国海的物种丰富度自北向南递增，而南海不同海域或地区则依调查采集次数（频度）而有差异。西沙群岛采集次数最多，调查环礁岸线总长近 10km，采到物种多达 2700 多种，如按 100km 计算，则丰富度应为 2.7 万种/100km，数据过高；南沙群岛调查采集岸线总共近 150km，总共记录 6500 种，平均丰富度应为 4333 种/100km。可见，所得数据有显著误差，仅供参考。为了提高数据的代表性，研究人员应该尽量多做调查采集工作。"虽然目前学界认为他的验证与较为详尽的《中国海洋生物名录》的统计数字还存在一定程度的偏差，但他的验证在很大程度上以大数据的方式向我们展示了我国海洋物种的丰富程度，也意味着我国目前的海岸带综合管理工作可以此为基础数据，采取相应措施和政策，更好地保护和繁育海洋物种，而不能过多偏重于经济建设，导致海洋物种的逐步减少和灭绝，乃至海洋生态系统的崩溃。刘瑞玉在文章中也指出："评估结果表明，在诸多致危因素中，主要是环境恶化和生境丧失导致物种濒危。"（见表 3）①

表 2　中国海物种丰富度

海区及代表生境	物种丰富度（种数/100km 海岸线）
中国海平均	123
渤海、黄海	60
东海	149
南海	247
海南岛	268
西沙群岛	27000
南沙群岛	4333（6500 种数/150km 海岸线）

① 刘瑞玉：《中国海物种多样性研究进展》，载《生物多样性》2011 年第 6 期。

表 3　中国海生物濒危物种评估结果

分类类群	中国海物种数（评估物种数）	濒危	易危
刺胞动物门			
珊瑚虫纲石珊瑚目	260（260）	26	234
软体动物门			
腹足纲	2935（375）	17	
双壳纲	1187（19）	11	0
甲壳亚门			
软甲纲十足目	2352（282）	58 *	28
螯肢动物亚门			
剑尾目鲎科	2（2）	1	
棘皮动物			
海参纲	150（57）	54	2
海胆纲	102（8）	8	
海星纲	150（5）	5	

注：* 包括经济种中国明对虾和中国龙虾。

我国每年从海岸带区域捕捞的海产品约有上亿吨，许多高等级的鱼类数量因为高强度的捕捞而急剧下降。过度捕捞不仅对海洋生态系统造成严重冲击，还使很多生物资源面临严重衰竭的局面。首先，许多优质鱼类资源量大幅度下降，已经形不成鱼汛。其次，渔获的个体也越来越小，资源质量明显下降。因此，表 2、表 3 的数据随着近年来海岸带经济活动的加剧，呈现出更加不利的趋势。在开发利用海岸带生态系统时过度捕捞鱼类等海洋生物资源，使得海岸带海洋生物资源日益衰竭。根据物物相关律，一个物种的丧失会导致其他物种损失或相对数量的改变，从而导致生物群落失去活力。因此，在生态系统中，关键物种的丧失会引起群落改变，造成海岸带生态系统根本的和不可逆转的变化。

另外，在以往的海岸带海洋生物资源利用过程中或者船舶运输过程中，一些物种被有意无意地转移到新的生态环境之中，并能极快地适应当地生境建立自己的族群，从而改变原地区生态系统的平衡，这也就是我们现在经常听说到的生物入侵。这种入侵对本地物种，尤其是濒危物种的生境产生了极大的破坏。由于外来物种的涉入，本就因为海岸带经济开发备受污染和破坏而脆弱不堪的原生物种生境将变得更加不堪一击，本地海洋生物多样性有可能遭遇灭顶之灾。因此，在1992年联合国环境与发展大会上，各缔约国共同签署了《生物多样性公约》，以期使全球生物资源的多样性即来源于陆地、海洋和其他水生生态系统及其所构成的生态综合体的活的生物体中的变异性得到最大限度的保护。①

海洋是陆地面积的近2.5倍，是环境的重要调节器，因其开放程度相比陆地更高而更容易发生物种的转移。因此，对自然海域生态系统的破坏，相对陆地系统的物种入侵来说影响范围更大、时间更长、控制和治理难度也更困难。因此海洋生物多样性存在着比陆地生物多样性更为特殊的潜在危险性。② 一方面，海洋外来物种入侵会破坏本地海洋生态系统的平衡，降低区域生物的独特性，威胁本地海洋生物多样性。另一方面，海洋外来物种入侵会对当地经济造成直接或间接性损失。近年来，随着我国海岸带区域养殖业和海洋运输的发展，沿海各地的海洋外来物种入侵数量也大为增加，对外来海洋物种的盲目引进和压舱水的排放是目前我国海岸带海洋物种入侵的主要途径。

面对日益严重的海洋生物多样性灭失问题，我国相关政府部门正在努力采取措施进行维护和补救。从政策和立法层面来讲，颁行的法律、行政法规、部门规章和地方性法规、规章、环境标准数量繁多，本书将在后面章节中进行阐述和分析，在此仅做简要列举。

---

① 丁寻韬、李智：《风险预防原则在海洋生物入侵中的适用研究》，载《海峡法学》2014年第3期。

② 丁寻韬、李智：《风险预防原则在海洋生物入侵中的适用研究》，载《海峡法学》2014年第3期。

例如，《中国海洋生物多样性保护行动计划》《全国海洋功能区划（2011—2020年）》《海洋环境保护法》《防治陆源污染物污染损害海洋环境管理条例》《防治船舶污染海洋环境管理条例》《防治海岸工程建设项目污染损害海洋环境管理条例》《海洋倾废管理条例》《国务院关于建立国家级海洋类型自然保护区的批复》《近岸海域环境功能区管理办法》等。从管理机制层面讲，主要涉及海洋功能区划、环境监测和评估、生态补偿、环境信息公开、遗传资源惠益分享等几个方面，本书将在最后一章展开详细论述，现在本章第四节进行简要介绍。

第四节　亟待设立及完善的相关管理机制

本部分所涉及的内容，在此只做简要介绍。文中提到的各机制存在的问题都留待本书后面几章予以探讨和找寻解决途径。

一、海洋功能区划

《全国海洋功能区划（2011—2020年）》将我国全部管辖海域划分为农渔业、港口航运、工业与城镇用海、矿产与能源、旅游休闲娱乐、海洋保护、特殊利用、保留区八类海洋功能区。（见表4、表5）①

① 摘自《国务院关于全国海洋功能区划（2011—2020年）的批复》（以下简称《区划》）。这是继2011年国家“十二五”规划提出“推进海洋经济发展”战略后，国家依据《海域使用管理法》《海洋环境保护法》等法律法规和国家有关海洋开发保护的方针、政策，对我国管辖海域未来十年的开发利用和环境保护作出的全面部署和具体安排。《区划》由国家海洋局会同有关部门和沿海11个省、自治区、直辖市人民政府编制，《区划》范围为我国的内水、领海、毗连区、专属经济区、大陆架以及管辖的其他海域，《区划》期限为2011年至2020年。

表 4　海洋功能区划分及主要内容

海洋功能区名称	海洋功能区涉及的主要内容
农渔业区	指适于农业围垦、渔业基础设施建设、养殖增殖、捕捞和水产种质资源保护的区域。农渔业区开发要控制围垦规模和用途，合理布局渔港及远洋基地建设，稳定传统养殖用海面积，发展集约化海水养殖和现代化海洋牧场。要保护海洋水产种质资源，严格控制重要水产种质资源产卵场、索饵场、越冬场及洄游通道内各类用海活动。
港口航运区	指开发利用港口航运资源，可供港口、航道和锚地建设的海域。港口航运区开发要深化整合港口岸线资源，优化港口布局，合理控制港口建设规模和节奏。
工业与城镇用海区	指适于发展临海工业与滨海城镇建设的海域，主要分布在沿海大、中城市和重要港口毗邻海域。工业与城镇用海区开发应做好与土地利用总体规划、城乡规划等的衔接，合理控制围填海规模，优化空间布局，加强自然岸线和海岸景观的保护。新建核电站、石化等危险化学品项目应远离人口密集的城镇布局。
矿产与能源区	指适于开发利用海上矿产资源与能源的海域。矿产与能源区开发应加强海上石油开采环境管理，防范海上溢油等海洋环境突发污染事件。遵循深水远岸布局原则，科学论证与规划海上风电。禁止在海洋保护区、侵蚀岸段、防护林带毗邻海域开采海砂等固体矿产资源，防止海砂开采破坏重要水产种质资源产卵场、索饵场和越冬场。
旅游休闲娱乐区	指适于开发利用滨海和海上旅游资源的海域。旅游休闲娱乐区开发要注重保护海岸自然景观和沙滩资源，禁止非公益性设施占用公共旅游资源，修复主要城镇周边海岸旅游资源。
海洋保护区	指专供海洋资源、环境和生态保护的海域。海洋保护区管理要注重维持、恢复和改善生态环境和生物多样性，保护自然景观。要加强新建海洋保护区建设，逐步建立类型多样、布局合理、功能完善的海洋保护区网络体系。
特殊利用区	指用于海底管线铺设、路桥建设、污水达标排放、倾倒等其他特殊用途排他使用的海域。特殊利用区开发要注重海底管线、道路桥梁和海底隧道等设施保护，禁止在上述设施用海范围内建设其他永久性建筑物。
保留区	为保留海域后备空间资源，专门划定的在区划期限内限制开发的海域。包括由于经济社会因素暂时尚未开发利用或不宜明确基本功能的海域，限于科技手段等因素目前难以利用或不能利用的海域，以及从长远发展角度应当予以保留的海域。保留区应加强管理，严禁随意开发。

表5　海洋功能区分类及海洋环境保护要求

一级类	二级类	海水水质质量（引用标准：GB 3097－1997）	海洋沉积物质量（引用标准：GB 18668－2002）	海洋生物质量（引用标准：GB 18421－2001）	生态环境
农渔业区	农业围垦区	不劣于二类			不应造成外来物种侵害，防止养殖自身污染和水体富营养化，维持海洋生物资源可持续利用，保持海洋生态系统结构和功能的稳定。不应造成滨海湿地和红树林等栖息地的破坏。
	养殖区	不劣于二类	不劣于一类	不劣于一类	
	增殖区	不劣于二类	不劣于一类	不劣于一类	
	捕捞区	不劣于一类	不劣于一类	不劣于一类	
	水产种质资源保护区	不劣于一类	不劣于一类	不劣于一类	
	渔业基础设施区	不劣于二类（其中渔港区执行不劣于现状海水水质标准）	不劣于二类	不劣于二类	
港口航运区	港口区	不劣于四类	不劣于三类	不劣于三类	应减少对海洋水动力环境、岸滩及海底地形地貌的影响，防止海岸侵蚀。
	航道区	不劣于三类	不劣于二类	不劣于二类	
	锚地区	不劣于三类	不劣于二类	不劣于二类	
工业与城镇用海区	工业用海区	不劣于三类	不劣于二类	不劣于二类	工业用海区应落实环境保护措施，严格实行污水达标排放，避免工业生产造成海洋环境污染，新建核电站、石化等危险化学品项目应远离人口密集的城镇。城镇用海区应保障社会公益项目用海，维护公众亲海需求，加强自然岸线和海岸景观的保护，营造宜居的海岸生态环境。
	城镇用海区	不劣于三类	不劣于二类	不劣于二类	
矿产与能源区	油气区	不劣于现状水平	不劣于现状水平	不劣于现状水平	重点保障油气资源勘探开发的用海需求，支持海洋可再生能源开发利用。遵循深水远岸布局原则，科学论证与规划海上风电，促进海上风

续表

一级类	二级类	海水水质质量（引用标准：GB 3097－1997）	海洋沉积物质量（引用标准：GB 18668－2002）	海洋生物质量（引用标准：GB 18421－2001）	生态环境
矿产与能源区	固体矿产区	不劣于四类	不劣于三类	不劣于三类	电与其他产业协调发展。禁止在海洋保护区、侵蚀岸段、防护林带毗邻海域开采海砂等固体矿产资源，防止海砂开采破坏重要水产种质资源产卵场、索饵场和越冬场。严格执行海洋油气勘探、开采中的环境管理要求，防范海上溢油等海洋环境突发污染事件。
	盐田区	不劣于二类	不劣于一类	不劣于一类	
	可再生能源区	不劣于二类	不劣于一类	不劣于一类	
旅游休闲娱乐区	风景旅游区	不劣于二类	不劣于二类	不劣于二类	不应破坏自然景观，严格控制占用海岸线、沙滩和沿海防护林的建设项目和人工设施，妥善处理生活垃圾，不应对毗邻海洋生态敏感区、亚敏感区产生影响。
	文体休闲娱乐区	不劣于二类	不劣于一类	不劣于一类	
海洋保护区	海洋自然保护区	不劣于一类	不劣于一类	不劣于一类	维持、恢复、改善海洋生态环境和生物多样性，保护自然景观。
	海洋特别保护区	使用功能水质要求	使用功能沉积物质量要求	使用功能生物质量要求	
特殊利用区	军事区				防止对海洋水动力环境条件改变，避免对海岛、岸滩及海底地形地貌的影响，防止海岸侵蚀。避免对毗邻海洋生态敏感区、亚敏感区产生影响。
	其他特殊利用区				
保留区	保留区	不劣于现状水平	不劣于现状水平	不劣于现状水平	维持现状。

虽然自2002年我国进行海洋区划管理以来，各地海洋资源保护和生境维护都取得了一定成效，但是海域管理和环境保护仍存在一些问题。海域管理的法律法规、制度与任务要求不相适应，海域监管能力薄弱；海岸和近岸海域开发密度高、强度大，可供开发的海

岸线和近岸海域后备资源不足；工业和城镇建设围填海规模增长较快，海岸人工化趋势明显，部分围填海区域利用粗放；陆地与海洋开发衔接不够，沿海局部地区开发布局与海洋资源环境承载能力不相适应；近岸部分海域污染依然严重，滨海湿地退化形势严峻，海洋生态服务功能退化，赤潮、绿潮等海洋生态灾害频发，溢油、化学危险品泄漏等重大海洋污染事故时有发生。

海洋环境具有高度复合性，这也导致海洋资源不同的利用方式和保护程度必然会对海洋生态环境带来不同程度的影响。上文中已提到本书以“大海洋生态”理念为主导来进行海岸带海洋生物资源开发保护，这一理念与现在正在实行的海洋功能区划管理在理念上存在一定程度的分歧，如何消弭这种差异性带来的冲突，本书将在随后的几章中进行探讨。

二、海岸带环境监测

海岸带环境监测在海洋生物多样性保护工作中具有重要意义，主要体现在以下几个方面①：1. 海岸带环境监测体制是制定海岸带相关保护政策的基本依据；2. 是监督管理海岸带生态系统的重要手段和技术保障；3. 是海岸带生态科学研究的重要组成部分，有助于了解生态系统的运作机制和健康状况，有利于确定保护工作中的优先问题和目标，并对之前的各种管理、保护措施作出评价和反馈；4. 海岸带环境监测还能起到监视预警的作用，避免海洋生态环境受到各种突发事件的破坏。

根据《2012 年中国海洋环境质量公报》的规定，我国环境监测部门自 2012 年春、夏季，以典型海洋生态系统和关键生态区域为重

① 郭境、朱小明：《实施海岸带综合管理保护我国海洋生物多样性》，载《浙江万里学院学报》2010 年第 2 期。原文摘自本书作者在读硕期间和硕导共同撰写的文章——郭院、朱晓燕：《试论中国的海洋环境监测制度》，载《海洋开发与管理》2005 年第 2 期。

点，在我国管辖海域994个站位开展了海洋生物多样性状况监测。监测内容包括浮游生物、底栖生物、海草、红树植物、珊瑚等生物的种类组成和数量分布。共鉴定出浮游植物636种，浮游动物704种，大型底栖生物1087种，海草7种，红树植物10种，造礁珊瑚68种。浮游生物和底栖生物的物种数和生物多样性指数从北至南呈增加趋势，符合其自然分布规律。2012年对重点监测区的河口、海湾、滩涂湿地、珊瑚礁、红树林和海草床等典型海洋生态系统健康状况进行评价。结果表明，处于健康、亚健康和不健康状态的海洋生态系统分别占19%、71%和10%。（见表6）①

表6　2012年重点监测区海洋生态系统基本情况

生态系统类型	监测区名称	所属经济发展规划区	监测海域面积（平方千米）	健康状况
河口	双台子河口	辽宁沿海经济带	3000	亚健康
	滦河口—北戴河	河北沿海经济区	900	亚健康
	黄河口	黄河三角洲高效生态经济区	2600	亚健康
	长江口	长江三角洲经济区	13668	亚健康
	珠江口	珠江三角洲经济区	3980	亚健康
海湾	锦州湾	辽宁沿海经济带	650	不健康
	渤海湾	天津滨海新区	3000	亚健康
	莱州湾	黄河三角洲高效生态经济区	3770	亚健康
	杭州湾	长江三角洲经济区	5000	不健康
	乐清湾	浙江海洋经济发展示范区	464	亚健康
	闽东沿岸	海峡西岸经济区	5063	亚健康
	大亚湾	珠江三角洲经济区	1200	亚健康
滩涂湿地	苏北浅滩	江苏沿海经济区	15400	亚健康

① 根据《2012年中国海洋环境质量公报》整理，载中国海洋信息网，http://www.coi.gov.cn/gongbao/nrhuanjing/nr2012/201304/t20130401_26418.html，最后访问日期：2016年12月5日。

续表

生态系统类型	监测区名称	所属经济发展规划区	监测海域面积（平方千米）	健康状况
珊瑚礁	雷州半岛西南沿岸	广东海洋经济综合试验区	1150	健康
	广西北海	广西北部湾经济区	120	健康
	海南东海岸	海南国际旅游岛	3750	亚健康
	西沙珊瑚礁	海南国际旅游岛	400	亚健康
红树林	广西北海	广西北部湾经济区	120	健康
	北仑河口	广西北部湾经济区	150	亚健康
海草床	广西北海	广西北部湾经济区	120	亚健康
	海南东海岸	海南国际旅游岛	3750	健康

对海岸带海洋生物多样性保护工作的有效实施而言，基础性数据的提取和保持非常重要。因此，信息系统和监控机制的完善可以说是保护海洋生物多样性的必备保障条件，这就要求建立和完善相关信息网络，对海洋生物资源生境和多样性保护状况进行密切动态监测；通过生态系统数据库、经济动植物种数据库、濒危动植物种数据库和遗传多样性数据库等方面的建设，为海岸带海洋生物多样性保护提供基础数据支持，从而有利于更加精确地制定养护、管理的决策性文件，建立起一整套包括规则、指标、程序在内的有效机制；通过国际合作，加快海岸带海洋生物多样性基础信息交流和技术、监测方式方法等方面的交流，以便协调国际性的生物多样性保护战略和行动。

三、海洋资源生态行政补偿

生态补偿，严格意义上讲是指生态行政补偿。海岸带综合管理和海洋生物多样性保护这两个概念如果分开分析，鼓励个体进行积极活动，协助政府部门进行管理和保护工作是二者共同点之一。王晓强认为，“生态行政补偿是指个体实施生态保护行为，包括生物多样性保护行为，不论是积极的行为还是消极的不作为（限制自身的权利），而造成的既得利益的丧失或是预期利益的丧失，由国家的代表政府作为补偿主体，对行为个体给予经济补偿的一种生态保护激励机制。生态行政补偿是建立在环境公平原则、政府环境法治理论、政府职责本位理论、公共需求和环境基本权利保护理论以及责任政府的确立、服务型政府的建设和发展基础上的，目的在于通过对于生物多样性的保护起到积极作用的个体给予经济补偿，从而激励个体积极参与生态保护并实现人与社会和谐发展的立法目的”。①

建立海洋资源生态行政补偿机制，协助海岸带海洋生物多样性保护工作的顺利开展，已逐步受到国务院等机构的重视，并将其作为加强环境保护的重要内容。《国务院关于落实科学发展观加强环境保护的决定》第23条规定：“要完善生态补偿政策，尽快建立生态补偿机制。中央和地方财政转移支付应考虑生态补偿因素，国家和地方可分别开展生态补偿试点。”

在此背景下，各地区积极开展工作，并取得一定成效。但是，海洋资源生态行政补偿涉及的利益关系错综复杂，学术界对于生态补偿原理性探讨较多，对具体流域、地区的实践探索较少。从在各学术网站上搜集的资料来看，目前尚没有经过实践检验的海洋资源生态行政补偿技术方法与政策体系相结合方面的论述。因此，有必要通过在重点领域（如上文中表4、5、6涉及的海岸带范围内与海洋生物多样性保护相关区域）开展试点工作，探索建立海洋资源生态行政补偿标准体系、资金来源、补偿方式、补偿渠道及保障体系，为全面建立海洋资源生态行政补偿机制提供方法和经验。

四、海岸带环境信息公开

根据《奥胡斯公约》，环境信息是指包括环境要素（如水、空

---

① 王晓强：《我国生物多样性保护法律制度研究》，中国海洋大学2010年硕士学位论文，第49页。

气、土壤、动物、植物、土地和自然遗址等)、生物多样性（含转基因生物）的状况和对环境要素可能发生影响的因子（包括行政措施、环境协议、计划等）及用于环境决策的成本—效益等在内的一切信息，这些信息以文本、图像、录音或数据库的形式表现。①

对于近年来海岸带范围内频繁出现的溢油、倾废、船舶碰撞等海洋污染事件，公众越发关注海洋承载力、海洋生物多样性保护和恢复、海岸带综合管理机制等问题，公众的知情权要求在深度和广度上大幅提高，企业和政府在海洋环境信息公开中涉及的方方面面都面临着明确资格、范围、责任等内容，给我国目前海岸带综合管理过程中涉及的海洋生物多样性保护带来了很大的挑战。但同时我们也应把握这一契机开展有效措施解决具体问题，如解决海洋环境信息公开中存在的信息不对称、涉海企业和政府部门信息披露、海洋环境监测数据的整合等问题。因此，本书所涉及的“环境信息”，主要偏重于海岸带综合管理范围内的海洋生物多样性信息。

信息公开的前提是所获信息具有可靠的来源、统计的精确以及数据库的庞大等特征。海岸带海洋生物多样性资源信息化管理与科学开发、利用海岸带资源并举，既能保护资源与环境，又能获得良好的社会经济效益。海岸带海洋生物多样性资源信息化管理②是一项庞大、复杂的工程，最初阶段可以通过建立海岸带综合管理信息系统来实现。海岸带海洋生物多样性资源信息化管理系统是由信息获

---

① 陈慧玲:《浅析环境信息公开与海洋环境管理》，载《决策管理》2007年第1期。

② 海岸带海洋生物多样性资源信息化管理主要有三方面任务：一是海岸带信息的数字化，将不同信息源的、不同属性的各类海岸带信息进行数字化处理，形成以基础地理、环境、资源、经济、管理等为主题的、统一的、标准的、易于理解和使用的海岸带基础数据库。二是信息的网络化，建设海洋实时信息采集与传输网络、统计信息网络和海洋行政管理信息网络。三是海岸带基础信息服务的社会化。开发海岸带基础性、公益性信息资源，促进海岸带信息产业化进程，实现社会共享。

取、处理、存储与更新、应用四大部分组成。该系统是实现“数字海洋”的关键，它的完善必将促进海岸带海洋生物资源的开发、利用的方式更趋于合理、有效，保证海洋可持续发展。在国家信息化统一组织和规划下，逐步建立起由海岸带信息源、信息技术、信息管理机制、信息标准与政策、信息传输与服务网络、信息人才等构成的信息化体系；利用日趋成熟的信息采集技术、处理分析技术、管理技术、产品制作和服务技术等，建立以海岸带海洋生物多样性资源信息应用为驱动的信息流通体系和更新体系，使其信息采集、处理、管理和服务业务走向一条顺畅、正规的发展道路，逐步实现国家海岸带海洋生物多样性资源信息化的科学管理与应用。

五、遗传资源惠益分享

作为拥有 196 个缔约国①的《生物多样性公约》的三项目标之一，公正和公平地分享利用遗传资源所产生的惠益的落实，一直是全球生物多样性保护的重要一环。2014 年 10 月 12 日，《生物多样性公约关于获取遗传资源和公正和公平分享其利用所产生惠益的名古屋议定书》（以下简称《议定书》）正式生效。《议定书》是实现《生物多样性公约》确保公平公正地分享因利用遗传资源而产生惠益目标的里程碑式文件，它不仅包括通过适当获取遗传资源和适当转让相关技术，也考虑到给这些资源和技术的所有权利提供适当的资金，从而对保护生物多样性和可持续地利用其组成部分做出贡献，必将从多个方面对国际社会产生影响。《议定书》的核心内容分为遵约、公平公正的惠益分享、遗传资源的获取、术语、范围、特殊考虑和与遗传资源相关的传统知识 7 个方面。② 它的生效使我国如何在

① 数据统计截至 2016 年 6 月底。

② 徐靖、李俊生、薛达元、银森录：《〈遗传资源获取与惠益分享的名古屋议定书〉核心内容解读及其生效预测》，载《植物遗传资源学报》2012 年第 5 期。

立法中明确相关资源获取与利用的流程、创新现有制度、借鉴相关遵约机制，以及如何以较低立法成本与《议定书》接轨，保障本国的生物多样性利益成为亟待解决的新问题。截至2016年6月底，议定书共有73个缔约方。中国于2016年6月8日加入《议定书》。《议定书》于2016年9月6日起对中国生效，暂不适用于香港和澳门特别行政区。

目前，国际和国内相关法律规则及研究成果多集中于遗传资源获取及惠益分享的经济视角，对《生物多样性公约》的另一重要的目标——生物多样性的保护与持续利用却鲜有论及。然而，生物多样性是人类“共同关心”的议题，“共同关心”不仅仅意味着自由或无限制获取、也不仅限于经济利益的分享，更意味着对生物多样性保护责任的共同承担及环境友好型的利用途径。因此，如何避免非理性的短期经济利益驱动，平衡经济利益与环境利益的关系，防止“生物多样性保护与持续利用”目标的缺失，是当前我国海岸带管理中海洋生物多样性保护立法需要密切关注的问题之一。

对于《议定书》的7项核心内容，徐靖等作者对其进行了详细的解读，本书在此节中采用他们的观点进行简要介绍，并会在本书的最后一章中重点阐述。

《议定书》的核心内容解读包括以下七个方面：①

1. 遵约

遵约条款被遗传资源提供国称为《议定书》“核心中的核心”，②其核心内容是遵循提供国（按照《议定书》第5条，遗传资源提供国包括遗传资源原产国及根据《生物多样性公约》已取得遗传资源

---

① 徐靖、李俊生、薛达元、银森录：《〈遗传资源获取与惠益分享的名古屋议定书〉核心内容解读及其生效预测》，载《植物遗传资源学报》2012年第5期。

② Nijar G S. *The Nagoya Protocol on Access and Benefit Sharing of Genetic Resources: an Analysis* [R]. Malaysia: Centre of Excellence for Biodiversity Law (CEBLAW), 2010: 1-52.

的缔约方，下同）国内立法，对遗传资源利用进行持续监测。遗传资源提供国认为，遗传资源获取国应该确保遗传资源的获取及利用活动符合原产国的相关立法，并坚持将知识产权办公室列为强制性检查点。此外，遗传资源提供国还认为，资源来源应成为申请专利的先决条件。① 而代表获取国利益的加拿大、欧盟等国认为，遗传资源的获取及利用活动应保留灵活性，② 不能强制规定遗传资源来源披露义务，也不应该为国家建立检查点设置指示性清单。经过长期磋商，《议定书》在遵约条款部分采纳了提供国的主张，但仍为获取国立法保留了极大的空间。《议定书》规定，缔约方都应该采取措施，确保在其管辖范围内利用遗传资源应当遵守另一缔约方的国内立法要求，③ 获取国应酌情指定一个或多个检查点，负责收集或接收遗传资源来源、事先知情同意、共同商定条件、遵守证书等信息，并酌情提供利用遗传资源情况的信息。④ 但获取国不必在出版机构、知识产权审查局或专利局、公益性科研机构等机构中设立强制检查点，在很大程度上规避了获取国的遗传资源来源披露义务。

2. 公平公正的惠益分享

惠益分享条款的核心内容是明确使用者的惠益分享义务。《议定书》规定，遗传资源使用者所在缔约方应酌情采取立法、行政、政策措施，保证遗传资源的使用者遵循共同商定条件，与提供国公平

---

① 孙法柏、高静：《发达国家与发展中国家间生物技术知识产权保护的冲突及其消解》，载《福建政法管理干部学院学报》2007 年第 3 期。

② 薛达元：《〈生物多样性公约〉新里程碑：〈名古屋 ABS 议定书〉(上)》，载《环境保护》2010 年第 23 期。

③ Nijar G S. *The Nagoya Protocol on Access and Benefit Sharing of Genetic Resources: an Analysis* [R]. Malaysia: Centre of Excellence for Biodiversity Law (CEBLAW), 2010: 1 –52.

④ SCBD. X/1 Access to genetic resources and the fair and equitable sharing of benefits arising from their utilization. In: Report of the Tenth Meeting of the Conference of the Parties to the Convention on Biological Diversity, Japan: SCBD, 2010: 85 –110.

公正地分享利用遗传资源产生的货币性或非货币性惠益。① 在利用以土著和地方社区为持有人的与遗传资源相关传统知识时，也应当订立共同商定条件分享惠益。惠益分享条款是原则性条款，总体反映了遗传资源提供国的诉求，重申了国家对生物遗传资源拥有主权、获取生物遗传资源需要事先得到资源所有者的知情同意，利用生物遗传资源所产生的利益应由资源所有者和开发者公平分享等原则，② 该原则能够为遗传资源提供国完善国内立法提供指引，也能够促使获取国修改国内立法，约束和规范其国内获取者和使用者的行为。

3. 遗传资源的获取

获取条款体现了遗传资源提供国的诉求，其核心内容是明确提供国如何处理使用者对获取遗传资源的申请。《议定书》规定，一方面，使用者在获取遗传资源时，应按照提供国的要求，获得事先知情同意；另一方面，提供国应提高本国相关立法和监管规定的法律确定性、明晰性和透明性，设立公平、明确的获取审批的规则和程序，提供订立共同商定条件的规则和程序，并向获取者披露这些信息。对获取申请的审批应有合理的审批时间期限，并向获取者颁发获取关于事先知情同意程序的许可证书或等同文件。

遗传资源获取国认为，提供国不完善的法律法规体系、不清晰的审批规则和程序、冗长的审批时间、不透明的信息发布制度是阻碍获取者获得遗传资源的主因，因此在《议定书》的制定过程中要求予以改进。此外，获取国还认为，如果遗传资源提供国没有以立法形式对遗传资源的获取作出规定，则意味着获取者可以任意获取该国遗传资源，而不必履行相应义务，理由是该提供国通过行使对

---

① 薛达元：《〈生物多样性公约〉新里程碑：〈名古屋 ABS 议定书〉（下）》，载《环境保护》2010 年第 23 期。

② 陶梅、胡小荣、周红立：《〈生物多样性公约〉对遗传资源国际交流政策的影响》，载《植物遗传资源学报》2008 年第 9 期。

遗传资源的主权，决定不对遗传资源的获取行为进行限制。因此，一旦提供国签署和批准《议定书》，将面临优化法律法规体系，完善审批程序，加强信息公开等多项义务，是对提供国法律体系和行政能力的挑战。

4. 术语

术语提出了衍生物概念，并将其纳入《议定书》的管辖范围。遗传资源获取国一直强调，《生物多样性公约》中有关遗传资源的定义表明，遗传资源仅仅是“具有实际或潜在价值的遗传材料”，并不包括不具有遗传功能单元的衍生物，因此对遗传资源的利用就是对拥有遗传功能单元遗传材料的研究和发展。遗传资源提供国则坚持将衍生物纳入《议定书》管辖，他们认为，现代生物技术对遗传资源的利用早已不仅仅限于对各种遗传材料的研发，还包括对经生物代谢而自然产生的、不拥有遗传功能单元的遗传资源的生物化学物质的开发，而后者才是现代生物技术产业开发和利用的主要原材料。《议定书》最终明确了利用遗传资源、生物技术及衍生物的一套术语。

“利用遗传资源”是指对遗传资源的遗传和生物化学组成进行研究和开发，包括通过使用《生物多样性公约》第 2 条界定的生物技术。“衍生物”是指由生物或遗传资源经遗传表达或新陈代谢产生的、自然生成的生物化学化合物，即使其不具备遗传功能单元。① 整个定义传递了以下信息：遗传资源的利用对象既包括拥有遗传功能单元的遗传材料，也涵盖了不具有遗传功能单元的生物化学组分。遗传资源的利用活动不再仅限于狭义的生物技术产业，还延伸到食

① SCBD. X/1Access to genetic resources and the fair and equitable sharing of benefits arising from their utilization. In: Report of the Tenth Meeting of the Conference of the Parties to the Convention on Biological Diversity. Japan: SCBD, 2010: 85 - 110.

品、保健品、农业、化妆品等多个领域，① 从《议定书》的条款可以看出，发展中国家的要求基本得到了满足，印度甚至认为，“衍生物”纳入议定书是“印度的一大胜利”。

5. 范围

范围条款是《议定书》中最具不确定性的条款，谈判双方对此未能达成共识。对时间范围，大多数遗传资源提供国坚持认为《生物多样性公约》生效后，遗传资源或与其相关的传统知识的使用者就负有分享惠益的义务，非洲集团甚至就公约生效前的获取行为提出了惠益分享诉求。获取国则表示《议定书》仅适用于对缔约方生效后的获取。长期以来，获取国的许多植物园、研究机构和遗传资源经纪公司等已在提供国开展了大量调查，采集了众多生物资源，② 若《议定书》具有追溯力，获取国将付出更多代价。由于获取国的抵制，时间范围未能在《议定书》中予以明确，这很可能使《议定书》的实施存在很大的不确定性。

关于地理范围，获取国反对将深海、公海、南极等国家管辖权以外的区域纳入《议定书》管辖范围以内。而非洲国家不希望获取国在未分享惠益的情况下利用这些地区的遗传资源。③ 为解决这一问题，非洲国家提出，为不能确定提供国的遗传资源及其相关传统知识的惠益分享建立“全球多边惠益分享机制”，确保利用这些资源产生的惠益可用于全球生物多样性保护和其组成部分的可持续利用，这一观点在《议定书》中得到了采纳。

---

① Nijar G S. *The Nagoya Protocol on Access and Benefit Sharing of Genetic Resources: an Analysis* [R]. Malaysia: Centre of Excellence for Biodiversity Law (CEBLAW), 2010: 1 - 52.

② 毕列爵：《从 19 世纪到建国前西方国家对我国进行的植物资源调查》，载《武汉植物学研究》1983 年第 1 期。

③ 薛达元：《遗传资源获取与惠益分享：背景、进展与挑战》，载《生物多样性》2011 第 15 期。

《议定书》与其他国际文书的关系也是范围条款中的难点。由于获取国在世界卫生组织、世界贸易组织、世界知识产权组织等国际组织中占据主导地位,① 因此主张《议定书》不得妨碍其他国际组织的有关工作。但提供国担心获取国以粮食安全、公共健康或知识产权为工具，干扰《议定书》的范围和效力。最终,《议定书》明确指出，适当注意以上国际组织中开展的现行工作和做法，但前提是这些工作支持且不违背《生物多样性公约》和《议定书》的目标。由于部分以农业生产为主的发展中国家担心影响其在《粮食和农业植物遗传资源国际条约》下的义务，也赞同对《议定书》的效力进行限制。②

6. 特殊考虑

特殊考虑条款的核心是为非商业性研究或紧急情况下获取遗传资源提供便利。《议定书》规定，创造条件简化用于非商业性研究目的的获取，但提供者可考虑有必要对研究意向的变更予以处理。各方应该适当注意危害人类、动物、植物健康的紧急情况，缔约方可以商定尽快获取遗传资源的条件，但也要让提供国尽快分享到获取国带来的惠益。此外，缔约方还应考虑遗传资源对于粮食和农业的重要性及其对于粮食安全的特殊作用。③ 这体现了获取国和提供国阵营间微妙的平衡。以病毒为例，近年来，频繁发生的严重急性呼吸道综合征、甲型 H1N1 流感、禽流感、疯牛病等，对包括欧盟在内的发达国家的人群和农业生产造成了极大威胁。获取国虽具有疫苗

---

① 赵富伟、薛达元:《遗传资源获取与惠益分享国际制度的国际趋势及国家立法问题探讨》, 载《生态与农村环境学报》2008 年第 2 期。

② 薛达元:《名古屋议定书的主要内容及其潜在影响》, 载《生物多样性》2011 年第 1 期。

③ SCBD. X/1 Access to genetic resources and the fair and equitable sharing of benefits arising from their utilization. In: Report of the Tenth Meeting of the Conference of the Parties to the Convention on Biological Diversity, Japan: SCBD, 2010: 85 - 110.

研发和生产能力，但制造疫苗的毒株则依赖于提供国。提供国虽然长期向世界卫生组织提供毒株，却难以获得足够的疫苗供应，也无法负担这笔费用，因此不愿继续提供毒株。针对此问题，《议定书》规定，可以为非商业化研究的获取提供便利，也应当对威胁人类和动植物的紧急情况进行考虑，但要保证发展中国家能够根据使用者获取意图的改变调整处理措施，也要保证发展中国家能够在病毒大流行时及时获取可以负担的治疗费用。

7. 与遗传资源相关的传统知识

与遗传资源相关的传统知识也是《议定书》谈判过程中的难点问题，争议主要集中在如何确保土著和地方社区分享到利用与遗传资源相关传统知识的惠益。《议定书》对此作了五个方面的规定：(1) 使用者在获取与遗传资源相关传统知识时，应取得土著和地方社区持有人的事先知情同意，并订立共同商定条件；(2) 土著和地方社区所在缔约方应尽量根据国内法，考虑土著和地方社区在与遗传资源相关传统知识方面的习惯法、社区规约和秩序；(3) 缔约方应通过信息交换所等机制，向使用者通报获取与遗传资源相关传统知识时的义务，并酌情支持土著和地方社区制定社区规约，共同商定条件要求和示范合同条款等；(4) 缔约方应尽可能不限制土著和地方社区之间对与遗传资源相关传统知识的习惯使用和交流；(5) 缔约方应当采取措施，规定在其管辖范围内利用与遗传资源相关传统知识应当遵守另一缔约方获取和惠益分享的国内立法要求。同时采取措施，处理不遵守规定的事情，并酌情就被控违反另一缔约方国内立法要求的事情予以合作。这既是因为传统知识的保护本身就是生物多样性保护探讨的重要议题，也是考虑到土著和地方社区是环境公约谈判的重要力量，他们的意见应当获得重视。但是，《议定书》并未明确如何对“国家自己拥有口头形式或有文献记录的传统知识的独特情况”进行处理，这将是今后的潜在争议焦点之一。

另外，周宏指出《议定书》中的几类制度值得我们借鉴，① 即《议定书》的国际遵守证书制度与我国环境法中的许可证制度、《议定书》的国家联络点、国家主管机关和检查点制度与我国相关的环境行政监管制度。

《议定书》第 10 条指出，在跨境的情况下或无法准予或获得事先知情同意的情况下由利用遗传资源所产生的惠益的公正和公平分享的问题，并且认为缔约方应考虑制定全球性多边惠益分享机制的必要性及相关的模式从而更好地实现全球生物多样性保护和其组成部分的可持续利用。但是，至今为止《议定书》框架下的全球惠益分享机制还处于讨论阶段。相对于全球惠益分享机制的争议性和各方之间的利益冲突，国际遵守证书制度更具有现实的操作性，并且可以通过国内立法和双边或多边的协定实现。

根据《议定书》第 17 条的相关规定，事先知情同意的各缔约方，应酌情采取必要的立法、行政、政策措施，规定应在获取遗传资源时签发获取许可证或等同文件，以证明作出了给予事先知情同意的决定和拟定了共同商定条件，该许可证或等同文件应成为国际公认的遵守证书，并且该许可文件至少应包括已获得事先知情同意及共同商定条件等信息。

同时，《议定书》明确要求各缔约方对于不履行上述义务的情形可以采取有效的和适度的处理措施。这一规定可视为国际遵守证书制度属于缔约方的一项实质性义务。

许可证制度对于我国自然资源获取和使用方面并不是一项新制度，我国现有许可证范围涉及取水权、探矿权、采矿权等，但是与生物遗传资源最为相关的就是我国对进出口动植物资源实行证明书制度。根据 2006 年发布的《濒危野生动植物进出口管理条例》，我

---

① 周宏、马永双：《〈遗传资源获取与惠益分享的名古屋议定书〉的遵约机制对我国生物遗传资源保护的启示》，载《产业与科技论坛》2016 年第 17 期。

国对进出口动植物资源实行证明书制度，即 CITES 证书制度。由国务院野生动植物主管部门针对特定种类的动植物依申请批准，并要求被批准人在批准文件规定的时间内向国家濒危物种进出口管理机构申请核发允许进出口证明书。CITES 证书制度是一个国际范围内被广泛采用的制度，也有学者论证过 CITES 证书制度经过改造可以被引入遗传资源获取与惠益分享机制中。

但是，国际遵约证书与 CITES 证书表现形式上的相似性并不能掩盖两者之间存在的差异。一是我国现行证明书制度的适用仅限于部分野生动植物种，而生物遗传资源的保护和惠益分享要延伸至所有物种及其基因；二是证明书制度只是管控特定种类动植物的进出口，并没有涉及该类动植物后续的惠益分享问题，这也决定了国际遵约证书的内容相比证明书会更加多样和全面。

2016 年 9 月 6 日，我国正式成为《生物多样性公约关于获得遗传资源和公平和公正分享其利用所产生惠益的名古屋议定书》缔约方，这标志着我国生物产业进入惠益共享时代，生物遗传资源监管工作将迈入日趋规范化的法制轨道。因此，对于国内立法来说，需要在《议定书》规定的最低义务的基础之上，对证书的内容作出更为明确的规定，同时提供更为具体的证书申请、授予等程序。在国际方面，可以参照 2008 年、2009 年、2010 年和 2013 年先后生效的中国—新西兰、中国—秘鲁、中国—哥斯达黎加、中国—瑞士等 TPP 协定。① 在双边、多边谈判中，更多地将国际遵约证书或证明书制度加入谈判的事项中，使我国的生物遗传资源在国际层面也能获得保护，更好地满足保护遗传资源和合理分享惠益。

综上所述，我国在实施 CITES 许可证制度中积累的经验，将对《议定书》中的国际遵守证书制度在我国的引入或转化使用提供可行

---

① 中华人民共和国环境保护部：《中国履行〈生物多样性公约〉第五次国家报告》，2014 年版。

性依据。但是在具体的规定上需要更加明确，这也有赖于在国内、国际层面更多的摸索，积累更多的实践经验。

《议定书》中提到的在国内立法中需要设置或指定的机构主要有三个：国家联络点、国家主管机关和检查点。三者的作用各有不同：国家联络点负责更新、公布有关获取与惠益分享的信息；国家主管机关主要负责授权、颁发国际遵约证书、提供相关咨询等；检查点主要是在利用生物遗传资源获得的终端产品进入市场前对其进行审查和评估。

这三项制度贯穿于生物遗传资源获取与惠益分享的各个阶段，环环相扣，在制度建构上能满足生物遗传资源的监管要求。而它最大的问题在于与相关国家国内立法的相容和配合。因此，科学合理的管制体制，是遗传资源获取与惠益分享管制机制成功的关键。

我国环境行政实行的是环保部门统一监督管理与其他相关部门分工负责管理的模式。从上文提到的濒危野生动植物进出口的管理来看，CITES 中国家主管机关的职能是由国家濒危物种进出口管理机构、国务院野生动植物主管部门和国家濒危物种进出口科学机构来履行的。从《议定书》中国家联络点、国家主管机关和检查点的职责来看，它对管理机关专业性的要求更高，管理的程序更加烦琐，不仅对现行的管理模式和机制提出挑战，还意味着更高的行政管理成本。

根据《议定书》的要求，国家联络点和国家主管机关可以指定一个实体履行规定的职能，对于检查点只要求一个或一个以上，且未明确提出具体由哪个实体来履行。对于我国的遗传资源与惠益分享的管理体制选择来说，一是应考虑我国遗传资源开发利用的现状、现有机构和管理资源、环境行政的成本等因素。二是如同在环境污染领域的第三方治理，生物遗传资源获取及惠益分享也可以考虑引入第三方商业主体或环境组织。尤其是在生物遗传资源价值估计、共同商定条件的咨询等对专业性要求较高的领域。三是应该鼓励公众参与，生物遗传资源获取及惠益分享，其制度设计的初衷就是为了更好地保护当地居民，以实现生物遗传资源的可持续利用。

六、海洋生态损害赔偿

一般认为，海岸带海洋生态损害是指由于在海岸带海域居住的人类的各种行为而给海洋生态系统的组成、结构、功能或生态要素组成造成或可能造成的严重损害，该损害的危害性表现在制约海洋生态系统服务功能的正常发挥，损害海洋生物资源和海洋环境功能，从而侵害根本的生态利益。其中，海洋生态系统服务功能的损失是指无法为人类提供食物、药物、基因资源等其他生产、生活原料，无法维持人类生存和发展所必需的环境条件。海洋环境功能的损失主要是由于海洋生态损害对海洋环境的物理功能造成的不利影响。海洋生物资源的损失主要是指对海洋生物物种、种群、群落、生境及生态食物链造成的损害，如生物多样性的减弱等。因此，海洋生态损害的定义旨在强调三点：1. 海洋生态损害是由于人为因素引起的，不包括自然因素带来的影响；2. 该损害后果直接针对的是海洋生态环境，不包括通过海洋生态环境而影响到的实际财产或人身损害；3. 海洋生态损害的客体是具有公益性的海洋生态利益，海洋生态侵权损害区别于传统的环境侵权损害，应该受到环境法界的重视，给予充分的救济。①

海洋生态损害国家索赔，是指国家通过特定的法律形式，授权相关部门在发生海洋生态损害事故时代表国家向责任方索赔，其与普通的民事索赔、国家赔偿以及行政处罚不同，是不同于现有侵权赔偿制度的独立的索赔机制。②

海岸带海洋生态环境系统不仅为沿海区域居民提供初级产品，更为其生产生活活动提供了不可替代的场所和条件。当海岸带生态系统受到污染损害，出现亚健康状态时，其大气调节功能、生物控

① 杨健萍：《我国海洋生态损害索赔法律问题研究》，天津大学 2012 年硕士学位论文，第 6 页。

② 宫晴晴：《海洋生态损害国家索赔制度初探》，华东政法大学 2012 年硕士学位论文，第 1 页。

制功能、营养循环功能等都会受到不同程度的损害，从而造成海洋生态价值的下降。具体而言，以《海洋环境保护法》和现行的6部主要海洋环境治理规范①为基础，从污染源的角度，可将海岸带海洋生态环境污染损害案件分为以下几类（见表7）：1. 陆源污染物所致的海洋环境污染；2. 海岸工程建设项目所致的海洋环境污染；3. 海洋工程建设项目所致的海洋环境污染；4. 海洋倾倒所致的海洋环境污染；5. 船舶所致的海洋环境污染；6. 拆船作业所致的海洋环境污染。②

表7　海洋生态损害案件类型化图

<table>
<tr><td colspan="2">海洋生态损害案件（根据原因行为分类）</td></tr>
<tr><td>海洋生态环境污染损害案件
（根据污染源不同类型化分类）</td><td>海洋生态破坏案件
（根据破坏对象和行为方式不同类型化分类）</td></tr>
<tr><td>陆源污染物所致的海洋环境污染</td><td rowspan="3">特定海洋资源损害：危害水产资源——鱼、虾、蟹、贝类、藻类、水产苗种、重点保护的海洋野生动植物等</td></tr>
<tr><td>海岸工程建设项目所致的海洋环境污染</td></tr>
<tr><td>海洋工程建设项目所致的海洋环境污染</td></tr>
<tr><td>海洋倾倒所致的海洋环境污染</td><td rowspan="3">特殊海洋生态系统损害：破坏红树林、珊瑚礁、滨海湿地、防护林、海岸生态系统、破坏海洋自然保护区等</td></tr>
<tr><td>船舶所致的海洋环境污染</td></tr>
<tr><td>拆船作业所致的海洋环境污染</td></tr>
</table>

当海岸带海洋生态基于以上几类污染造成不同程度的损害时，由于自然资源属于国家所有，也就是说此时国家所有的海洋生态权

---

① 包括《防治陆源污染物污染海洋环境管理条例》《防治海岸工程建设项目污染损害海洋环境管理条例》《防治海洋工程建设项目污染损害海洋环境管理条例》《海洋倾废管理条例》《防治船舶污染海洋环境管理条例》《防止拆船污染环境管理条例》。

② 黄宗斌、江琴：《海洋生态损害国家索赔主体问题研究》，载《中国海商法研究》2013年第2期。原文出处：王炳蔚、高蕾：《论海洋环境污染索赔案件中国家行政机关原告地位的判定》，载《中国海洋法学评论》2009年第2期。

益产生了损害后果，由国家作为受害主体，依据《海洋环境保护法》第 89 条第 2 款的规定向污染者提出损害赔偿要求，也是符合法理的。因此，本书所涉及的海岸带海洋生态损害赔偿问题仅将其主体限定为国家。也就是说，具体是由国家海洋行政管理部门代表国家在其管理的海洋资源和生态环境受到侵害时，向侵害者提出赔偿要求，开始国家索赔的诉讼之路（见表 8）。

表 8　国内主要海洋生态损害索赔案例归纳

案例	案由	索赔主体	有关诉求	判决情况
1997 年“海成”轮案	漏油污染案件	广东省渔政渔监检查总队湛江支队	天然渔业资源损失（水生物资源直接损失、滩涂渔业资源直接损失渔业资源中长期损失）	一审判决被告赔偿天然渔业资源损失及调查费
				二审支持一审关于天然渔业资源损失并增加渔业资源中长期损失
1999 年“闽燃供 2 号”油轮案	碰撞漏油污染事件	广东省珠海市环境保护局	恢复环境原貌费用	支持原告关于恢复环境原貌费用诉求
		广东省海洋与水产厅	渔业资源损失	支持原告渔业资源直接损失要求
2001 年“通天顺”轮与“天神”轮案	碰撞油污污染事件	广东省海洋与渔业局	天然水产品直接损失、天然渔业资源损失	支持天然水产品直接损失
2002 年“塔斯曼海”轮溢油索赔案	碰撞油污污染事件	天津市海洋局	海洋生态损失索赔	支持海洋生态损失
		天津市渔政渔港监督管理处	渔业资源损失	支持渔业资源损失
2011 年“康菲溢油案”	海洋溢油污染	国家海洋局、环境保护部、农业部等部门组成的溢油事故联合调查组	渔民养殖损失和海洋生态损失	支持渔民养殖损失和海洋生态损失

但是，我国海岸带海洋生态损害索赔之路却因索赔机制本身存在的问题而徒增难度，如索赔主体不确定、赔偿范围不完善、赔偿额计算依据缺失、第三方评估鉴定机构缺失等方面问题。面对以上难点问题，本章只起到提纲挈领的作用，重点内容放在最后一章进行论述。

第二章　沿海国对防治船舶污染造成的海岸带海洋生物多样性破坏之管辖权概述

根据《2015 年中国海洋环境状况公报》显示，2015 年我国海洋生态环境状况基本稳定。近岸海域海洋污染问题依然严重，面积在 100 平方千米以上的 44 个大中型海湾中，21 个海湾全年四季均出现劣四类海水水质。此外，典型海洋生态系统健康状况不容乐观，实施监测的河口、海湾、滩涂湿地、珊瑚礁等典型海洋生态系统 86% 处于亚健康和不健康状态。实施监测的河口、滩涂湿地、海湾、红树林和海草床、珊瑚礁等海洋生态系统中，处于健康、亚健康和不健康状态的海洋生态系统分别占 14%、76% 和 10%。

“我国拥有丰富的海洋生物资源，约占世界海洋生物物种总数的 10%。在世界总数中，我国海洋鱼类占 14%、红树林植物占 43%、造礁珊瑚物种约占印度——西太平洋区系造礁珊瑚总数的三分之一。根据《2013 年中国海洋环境状况公报》，在我国海洋监测区域内共鉴定出浮游植物 701 种，浮游动物 713 种，大型底栖生物 1342 种，海草 7 种，红树植物 9 种，造礁珊瑚 104 种。可以看出，我国的海洋生物多样性资源十分丰富，然而，随着人类活动的越发频繁，海洋生物多样性正面临着巨大的挑战。对海洋生物性造成破坏的主要因素有人类的过度捕捞、海洋污染、生态环境改变、外来物种入侵、全球气候变化等。目前，过度捕捞和环境污染是海洋生物面临的主要威胁。”①

在各国海岸带所辖范围内，对海洋生物多样性造成危害的污染源主要包括陆源污染、船舶污染、倾倒污染和海洋事故污染。由于船舶污染逐渐演变为除了陆源污染之外的最严重的污染途径，且其管辖权制度较为复杂，不仅涉及沿海国本国海岸带海域各行政区划、功能区划或保护区之间的管辖权认定问题，还可能涉及多国利益，为了更加有效地预防和控制船舶污染造成的海洋生物多样性减损问题，保护海岸带生态环境，国际社会目前越来越关注船舶污染。所谓船舶污染，是指船舶逸漏排放污染物于海洋，产生损害海洋生物资源、危害人体健康、妨碍渔业和其他海上经济活动、损害海水质量、破坏环境等有害影响。② 船舶污染主要包括两个方面：1. 在海上航行的船舶蓄意或由于疏忽而向海洋排放油类或其他有害物质所造成的污染，如排放生活污水、船舶垃圾、油轮压舱水和清舱水等。2. 船舶在海上航行过程中发生事故所造成的污染，如船舶碰撞或油轮搁浅等。③ 通过其概念可以看出，目前海岸带区域内对海洋生物多样性造成破坏的船舶污染主要围绕在以上两个方面，对其管辖是一个涉及在哪些具体区域发生不同来源的污染行为由主权国对其以什么标准进行管辖的问题。欲对其进行防范和规制，应先从法理上确立沿海国管辖权的有效性，并辅之以国际国内具体立法和执行措施，方能有效进行治理和防控。

因此，本章中仅围绕船舶污染造成的海岸带海洋生物多样性损害来探讨其管辖权问题，对其他污染源造成的危害及其管辖权的论证不再予以赘述。

---

① 周龙：《论海洋生物多样性的法律保护》，载《人民论坛》2016 年 2 月（中）。

② 张湘兰：《海商法论》，武汉大学出版社 1996 年版，第 198 页。

③ 焦欣欣：《浅析船源污染的沿海国管辖权》，载《法制与社会》2008 年 3 月（中）。

第一节　沿海国对船舶污染造成的海岸带海洋生物多样性破坏进行管辖之依据

从世界范围来看，全球沿海国家大概有 140 多个，全球人口约 60% 都生活在沿海地带，其中，90% 以上又生活在海岸带区域内。因此，对海洋利益需求的膨胀促使沿海国为了社会、经济需求等而利用各种手段对海岸带海洋生物资源进行开发利用，同时为了海洋安全和海洋生态系统的维护，当前越来越多的国家开始关注海岸带海洋生物多样性的保护问题。但是如前文所述，进行保护必须先确定沿海国对海岸带污染行为和主体的管辖权，才能借此进一步进行海洋生物多样性的开发和保护立法。本书在此主要围绕船舶污染造成的侵害来探讨相关管辖权问题。

随着"蓝色世纪"的到来，各国积极开展"蓝色战略"。我国在长期的人与海相争资源的过程中，也逐步意识到海洋环境污染会带来太多的负面效应，只有有效地保护海岸带资源，才能持久地进行海岸带战略开发，才能实现海岸带海洋生态资源的保护和开发，也才能进一步实现其生物多样性的保护。因此，本书首先确定海洋环境污染的概念和分类。

我们经常会听到一个词——海纳百川。是的，当海洋容纳世间万物时，同样也将诸多污染物包纳其中，时至今日，它已无力再承受更多的伤害和破坏。各类污染物通过不同的方式和途径进入海洋，造成环境污染，那么，究竟什么是海洋环境污染呢？直到 1982 年联合国公布的《联合国海洋法公约》才第一次明确提出各国达成共识的海洋环境污染概念，即"'海洋环境的污染'是指：人类直接或间接地把物质或能量引入海洋环境，其中包括河口湾，以致造成或可能造成损害生物资源和海洋生物、危害人类健康、妨碍包括捕鱼和海洋其他正当用途在内的各种海洋活动、损坏海水使用质量和减损环境优美等有害影响”。[①] 从这个定义上看，首先，它强调海洋目前遭受的不利影响是人类活动造成的。具体而言，这里所提到的人类活动既包括引入物质或能量，又包括由此产生的有害后果。从引入物质方面来讲，不仅包括能量，也包括有形物质。在这个概念的表述中我们可以清楚地看到，能量和物质这两个词属于并列关系，是因为在各国商讨海洋环境污染定义时，清楚地意识到人类对海洋环境的污染已不仅仅局限于将有形物质倾倒、排放于海中，越来越多的能量污染如热污染等在当今海洋环境污染中的比重已日趋增大。其次，损害实际上包括两方面意思——损害和危害。当造成具体伤害或实际损失时，可称之为损害。在损害之外，其实还有更多无形的损失或者间接的损失，这方面包括的内容可以称之为危害。再次，“以致造成或可能造成损害生物资源和海洋生物”中增加“可能造成”这一措辞，将尚未发生实际不良影响，但是可能造成威胁的情形囊括其中，实际上是扩大了海洋环境保护的范围，增强了海洋环境保护的力度。最后，“损坏海水使用质量和减损环境优美”中的环境优美并不是指从审美意义上来看的那种抽象概念，而是可以具化为包括旅游、娱乐、疗养等在内的人类对海洋的各种有益的利用和舒适的享受等。

《联合国海洋法公约》对海洋环境污染所下的统一定义为各沿海国未来所要实施的海洋战略和环境保护规划提供了具体、翔实、统一的基础，对海洋环境的利用和保护产生了非常重要的积极意义。近年来，随着各国海岸带海洋生物资源开发保护工作的深入开展，各国政府部门和学界已逐步摸索出一些适合本国的法律法规和实施策略，但是面对复杂纷扰的实务工作，如何划分污染物的分类、确定定量定性标准和污染总量标准等问题都必然会摆到桌面上来。因

① 《联合国海洋法公约》第1条。

此，目前比较统一的对海洋环境污染的分类主要包括以下几种（根据污染物的不同来源进行分类）：陆源污染、船舶污染、海上事故污染和海洋倾废污染四种。这种划分方法为《联合国海洋法公约》所采用并细化，《联合国海洋法公约》中“按照污染物质的不同来源，将海洋环境的污染分为陆地来源的污染、船舶来源的污染、国家管辖的海底活动造成的污染、海洋倾废造成的污染、来自区域内活动的污染和来自大气层或通过大气层的污染”。①

在这四类主要海洋环境污染类型中，上文已经提出，本章仅围绕船舶污染造成的海岸带海洋生物多样性损害来探讨其管辖权问题，对其他污染源造成的危害及其管辖权的论证不再予以赘述。因此，下文欲进一步从沿海国对船舶污染管辖权的法律渊源角度阐述各国对船舶污染造成的海岸带海洋生物多样性损害问题的管辖权。

1.《联合国海洋法公约》

1982 年，第三次海洋法会议上形成的《联合国海洋法公约》（United Nations Convention on the Law of the Sea）因其编纂、整理过程中的多方参与性和共同协商性而备受瞩目，目前它已被公认为是有史以来最全面、最完备的海洋法法典。在该次会议上，海洋大国和各沿海国涉及海岸带区域的管辖权存在诸多争议，主要焦点之一是：是否承认沿海国在其管辖海域②范围内享有防止海洋污染的管辖权，尤其是制定防止船舶污染标准的权力和处理污染事故的执行权。③

对于海洋大国来说，掌控制海权对于其维护海洋安全来说至关重要。出于对本国海洋权益考虑的需求出发，海洋大国不希望将更

① 何卫东：《跨界海洋环境损害国家责任论》，武汉大学出版社 2000 年版，第 27 页。

② 在本书中，本章所指“管辖海域”仅局限于海岸带区域。

③ 高健军：《中国与国际海洋法》，海洋出版社 2004 年版，第 114 页。

多的管辖权赋予沿海国家，因此在具体防污标准的制定方面，他们坚持制定统一的国际标准，并坚持船旗国享有对违章船舶的执行管辖权。这一主张极大伤害了发展中国家主张享有广泛的立法权和执法权的基本要求，因此二者就该项焦点存在很大争议。最终，《联合国海洋法公约》在第十二部分对海洋环境的保护和保全作出了折中性的规定——第193条明确规定，各国有依据其环境政策和按照其保护和保全海洋环境的职责开发其自然资源的主权权利。也就是说“各国有保护和保全海洋环境的义务”这一宗旨通过公约的形式定性为各沿海国的一般性义务。

以此为基础，《联合国海洋法公约》对各沿海国船舶污染管辖权作出了进一步具体规定，如各国应在适当情形下个别或联合地采取一切符合《联合国海洋法公约》的必要措施，以防止、减少和控制任何来源的海洋环境污染。为达成此目的，按照其能力使用其所掌握的最切实可行的办法，并在这方面尽力协调各国政策。① 此外，第195、196条第1款规定：“各国在采取措施防止、减少和控制海洋环境污染时采取的行动，不应直接或间接将损害或危险从一个区域转移到另一个区域，或将一种污染变成另一种污染。”“各国在采取一切必要措施以防止、减少和控制由于在其管辖或控制下使用技术而造成的海洋环境污染、或由于故意或偶然在海洋环境某一特定部分引进外来的或新物种致使海洋环境可能发生重大和有害的变化。”这样，一方面对沿海国管辖本国海岸带区域内的环境污染从国际法上确立了根本依据，也为将来国内立法提供了一个统一的制定标准。

此外，《联合国海洋法公约》第207条至第222条还对各国在防治船舶污染的具体要求和制度方面作出了详细规定，由于这些规定涉及沿海国、港口国和船旗国的不同管辖权分配，本章将在下文中分别进行阐述。

---

① 《联合国海洋法公约》第194条第1款。

2.《国际防止船舶造成污染公约》

当前国际社会公认的有关防止船舶污染方面的权威文件就是1973年的《国际防止船舶造成污染公约》（以下简称《公约》）（International Convention for the Prevention Pollution from Ships）及其议定书，《公约》是为保护海洋环境，由国际海事组织制定的有关防止和限制船舶排放油类和其他有害物质污染海洋方面的安全规定的国际公约。《公约》开章明义地指出：“各缔约国，意识到有保护拯救人类环境特别是海洋环境的需要，认识到船舶故意地、随便地排放油类和其他有害物质，是一种严重的污染源，也认识到为保护环境而缔结的第一个多边协议1954年《国际防止海上油污公约》的重要性及其在防止海洋和沿海环境污染方面所做出的重大贡献。本着彻底消除有意排放油类和其他有害物质污染海洋环境并将这些物质的意外排放减至最低限度的愿望，特制定本公约。”

在处理具体实务问题时，《公约》的条文规定有其鲜明的特色且实用性很强：“任何违反本公约要求的事件，不论其发生在何处，应根据有关船舶主管机关的法律，予以禁止，并给予制裁。如果该主管机关获悉是项违章事件，并确信有充分的证据对被声称的违章事件起诉，则应按照其法律使这种起诉尽速进行。在任一缔约国管辖区域以内的任何违反本公约要求的事件，根据该缔约国的法律，应予禁止，并给予制裁。每当发生这种违章事件时，该缔约国便应：（1）按其法律起诉；或（2）将其可能掌握的关于已发生违章事件的情况和证据，提交该船的主管机关。”① 从该条表述可以看出，沿海国对海岸带区域发生的船舶污染拥有绝对的管辖权，缔约国均应遵守《公约》规定。缔约国为了更好地行使自身对海岸带区域船舶污染的管辖权，相继在本国立法中予以确定，进一步强化了该条的实效性。

---

① 《国际防止船舶造成污染公约》第4条。

第二节 沿海国对船舶污染造成的海岸带海洋生物多样性破坏进行管辖之范围

管辖权，从本质上讲，属于通过法律调整一定范围内的利益分配。上一节中简述了海岸带海洋生物多样性管辖的依据，本节开始探讨其管辖范围问题，以此进一步深入了解沿海国如何通过国际公约、条约、国内法律法规等规制海岸带海洋生物多样性管辖问题，如何平衡和分配相关经济、社会、生态利益。一般来说，沿海国根据《联合国海洋法公约》的规定，对海岸带海洋生物多样性管辖权分为三类：立法、司法和执行管辖权。立法管辖权是指沿海国依据国际公约和国际习惯的规定，制定和颁布相关法律，确立其在领海、毗连区、专属经济区等海域内的权利的管辖权。司法管辖权是指沿海国有将在其管辖海域内违反其法律规定的人或行为，提交司法机构进行审判的权力，即可以依情节轻重提起民事诉讼或刑事诉讼。执行管辖权是指沿海国的国家机关或获得国家特定授权的人员、军舰、军用飞机等对于管辖海域内的人或事件享有强制执行的权力，其中包括：监督、登临船舶、搜查、逮捕、扣押和没收财物等行为。从以上三个概念来看，其管辖范围均覆盖海岸带区域，也就是说根据《联合国海洋法公约》的规定，船舶污染造成海洋环境遭受损害时，缔约国有权对其行使管辖权。但是由于对船舶的管辖涉及多方利益，往往会出现沿海国、船旗国或港口国均有管辖权的情况，由此产生管辖权的重叠和冲突，这就使对船舶的管辖成为海洋污染管辖方面最复杂、最难处理的问题之一。对此《联合国海洋法公约》对船舶污染作出了更加翔实的规定，以期能够解决管辖权重叠和冲突问题。

如上文所述，船舶故意、任意或意外向海洋排放油类物质或其他有害物质，是造成海洋污染的重要来源之一。一般来说，船舶污染具有直接污染海洋环境、容易引起管辖权冲突和争议的特点。船舶污染的种类有很多，下面做简要介绍：1. 按照污染物质的不同，可分为油类物质和其他有害物质两大类。其中船舶污染物主要是油类物质，而石油污染则是海洋环境破坏的主要污染源之一；2. 按照污染物质来源的不同，可分船舶日常排放和事故性排放两大类。不同于陆源污染的是，船舶污染物主要是油类物质，而且不需要通过任何媒介就能直接导致严重的海洋污染。① 正是由于船舶污染的复杂性和危害性极大，一旦发生船舶污染，沿海国、船旗国、港口国三方极易因争夺管辖权问题产生冲突，防止污染损害的进一步扩大和修复工作有可能就变得遥遥无期。这对于本已脆弱的海岸带海洋生态环境来说无疑是雪上加霜。因此，《联合国海洋法公约》从立法、司法和执行管辖权三个角度对沿海国、船旗国、港口国的管辖权作出具体规定，从一定程度上缓解了矛盾冲突，有利于海岸带海洋生物多样性保护工作的顺利进行。

1. 对船舶污染立法管辖权的特殊规定②

《联合国海洋法公约》第十二部分第五节对防止、减少和控制船只对海洋环境污染的国际规则和国内立法作出了详尽的规定。但是列举式的法条规定却可能产生一定的负面效果，即可能会影响到航行自由。为防止和避免沿海国利用国内立法限制外国船只自由航行的权利，在标准的制定和执行方面，《联合国海洋法公约》规定优先适用国际规则和标准。

---

① 其中船舶日常排放是指在海上航行的船舶蓄意或者由于疏忽而向海洋排放油类或其他有害物质所造成的污染，如排放船舶生活污水、船舶垃圾、油轮压舱水和清舱水，以及船舶散装有害液体物质的污染；船舶事故性排放是指船舶在海上航行过程中发生海难事故时所造成的污染。

② 张留丽：《论沿海国对船只污染的管辖权》，中国政法大学2011年硕士学位论文，第13～14页。

《联合国海洋法公约》第194条对“防止、减少和控制海洋环境污染的措施”作出具体规定：

（1）各国应在适当情形下个别或联合地采取一切符合本公约的必要措施，防止、减少和控制任何来源的海洋环境污染，为此目的，按照其能力使用其所掌握的最切实可行的方法，并应在这方面尽力协调它们的政策。

（2）各国应采取一切必要措施，确保在其管辖或控制下的活动的进行不致使其他国家及其环境遭受污染的损害，并确保在其管辖或控制范围内事件或活动所造成的污染不致扩大到其按照本公约行使主权权利的区域之外。

（3）依据本部分采取的措施，应针对海洋环境的一切污染来源。这些措施，除其他外，应包括旨在最大可能范围内尽量减少下列污染的措施：

（a）从陆上来源、从大气层或通过大气层或由于倾倒而放出的有毒、有害或有碍健康的物质，特别是持久不变的物质；

（b）来自船只的污染，特别是为了防止意外事件和处理紧急情况，保证海上操作安全，防止故意和无意的排放，以及规定船只的设计、建造、装备、操作和人员配备的措施；

（c）来自用于勘探或开发海床和底土的自然资源的设施和装置的污染，特别是了为防止意外事件和处理紧急情况，保证海上操作安全，以及规定这些设施或装置的设计、建造、装备、操作和人员配备的措施；

（d）来自在海洋环境内操作的其他设施和装置的污染，特别是为了防止意外事件和处理紧急情况，保证海上操作安全，以及规定这些设施或装置的设计、建告、装备、操作和人员配备的措施。

（4）各国采取措施防止、减少或控制海洋环境的污染时，不应对其他国家依照本公约行使其权利并履行其义务所进行的活动有不当的干扰。

（5）按照本部分采取的措施，应包括为保护和保全稀有或脆弱的生态系统，以及衰竭、受威胁或有灭绝危险的物种和其他形式的海洋生物的生存环境，而有必要的措施。

《联合国海洋法公约》第211条主要规定了“来自船只的污染”的具体应对措施，其中特别强调在控制意外污染中沿海国的义务，尤其是要求沿海国应将事故立即通知有关利益可能受到影响的沿海国的义务。具体规定为：

（1）各国应通过主管国际组织或一般外交会议采取行动，制订国际规则和标准，以防止、减少和控制船只对海洋环境的污染，并于适当情形下，以同样方式促进对划定航线制度的采用，以期尽量减少可能对海洋环境，包括对海岸造成污染和对沿海国的有关利益可能造成污染损害的意外事件的威胁。这种规则和标准应根据需要随时以同样方式重新审查。

（2）各国应制定法律和规章，防止、减少和控制悬挂其旗帜或在其国内登记的船只对海洋环境的污染。这种法律和规章至少应具有与通过主管国际组织或一般外交会议制订的一般接受的国际规则和标准相同的效力。

（3）各国如制订关于防止、减少和控制海洋环境污染的特别规定作为外国船只进入其港口或内水或在其岸外设施停靠的条件，应将这种规定妥为公布，并通知主管国际组织。如两个或两个以上的沿海国制订相同的规定，以求协调政策，在通知时应说明哪些国家参加这种合作安排。每个国家应规定悬挂其旗帜或在其国内登记的船只的船长在参加这种合作安排的国家的领海内航行时，经该国要求向其提送通知是否正驶往参加这种合作安排的同一区域的国家，如系驶往这种国家，应说明是否遵守该国关于进入港口的规定。本条不妨害船只继续行使其无害通过权，也不妨害第25条第2款的适用。

（4）沿海国在其领海内行使主权，可制定法律和规章，以防止、减少和控制外国船只，包括行使无害通过权的船只对海洋的污染。

按照第二部分第三节的规定，这种法律和规章不应阻碍外国船只的无害通过。

……

（7）本条所指的国际规则和标准，除其他外，应包括遇有引起排放或排放可能的海难等事故时，立即通知其海岸或有关利益可能受到影响的沿海国的义务。

1973 年《国际防止船舶污染公约》及其议定书中的规则和标准主要是规定有关船舶污染的内容，其中关于意外污染方面的规定尤为翔实。同时，国家有义务通知有关利益有可能受到污染影响的其他沿海国。

如上文所述，海洋污染的管辖权中最复杂的就是对船舶污染的管辖。《联合国海洋法公约》对船舶污染作出详细规定，赋予沿海国相应管辖权的同时也对其行使作出一定限制，如沿海国享有对船舶污染的立法管辖权；其对船舶污染的立法管辖权又仅限于根据通用的国际规则和标准，制定该国的法律和规章。本书认为，这些规定在实践中存在以下两方面问题：

（1）一般接受的国际规则和标准

就对船舶污染的立法管辖权来说，《联合国海洋法公约》首先再次确认船旗国享有立法管辖权，同时赋予沿海国和港口国一定权限的立法管辖权。如上文所述，任何一种权利都应当受到某种程度的限制，因此任何一种管辖权都不应允许一国在制定国内防治污染方面享有不受拘束的立法权限，《联合国海洋法公约》中对于船旗国的立法管辖权的限制是必须产生与一般接受的国际规则和标准相同的效力，而沿海国必须符合一般接受的国际规则和标准并使之有效。①由此可见，"一般接受的国际规则和标准"一词对于国家管辖权具有重要意义，但是《联合国海洋法公约》并未作出进一步的界定，而这

① 《联合国海洋法公约》第 211 条（2）（5）。

种“一般接受的规则和标准”的具体操作在学界引起了众多讨论，对其也有多种解释。①

（2）沿海国对船舶污染的立法责任和执行义务②

《联合国海洋法公约》第192、193条规定：“各国有保护和保全海洋环境的义务。”“各国有依据其环境政策和按照其保护和保全海洋环境的职责开发其自然资源的主权权利。”

《联合国海洋法公约》第195条规定：“各国在采取措施防止、减少和控制海洋环境的污染时采取的行动不应直接或间接将损害或危险从一个区域转移到另一个区域，或将一种污染转变成另一种污染。”

《联合国海洋法公约》的规定权衡了沿海国和其他国家在管辖海域中的海洋利益，“各国如有合理根据认为在其管辖或控制下的计划中的活动可能对海洋环境造成重大污染或重大和有害的变化，应在实际可行范围内就这种活动对海洋环境的可能影响作出评价，并应依照第二〇五条规定的方式提送这些评价结果的报告”。③ 这种权衡同样体现在沿海国所拥有的对船源污染的立法管辖权和执行管辖权上。“各国应在符合其他国家权利的情形下，在实际可行范围内，尽力直接或通过各主管国际组织，用公认的科学方法观察、测算、估计和分析海洋环境污染的危险或影响”，并且“应不断监视其所准许或从事的任何活动的影响，以便确定这些活动是否可能污染海洋环境”。④

---

① 有些将其解释为只归因于国际法的国际习惯原则和规则；有的认为应理解为对生效的相关国际公约中体现的原则和规则的不同程度的接受和国际海事组织制定的规则和标准……这种不明确性无论如何都会削弱公约的有效性，并且造成国家自由决定在何种程度上他们将受到国际规则和标准的约束。

② 张留丽：《论沿海国对船只污染的管辖权》，中国政法大学2011年硕士学位论文，第17页。

③ 《联合国海洋法公约》第206条。

④ 《联合国海洋法公约》第204条。

2. 对船舶污染的执行管辖权

以《联合国海洋法公约》所赋予的立法管辖权为基础，沿海国、港口国通过国内立法，根据本国海岸带实际情况赋予相关部门执行管辖权。但是沿海国和港口国在行使执行管辖权时有可能对船舶航行自由产生一定的妨碍，因此较之立法管辖权，《联合国海洋法公约》对沿海国和港口国的执行管辖权的规定更加严格。总之，《联合国海洋法公约》在赋予其船舶污染的执行管辖权方面，为了配合立法管辖权的相关规定，将二者更好地相结合，赋予了船旗国首要的执行管辖权，而沿海国和港口国仅给予补充性执行管辖权。

《联合国海洋法公约》中对沿海国针对船舶污染的执行管辖权的规定主要集中在第220条“沿海国的执行”：

（1）当船只自愿位于一国港口或岸外设施时，该国对在其领海或专属经济内发生的任何违反关于防止、减少和控制船只造成的污染的该国按照本公约制定的法律和规章或可适用的国际规则和标准的行为，可在第七节限制下，提起司法程序。

（2）如有明显根据认为在一国领海内航行的船只，在通过领海时，违反关于防止、减少和控制来自船只的污染的该国按照本公约制定的法律和规章或可适用的国际规则和标准，该国在不妨害第二部分第三节有关规定的适用的情形下，可就违反行为对该船进行实际检查，并可在有充分证据时，在第七节限制下按照该国法律提起司法程序，包括对该船的拘留在内。

（3）如有明显根据认为在一国专属经济区或领海内航行的船只，在专属经济区内违反关于防止、减少和控制来自船只的污染的可适用的国际规则和标准或符合这种国际规则和标准并使其有效的该国的法律和规章，该国可要求该船提供关于该船的识别标志、登记港口、上次停泊和下次停泊的港口，以及其他必要的有关情报，以确定是否已有违反行为发生。

（4）各国应制定法律和规章，并采取其他措施，以使悬挂其旗帜的船只遵从依据第3款提供情报的要求。

（5）如有明显根据认为在一国专属经济区或领海内航行的船只，在专属经济区内犯有第3款所指的违反行为而导致大量排放，对海洋环境造成重大污染或有造成重大污染的威胁，该国在该船拒不提供情况，或所提供的情报与明显的实际情况显然不符，并且依案件情况确有进行检查的理由时，可就有关违反行为的事项对该船进行实际检查。

（6）如有明显客观证据证明在一国专属经济区或领海内航行的船只，在专属经济区内犯有第3款所指的违反行为而导致排放，对沿海国的海岸或有关利益，或对其领海或专属经济区内的任何资源，造成重大损害或有造成重大损害的威胁，该国在有充分证据时，可在第七节限制下，按照该国法律提起司法程序，包括对该船的拘留在内。

（7）虽有第6款的规定，无论何时如已通过主管国际组织或另外协议制订了适当的程序，从而已经确保关于保证书或其他适当财政担保的规定得到遵守，沿海国如受这种程序的拘束，应立即准许该船继续航行。

（8）第3、第4、第5、第6和第7款的规定也应适用于依据第211条第6款制定的国内法律和规章。

由此可见，沿海国有义务查明船只在允许继续航行之前是否符合国际许可的条件。当然，沿海国也有一些特殊执行权，但是根据《联合国海洋法公约》第220条第3款和第8款的规定，如果这种行为仅发生在专属经济区，沿海国只能行使检查权或者在规定的情况下行使拘留权。

但是，在以下两种情况下沿海国有权自主决定对外国船舶执行其本国法律：对于已经在领海外的违法行为对沿海国利益造成重大损害提起司法诉讼程序；当违法行为发生在领海内，造成故意和严重的污染行为。

另外，沿海国在一些特定的法律规范的限制下，也可以采取措施，以应对实际的环境损害或损害威胁。这种情况经常发生在海难事故中，在海难事故发生的情况下，沿海国有权在领海范围之外，采取与损害或可能发生的损害相对应的措施。《联合国海洋法公约》第 221 条“避免海难引起污染的措施”第 1 款规定：本部分的任何规定不应妨害各国为保护其海岸或有关利益，包括捕鱼，免受海难或与海难有关的行动所引起，并能合理预期造成重大有害后果的污染或污染威胁，而依据国际法，不论是根据习惯还是条约，在其领海范围以外，采取和执行与实际的或可能发生的损害相对应的措施的权利。

船舶污染有很大一部分是由于海难发生时向海洋排放了大量油污和有毒有害物质，并引发严重的海洋环境污染损害。因此《联合国海洋法公约》严格规定了沿海国在这种情形下的执行程序，尤其是规定沿海国必须在采取措施前，与可能受措施影响的其他国家，尤其是船旗国进行协商和交换意见。

沿海国还应当考虑利益可能受到损害的国家和国际海事组织的独立专家的意见，在极为特殊的情况下，沿海国可以免除这些协商和通知的义务。但是，在这种情况下，如果沿海国执行的措施与实际的或可能发生的损害不相称，或采取的措施超出了合理的必要，那么沿海国将对过分措施导致的损害负责赔偿。但是《联合国海洋法公约》对沿海国的执行管辖权的限制极为苛刻。根据第 230 条“罚款和对被告的公认权利的尊重”的规定，（1）对外国船只在领海以外所犯违反关于防止、减少和控制海洋环境污染的国内法律和规章或可适用的国际规则和标准的行为，仅可处以罚款；（2）对外国船只在领海内所犯违反关于防止、减少和控制海洋环境污染的国内法律和规章或可适用的国际规则和标准的行为，仅可处以罚款，但在领海内故意和严重地造成污染的行为除外；（3）对于外国船只所犯这种违反行为进行可能对其加以处罚的司法程序时，应尊重被告的公认权利。

由此可知，沿海国对于外国船只在领海外的违法行为施加的惩罚主要限于金钱惩罚。因此，基于保障船只的航行自由的权利的考虑，如果违法的外国船只提交了保证书，沿海国应当准许该船继续航行。

对《联合国海洋法公约》以上条款的规定，本书赞同张留丽的观点①——沿海国还应当将对外国船只采取的任何措施迅速通知船旗国和任何其他有关国家，并将有关这种措施的一切正式报告提交船旗国，其他被违法行为影响的利益国也必须得到沿海国对违法船只采取的执行措施的通知，这样，沿海国也能有效避免陷入双重诉讼的尴尬。但是，不管沿海国是否已经提出这种程序，船旗国都可以按照本国法律对船只采取任何措施，尽管实践中许多船旗国出于经济的考虑往往疏于对违法船只进行处罚。

因此，我们可以看出，沿海国的执行管辖权受到《联合国海洋法公约》的严格限制，虽然可以在一定程度上保护沿海国的海洋权益，但是由于相关规定设立时间较早，已经不能满足现在海洋环境污染防治的要求，远不能减缓当今海洋污染严峻的现状，亟待进行修订。

此外，《联合国海洋法公约》仍旧肯定了船旗国的执行管辖权，船旗国不仅应当确保悬挂其旗帜或在其国内登记的船只遵守国际规则、标准和国内法律、规章，而且“应作出规定使这种规则、标准、法律和规章得到有效执行，不论违法行为在何处发生”。另外船旗国有权调查、起诉、处罚悬挂其旗帜的船只。当然，我们还需注意《联合国海洋法公约》第 228 条第 1 款——对于外国船只在提起司法程序的国家的领海外所犯任何违反关于防止、减少和控制来自船只的污染的可适用的法律和规章或国际规则和标准的行为诉请加以处

---

① 张留丽：《论沿海国对船只污染的管辖权》，中国政法大学 2011 年硕士学位论文，第 21 页。

罚的司法程序，于船旗国在这种程序最初提起之日起六个月内就同样控告提出加以处罚的司法程序时，应即暂停进行，除非这种程序涉及沿海国遭受重大损害的案件或有关船旗国一再不顾其对本国船只的违反行为有效地执行可适用的国际规则和标准的义务。船旗国无论何时，如按照本条要求暂停进行司法程序，应于适当期间内将案件全部卷宗和程序记录提供给早先提起程序的国家。船旗国提起的司法程序结束时，暂停的司法程序应予终止。在缴纳完该程序中应收的费用后，沿海国应发还与暂停的司法程序有关的任何保证书或其他财政担保——这表明在执行管辖权方面，船旗国在某种程度上仍旧优先于沿海国和港口国的管辖权。

港口国的执行管辖权是《联合国海洋法公约》的创新点之一，如果沿海国的执行管辖权不受限制，很容易侵犯到船舶航行自由的权利。但是港口国则不存在这种问题，因为港口国行使执行管辖权有严格的前提条件，即船只自愿停靠一国的港口或岸外设施，只有在这种情况下，港口国才得以行使执行管辖权。

综上所述，船旗国、沿海国和港口国的三种执行管辖权并非完全对立、非此即彼的关系，而是根据违法行为的发生地、危害程度等不同情况，由《联合国海洋法公约》明确规定优先行使某种管辖权，从利益平衡的角度看，三种管辖权相互作用、相互制约，可以有效地防止其中某一管辖权的滥用。需要注意的是，在海岸带海洋生态环境污染管辖方面，《联合国海洋法公约》对此规定主要集中于法律规章的制定和执行两方面，即立法管辖权和执行管辖权，对于前文中提到的司法管辖权并未有明确规定，因而容易引发管辖权的冲突。但是，《联合国海洋法公约》中针对船舶污染的执行管辖权的规定，仍具有很强的船旗国倾向，船旗国的执行管辖权在很大程度上优先于沿海国和港口国的管辖权，而且沿海国和港口国行使执行管辖权的时候必须具备严格的前提条件。根据《联合国海洋法公约》第 228 条规定，沿海国或港口国对船舶的违法行为的处罚措施会因为船旗国执行的开始而停止。因此，根据《联合国海洋法公约》的规定，由于船旗国主权性权利的存在，沿海国行使针对船舶污染的执行管辖权并不充分，这种情形对于保护其管辖海域的海洋环境是不利的。

第三节　我国对船舶污染造成的海岸带海洋生物多样性破坏进行管辖之现状

《海洋环境保护法》是为了保护和改善海洋环境，涵养海洋资源，防治海洋污染损害，维护海洋生态平衡，保障人体健康，促进经济和社会的可持续发展而制定的法律。2017 年 1 月 4 日主席令第 81 号《全国人大常委会关于修改〈中华人民共和国会计法〉等十一部法律的决定》对《海洋环境保护法》进行了修改。此次修改详细规定了保护和改善海洋环境，保护海洋资源，防治污染损害的监督管理、法律责任。该法的适用范围包括我国内水、领海、毗连区、专属经济区、大陆架和管辖的其他海域，即即使发生在我国管辖海域以外，但是若造成我国管辖海域污染或产生威胁的，也应适用该法。

当前与《海洋环境保护法》配套的单行行政法规有 1983 年《海洋石油勘探开发环境保护管理条例》、1990 年《防治海岸工程建设项目污染损害海洋环境管理条例》（2018 年修正）、1990 年《防治陆源污染物污染损害海洋环境管理条例》、2006 年《防治海洋工程建设项目污染损害海洋环境管理条例》（2018 年修正）和 2010 年《防治船舶污染海洋环境管理条例》（2018 年修正）。其中，《防治船舶污染海洋环境管理条例》延续了《防止船舶污染海域管理条例（已失效）》的内容，明确提出“预防为主、防治结合”的原则。最重要的变化是将“防止污染”改为“防治污染”，代表了立法思想上的重大转变。针对不同海域或污染来源的不同，单独制定行政法规，增加了《海洋环境保护法》的可操作性和执行力度，同时也标志着我国的海洋环境保护的法律体系已经形成并渐趋完善。

但是如前文所述，我国历来是海洋大国，拥有18000多千米的大陆岸线和14000多千米的岛屿岸线，根据《联合国海洋法公约》可以主张300多平方千米的管辖海域，海岸带海洋生物资源丰富，同时也存在生物多样性不断灭失的趋势。随着海岸带海洋生物资源多样性保护工作的不断推进，我国一方面积极与国际社会进行合作，参与和签署多项全球性公约和区域性公约；另一方面加快进行国内立法工作的进程，将《联合国海洋法公约》所涉及的优秀制度和法律规定尽快与国内法并轨，以期及时有效地进行海岸带海洋生物资源多样性保护工作。目前，我国已参与和签署的国际公约和条约主要有《联合国海洋法公约》《生物多样性公约》《生物多样性公约关于获取遗传资源和公正和公平分享其利用所产生惠益的名古屋议定书》《控制和管理船舶压载水和沉积物国际公约》《国际油污损害民事责任公约》《设立国际油污损害赔偿基金公约》《国际燃油污染损害民事责任公约》等，本书将在后面章节中对其中几个主要公约进行详细阐述，在此不做赘述。

关于对船舶污染造成的海岸带海洋生物多样性破坏进行管辖的立法问题，可以说，我国近几年来颇有成效，主要体现在《海洋环境保护法》和《防治船舶污染海洋环境管理条例》两部法律法规上。同2000年4月1日起施行的《海洋环境保护法》相比，2017年新修正的《海洋环境保护法》在船舶污染方面作了如下修改：

1. 旧法第70条由“进行下列活动，应当事先按照有关规定报经有关部门批准或者核准：（一）船舶在港区水域内使用焚烧炉；（二）船舶在港区水域内进行洗舱、清舱、驱气、排放压载水、残油、含油污水接收、舷外拷铲及油漆等作业；（三）船舶、码头、设施使用化学消油剂；（四）船舶冲洗沾有污染物……”改为新法第

70 条第 2 款“船舶进行散装液体污染危害性货物的过驳作业，应当事先按照有关规定报经海事行政主管部门批准。”

2. 第 73 条第 1 款由“违反本法有关规定，有下列行为之一的，由依照本法规定行使海洋环境监督管理权的部门责令限期改正，并处以罚款：（一）向海域排放本法禁止排放的污染物或者其他物质的；（二）不按照本法规定向海洋排放污染物，或者超过标准排放污染物的；（三）未取得海洋倾倒许可证，向海洋倾倒废弃物的；（四）因发生事故或者其他突发性事件，造成海洋环境污染事故，不立即采取处理措施的。”改为“违反本法有关规定，有下列行为之一的，由依照本法规定行使海洋环境监督管理权的部门责令停止违法行为、限期改正或者责令采取限制生产、停产整治等措施，并处以罚款；拒不改正的，依法作出处罚决定的部门可以自责令改正之日的次日起，按照原罚款数额按日连续处罚；情节严重的，报经有批准权的人民政府批准，责令停业、关闭：（一）向海域排放本法禁止排放的污染物或者其他物质的；（二）不按照本法规定向海洋排放污染物，或者超过标准、总量控制指标排放污染物的；（三）未取得海洋倾倒许可证，向海洋倾倒废弃物的；（四）因发生事故或者其他突发性事件，造成海洋环境污染事故，不立即采取处理措施的。”

2010 年 3 月 1 日施行、2018 年 3 月 19 日修正的《防治船舶污染海洋环境管理条例》的最大的亮点便是由“防止污染”原则变为“防治污染”原则，并且条例主要围绕“预防”和“治理”两个方面，拓宽了条例适用的范围，实现了船舶污染管理工作的“事后到事前”“片面到全面”的华丽转身，主要修正了以下几个方面内容：

1. 加强行政监管机关对于防治船舶污染及其他海洋活动污染海洋环境的职责，规定由国务院交通运输主管部门主管、沿海设区的市级以上地方人民政府切实承担起建立健全防治船舶及其有关作业活动污染海洋环境应急反应机制，制订防治船舶及其有关作业活动污染海洋环境应急预案的责任，并进一步建立健全污染海洋环境的监测、监视机制，加强对船舶及其有关作业活动污染海洋环境的监测、监视。

2. 增加防治船舶污染的管理规定，将从源头上加强对船舶的监管。

3. 完善船舶污染事故应急处置机制和调查方面的具体规定，并依据不同级别的事故等级，制定相应的事故应急指挥工作组和工作方案，明确规定事故报告的程序和内容。

4. 完善船舶污染赔偿方面的法律规定，明确赔偿责任的划定和免责情形，促进船舶油污损害强制保险制度和污染清除作业协议制度、船舶油污损害赔偿基金制度等事故发生后的相关赔偿制度的立法工作。

第三章 国外海岸带管理中海洋生物多样性保护机构设置立法分析

海岸带生态脆弱问题已成为各国的一个共识，究其原因，一方面是因为高密度的海岸带经济开发活动——海岸带海洋生物资源过度开发、海岸侵蚀围垦导致海洋生态系统损害等——导致资源破坏；另一方面是因为海岸带管理缺乏或不具备完善的综合管理体制，导致管理过程中对海洋生物多样性的进一步破坏。

目前世界海洋国家的海岸带管理体制的立法模式大致分为三类：1. 集中管理型：国家海岸带管理体制比较健全、完善；全国设立高效的海岸带职能管理机构；配合以综合性的海岸带管理法规，海岸带执法队伍统一、职能综合；全国有统一的海岸带管理规划和政策等，目前实行此类立法模式的国家主要有美国、法国、荷兰、新西兰、韩国、波兰等。2. 半集中管理型：海岸带管理分属国家与地方各部门；虽然有的国家也建有全国海洋管理职能部门，但国家对海岸带的管理比较弱，主要由地方进行海岸带管理；大多数国家没有全国海洋管理的职能部门，主要靠协调机构来实施海洋管理。实行此类立法模式的国家主要有加拿大、澳大利亚、日本、印度等。3. 松散管理型：全国没有统一的海岸带管理职能机构或协调机构；海岸带管理权分散在国家某些部门和地方政府，管理力度不大；全国没有综合性的海岸带管理法律，没有统一的海洋执法队伍；全国没有统一的海岸带管理规划和政策。实行此类立法模式的国家主要有英国、越南、印度尼西亚、菲律宾等。①

我国目前在海岸带综合管理方面还没有统一的海岸带管理立法，立法模式可以说还处于松散管理型。国内学界关于我国海岸带综合管理应该采取集中管理型还是采取半集中管理型的讨论已有较长时间，本书欲通过分析阐述提出自身见解，以期能够对我国海岸带海洋生物多样性保护工作提供有效的立法保障。

第一节　各国集中管理型机构设置立法介绍

一、美国的机构设置

美国是一个海陆兼备的国家，海岸线全长 22680 千米，在其所辖的 50 个州之中，有 30 个州与海为邻，因此也成就了美国海洋大国的地位。美国不仅是世界上海洋经济最发达的国家之一，也是最早实行海洋管理的国家之一。早在 20 世纪 30 年代，就曾提出对延伸到大陆架外缘的海洋资源区域进行统筹管理，将特定空间内的海况、资源和人类活动进行综合管理的理念。1972 年，美国国会通过了《海岸带管理法》（Coastal Zone Management Act，CZMA），并于 2000 年对其进行修订。为配合该法的实施，美国选择了集中管理型海岸带管理模式。该模式主要是沿用现有的海洋管理机构——国家海洋大气管理局，在联邦级设立该机构来统一管理海岸带事务，并下设三级海岸带管理机关，即联邦级、沿岸州级和郡县级来协助管理海岸带事务，维护其海洋生态保护系统的稳定性。由内政部、能源部、运输部等部门协同配合国家海洋大气管理局的工作，由海岸警备队进行海上执法。

① 鹿守本、艾万铸：《海岸带管理体制——体制和运行机制研究》，海洋出版社 2001 年版，第 34 页。

1. 国家海洋大气局（NOAA）

国家海洋大气局隶属商务部，是于1970年10月3日由尼克松总统建议，将原有的三个政府部门“美国海岸测量局”（1807年成立）、“气象局”（1870年成立）和“渔业管理局”（1871年成立）收编成立的，划归商务部管辖。

NOAA的“战略范围”包括为有效作出社会和经济决策而提供在全球生态系统中了解大气、海洋和沿岸动态情况的详细信息。NOAA的任务是了解和预测地球环境的变化，维护和管理海洋和沿海资源，以便适应国家经济、社会和环境的需要。NOAA有四个目标，集中在生态系统、气候气象、水、商业和运输方面：

（1）保证资源的可持续利用，平衡人类和自然关系，加强对沿海和海洋生态系统的利用；

（2）了解气候变化，包括全球气候变化和厄尔尼诺现象，保证可以依据采集的数据采取适当的对策；

（3）提供气象和水循环预报的数据，包括风暴、干旱和洪水的数据；

（4）提供生态系统和气候气象的信息，保证个人和商业运输安全、有效、不破坏环境。

NOAA在社会中有几项具体作用，其受益者不仅仅限于美国经济，也可以扩张到全球：

（1）环境信息的供应者：NOAA为其顾客和合作伙伴提供海洋与大气的现状。这一点NOAA已通过美国国家气象局的天气警报和预告实行，不仅如此，NOAA的信息提供已扩展到气候、生态系统和贸易。

（2）环境管理服务的提供者：NOAA也是美国沿岸和海洋环境的服务员，与联邦、州、地方、部落和利害关系国合作，管理海岸带资源的使用，调节渔业经济发展和海洋保护区的关系，同时也对濒危物种等进行养护。

(3) 实用科学研究的领导者：NOAA 通过其领先世界水平的设备，为以下四项全球认定的重要领域提供准确客观的科学信息：生态系统、气候气象、水、贸易和运输。

NOAA 局长由商务部负责海洋和大气业务的副部长兼任，专门负责海岸带管理事务，指导实施《海岸带管理法》和管理相关工作。局长须在每年 10 月 1 日以前拟编一份上一财政年度内有关《海岸带管理法》行政管理情况的报告，提交总统，并转交国会。NOAA 是美国管理海洋资源、保护海岸、海洋、大气资源，制定国家海洋政策，并利用其管理、研究和技术专长提供实际服务的重要机构。其办事机构主要包括 5 个办公室：行政管理办公室、顾问办公室、审计办公室、外事办公室和军队指挥办公室。NOAA 下辖 6 个部门：国家气象局（National Weather Service，NWS）；国家海洋服务局（National Ocean Service，NOS）；国家海洋渔业局（National Marine Fisheries Service，NMFS）；国家环境卫星资料及信息局（National Environmental Satellite，Data and Information Service，NESDIS）；国家气象局和海洋与大气研究局（Office of Oceanic and Atmospheric Research，OAR）；规划、计划和综合处（Office of Program Planning and Integration，PPI），其中执行海岸带综合管理职能的主要包括以下几个部门：

(1) 国家海洋服务局（NOS）

该局下设渔业保护和管理处、受保护资源管理处、区域性渔业中心、贸易与工业处、国家事务处、研究与环境信息处和执法处。其主要职责是：管理、保护美国专属经济区内的水产资源，检查各项计划，促进美国水产业的发展；NOAA 通过 NOS 管理、保护和预报海洋水产资源、实施《渔业保护与管理法》（MFCMA）；限制外国渔船在美国 2—200 海里海域内的捕获量。由于本书所涉及的海岸带海洋生物资源中渔业资源占很大比重，而渔业资源难以保护的难点之一在于它的游动性等，因此，保护和管理海岸带海洋生物资源多样性，在一定程度上也需要加强 NOS 在专属经济区和领海内的渔业资源保护和管理工作。

（2）国家海洋渔业局（NMFS）

该局下设大洋与海岸资源管理处、海岸与大气测量处、海洋资源保护与评估处和海洋与地球科学处。其职责范围包括：进行海洋及海岸带测量，搜集包括美国沿岸水域、大湖区及全球海洋的物理特征资料，评估近海污染造成的影响；管理近海资源和国家在海上和河口特殊保护区系统；编绘航空及航海导航图，发布潮汐预报；与各沿海州政府和联邦政府各部门密切合作，促进近海资源的利用和保护等。

美国国家海岸带资源办公室也隶属于 NMFS——它是 1972 年由国会提案并批准建立的国家级管理机构。其职责是对有关陆域、河流、湖泊和海岸线进行管理，并通过颁行政策来总体协调各方关系，从而进行项目管理与实施工作。这些项目包括恢复、促进海岸带和海洋资源等各个方面。该办公室通过以下计划实施以上职责：海岸带管理规划（计划）；国家海洋保护区计划；海洋矿产和热能计划；国家港湾研究与保护系统计划等。该办公室负责美国海岸带区域（包括北部五大湖区一部分）的综合管理。目前已向 29 个州（国家批准授权）提供资助。该办公室还设有海岸带信息中心，负责搜集和处理美国海岸带信息。

（3）海洋和海岸带资源管理署（OCRM）

NOAA 局长在国会授权下建立“海岸带管理顾问委员会”，方便各单位就海岸带政策问题向局长提供咨询，与之磋商，提出建议。同时，具体的海岸带管理工作由 OCRM 来执行。NOAA 还依照联邦和沿岸州的合作协议，履行自己的义务，与沿岸州的立法保持一致。通过提供补助金、基金等方式，鼓励和帮助沿岸州完成海岸带管理项目的计划。沿岸各州、郡县都设立相应的海岸带管理机构，在政府的管理下实施本州的海岸带管理规划。州一级海洋管理机构在海岸带方面的主要任务是：组织拟定和实施本州的海洋管理规划或计划；审核涉及本州的海洋开发项目，决定是否颁发许可证；组织各种听证会，听取公众对重大海洋开发活动的意见，组织拟定本州一级的海洋法规；规定本州各种自然保护区等。

下面简要介绍一下海洋和海岸带资源管理署（the Office of Ocean and Coastal Resource Management，OCRM）的各项工作情况：①

OCRM 隶属于国家海洋大气局，对沿岸各州的、“国土—海岸带项目”以及“河口保持研究”提供国家级的领导、战略方向和指导。OCRM 对沿岸州和国土——海岸带资源的管理采取多种不同的方式。例如，通过科学预测，分享和推动研究的进步，推进创新型的管理方式和技术；与合作伙伴共同发展一种以科学为基础、有机型的国家海洋保护体系；通过国家海洋与大气局的珊瑚礁保护计划，以支持有效的管理和全面的科学技术来保护、维持和建立珊瑚礁生态栖息地等。

OCRM 的活动在以下三部法律的规范和指导下有效实施：《海岸带管理法》（the Coastal Zone Management Act）、《海洋保护区行政命令》（MPA Executive Order）、《珊瑚礁保护区法》（Coral Reef Conservation Act）。OCRM 的管理主要有六个项目，每一个项目都支持国家级的研究，但又根据地方资源和需求的特点做了具体设计。下面简要介绍一下这六个项目：

（1）海岸带计划

海岸带计划的管理，是由 34 个州的国土—海岸带项目的管理和计划组成的。这个管理的任务是提高全国的海岸带管理目标，继续保持和不断加强州的、国土—海岸带项目的管理能力；以资金支持、仲裁调解、技术服务、沿海州的参与、区域性或当地性的公众论坛等形式支持管理工作的展开。

---

① 徐冲：《论美国海岸带管理法律制度对我国的借鉴》，中国海洋大学 2011 年硕士学位论文，第 31～33 页。

（2）河口保持

对该项目的管理是通过建立“国家河口研究和保持系统”（the National Estuarine Research Reserve System，NERRS）。该系统还有国家海洋与大气局、沿海各州的参与。NERRS 是一个全国覆盖性网络，有 27 个国家级、长期型的研究性保护区域，兼具教育和管理的作用。例如，这个项目通过与研究人员奖学金项目合作，支持研究人员参与 NERRS 的研究，参与在全国性范围内建立的、对短期和长期水质可变性的监测工作，参加在新罕布什尔大学所建立的“海岸带与河口环境科学和技术合作机构”的活动等。同时，该项目还通过资金、技术的支持，推动沿海州积极参与，并组织和开展区域性或当地性的公众论坛等活动。

（3）国家政策和评估

该项目主要是为实现领导全国的海岸带管理政策和规划，指导河口保持和海岸带管理工作的周期性的评估。它与“州级海岸带管理机构”“海岸带协调委员会”一起，对各州的、联邦的活动进行评估。

（4）商业管理

该项目主要进行行政、人力资源、预算编排、资金发放和管理、信息和技术的支持等工作。同时，它对国家政策和评估的工作效率进行分析和提供建议。工作人员作为联络人，通过跟国家海洋局（the National Ocean Service，NOS）、国家海洋与大气局总部等部门沟通联络，以确保海洋和海岸带资源管理署的政策、活动符合国家海洋局、国家海洋和大气局及商务部（Department of Commerce，DOC）的政策，以期实现政令统一。

（5）海洋保护区中心

该保护区中心通过有效的科学和技术、培训和信息分享来制定未来的管理方向和规划，使得覆盖全国的海洋保护区能够成功运作。该保护中心与内务部、其他机构以及利益相关者共同合作，从而使美国对海洋资源进行保护的未来规划更加统一完整，更符合战略需要。

(6) 珊瑚保护区研究

该研究通过有效的管理和全面的科学技术来保护、维持和建立珊瑚礁生态栖息地，通过提供补助金、工具、服务等方式达到珊瑚礁开发管理的目标。同时鼓励科学家和社会团体参与到该研究中，以便更加有效地推动珊瑚礁管理工作的运作。

2. 海岸警备队（Coast Guard）

海岸警备队始建于1790年，1967年才开始受规划运输部领导，它是美国海上执法管理的主要机构，也是美国最早组建的海上执法队伍，是负责沿海水域、航道执法、污染控制、水上安全、遇难船只及飞机的救助等任务的武装部队，隶属于国土安全部，是美国五大武装力量之一，致力于保护公众、环境和美国经济利益，以及海域内的国家安全等。Coast Guard由身为海军上将的海岸警卫队司令统帅，一名副司令和一名计划与控制参谋和各海岸警卫队部门协助。通过几十年的发展，美国本土及其属地被划分为九个海岸警卫队区，各区由区域司令统帅。

Coast Guard负责美国海岸线、公海和国内航道的安全、联邦执法和监督条约义务的执行情况，其执法范围主要包括以下五大领域：污染法、刑法、检查法、税法、航海法和道路航海规则。Coast Guard的活动有以下主要目的：海事安全、环境保护、安全、国防和机动性，此外还负责清除失事船只和其他有碍航行的危险物，执行搜救行动，对遇难船只和飞机提供帮助以及为小型船只执行安全方案，参加海洋学研究和维护海洋天气站等。

Coast Guard还有一项重要工作就是负责执行保护某些物种过度捕捞的法律（尤其是北大西洋的物种），通过定期巡逻的方式，严防非法捕捞，以保存珍贵的鱼类资源。同时它还利用港口安全方案管理交通和危险货物运输以保证港口水域的安全。这一切无疑得益于

Coast Guard 有一支庞大的舰队执行各种任务。① 海岸警卫队舰队有大小船只数百艘，能有效执行各种任务。这些船只包括航标敷设船、快艇、破冰船、救生船、冲浪艇和拖船。Coast Guard 共有大约 70 个办事机构，负责水域安全、港口安全和航运检查等职责。在这支舰队之外，Coast Guard 还负责维护灯塔和导航设施以及大约 190 个执法站和搜救站。我国后期要进行海岸带海洋生物资源的保护和开发工作，也应该借鉴美国海岸警卫队的做法进行相关配套建设。Coast Guard 承担的主要任务有：②

（1）统一管理航标、灯塔和电子导航设施，帮助航海人员确定位置，在其遇险和发生故障时发出警报，使其安全航行；

（2）桥梁管理：确保在美国可航行水域上所有的桥梁建设、维修、管理等符合安全航行的要求；

（3）保证商船安全，监督管理商船的设计、建造、人员配备、载货等，尽量减少海上人员伤亡和财产损失；

（4）执行法律和条约：作为联邦政府的海事执行机构，负责执行美国及其属地可航行水域和公海方面所有的法律法规；

（5）管理美国极地和沿海的所有破冰船，保障在南北极地区美国的国防和科研利益；

（6）海洋环境保护：通过使用预防手段来保持和改善海洋环境；

（7）军事行动和军备：参加军事训练，参与其他兵种的演习，时刻保持准备就绪的战斗状态；

（8）海洋科学活动、提供海洋科学成果，保证海岸警备队计划的实施和支援美国经济、科学、国防和社会的需求；

（9）港口的安全和保卫：保卫美国的可航行水域和近邻的海岸

---

① 舰队船只通称快艇，具体包括破冰船、巡逻艇、航标敷设船、货船、内河船和各种拖船。

② 贺蓉：《我国海岸带立法若干问题研究》，中国海洋大学 2009 年硕士学位论文，第 35 页。

地区（包括港口及其有关设施）使其不受损害；

（10）无线电导航：提供连续的、准确的和全天候的定位能力，促使船舶和飞机安全迅速地从海上和空中通过。根据政府授权建立、维护和管理电子导航设备，这些设备除了为美国武装部队服务，也是美国在水域或空域进行贸易等活动所必需的；

（11）负责对游艇操作者的训练教育，使游船安全人员与州、地区组织保持联系，检查游艇的建造标准与设备，负责事故调查和比赛期间的安全；

（12）搜寻救助：为在水域（包括海洋和内陆可航行水域）遇难的人员和财产提供援助，把人员伤亡和财产损失减到最低程度；

（13）通信保障：负责管理通信网，为船舶和飞机提供无线电报、无线电传、打字电传、传真等通信保障，满足海岸警备队的需要和海上商业、娱乐活动等需要；

（14）组织后备队：海岸警备队投入作战或国家紧急事件时，提供经过训练合格的人员；

（15）保障工作：主要有社会的和国际事务的保障、工程保障、财政管理、人员、补给和自动化信息保障、公民权的保障、医疗保障、法律保障、情报安全保障、人员保障。

3. 其他机构

除了上述部门以外，在美国中央机关中，还有国防部的陆军工程兵负责管理通航水域，主管这类水域中的构筑物、污染和海洋倾废，保护港湾设施、海岸线、航道等。海军从事海洋资料的收集、服务、海洋科学、海洋工程、潜水医学研究等工作以及负责海底地形调查和绘制海图等。

二、荷兰的机构设置

荷兰是一个海洋资源较为贫乏的国家，特殊的资源国情本应使其在海岸带资源管理方面举步维艰，但是荷兰通过采取相对稳定的资源管理政策，不断改善着海洋资源环境，使其经济和社会达到目前良好的可持续发展状态。荷兰海岸带管理的全部权力都集中在中央政府手中——其主管部门为海洋管理局①。荷兰海洋管理模式采取集中管理模式，即由中央政府直管，由其负责海洋政策的制定和管理。部长委员会是荷兰国家海洋问题的最高决策机构，其下设议会委员会和非政府咨询委员会两个委员会，部门委员会（由所有涉海部门高级官员组成）听命于部长委员会。这一模式把管理程序科学地纳入进决策过程，既避免了部门利益之间的冲突，又增加了海洋管理的可协调性。为加强全国参与海岸带海洋资源管理和维护的积极性，荷兰立法规定，除政府部门外，私人团体等非政府组织也可作为权利主体参与管理。②

1993 年，荷兰建立了海岸带管理中心，帮助本国和其他沿海邻国制订和执行“海岸带综合管理计划”。该中心创立了“共同脆弱性评价”，帮助周边 8 个国家对其海岸带海洋生物资源变化脆弱性进行评价。共同脆弱性评价也称为生态脆弱性评价，实际上是评估人口、社会、生产和环境整体生产能力和潜力以及环境能否被持续、稳定利用的综合性衡量。它是通过评估环境各要素的特殊属性及要素组合的整体效应，对一国海岸带生态系统的范围及海洋资源的演变趋向进行深入研究，并结合对该国海岸带生态系统的成因及环境受体的综合分析，以定量、半定量的分析方法，对海岸带生态系统进行整体概括，并得出该国海岸带生态系统脆弱性的等级指数。这一工

① 荷兰海洋管理局，作为国家海洋行政主管部门，会同交通、公共工程和水资源管理部一起参与国家海洋管理工作。

② 荷兰海洋管理体制中还吸收了政策制定和形成过程中的有关代表。通过跨部门工作组与其他主管部门、政府部门和非政府组织进行协调，统一管理开发利用活动、自然科学计划、环境自然资源保护区和农业有关政策。私人、有关团体和小型手工作业渔民具有国家级顾问资格，而地方政府是特定的决策参与者。

作不仅有利于区域间的量化对比，也为海岸带生态系统脆弱性的综合治理提供了依据。

三、法国的机构设置

1960 年，法国就开始强调海洋开发的重要性，前总统戴高乐将军发出了“法兰西向海洋进军”的号召。之后，在法国历届政府的关注下，通过不断调整和充实海洋研究和管理机构，终于在 1967 年成立了国家海洋开发中心（CNEXO），成为当时法国海洋资源开发的核心机构。其具体工作任务主要有：制订和协调海洋开发计划、审议和决定其下属机构的海洋研究与开发计划、参加海洋开发的国际合作计划、研制用于海洋开发与研究的仪器和设备、促进法国海洋科学应用技术或工业产品的出口。1984 年 6 月，原在布雷斯特的法国国家海洋开发中心（CNEXO）和南特海洋渔业科学技术研究所（ISTPM）合并而成海洋开发研究院（IFREMER），IFREMER 成为继 CNEXO 之后法国最核心的海岸带综合管理研究机构。该研究院受工业科研部和海洋国务秘书处双重领导，研究海洋开发技术和应用性海洋科学。IFREMER 由渔业和海洋生物、环境和海洋研究、海洋技术 3 个业务部门组成，下设 5 个研究中心：布雷斯特中心（即布列塔尼海洋科学中心）、滨海布洛涅中心（以水产研究为主）、南特中心（即南特海洋渔业科学技术研究所）、土伦中心（即地中海海洋科学基地）、塔希提中心（即太平洋海洋科学中心），分别从事海洋科学和技术研究工作。这些机构自建立以来，在海洋生态、渔业、水产养殖、潜水技术研究等方面取得了很大成就。

进入 20 世纪 80 年代后，法国政府坚决支持海洋研究和开发工作，进一步调整与改革海洋管理体制。其中，最重要的举措是在政府部门中增设“海洋部”，明确符合法国海洋利益的 4 项具体计划：合理利用与开发法国海岸带；强化海洋研究与开发管理机构职能；整治滨海地区领土；开发海洋新技术。至此，法国海洋部成为该国海洋研究与海洋开发的一元化领导机构。之后到 1993 年又发展成为“海洋国务秘书处”。主要履行以下职权：管理法国海岸带及海区公共财产；管理法国海港、渔港与海洋运输船队；制定并实施法国海洋政策；管理海洋渔业与水产养殖；保护海洋环境；管辖法国本土海外领地外海总面积为 1100 万平方千米的 200 海里专属经济区；指导海洋工作者职业培训和社会福利事业；保障海上作业人员生命安全；推进海洋开发领域内的国际合作等。

海洋国务秘书处下设部级海洋委员会、海洋科学技术研究委员会，以及航海和港口局、商船局、渔业局、海上人员管理局、全国海洋残废者局等管理部门。部级海洋委员会是海洋资源管理和海洋科学研究方面的决策机构，由政府有关各部主要负责人组成，负责审议海洋开发计划；海洋科学技术研究委员会是海洋资源管理活动和海洋科学研究计划的咨询和指导机构，由资深的海洋学者、工程师和专家组成。这两个机构使海洋国务秘书处在海洋资源管理方面具有更大的权威性。5 个管理局具体实施政府法令赋予秘书处的职责，行使管理职责。海洋国务秘书处在法国沿海各大区设海洋事务管理局，其下属各省、市海洋管理处两级机构共有从业人员 5515 名。除海洋国务秘书处外，政府其他相关部门也参与了海洋管理工作。海洋国务秘书处的建立，使法国的海洋实现了集中统一管理。①

第二节　各国半集中管理型机构设置立法介绍

一、日本的机构设置

日本在 2001 年以前没有专门负责海洋事务管理的政府机构，其

① 贺蓉：《我国海岸带立法若干问题研究》，中国海洋大学 2009 年硕士学位论文，第 37 页。

涉海工作主要由运输省、建设省、农林水产省、文部科学省、通商产业省、环境厅、国土厅和科学技术厅等政府职能部门分头管理。2001 年 1 月，日本政府进行了大规模的行政机构缩编改革，与海洋有关的省厅经过重组合并后，主要由内阁官房、环境省、农林水产省、经济产业省、国土交通省、文部科学省、外务省、防卫省 8 个行政部门承担。其中：

1. 国土交通省下设的主要海洋管理部门有国土规划局总务课海洋室、河川局海岸室、环境技术课、海事局造船课、舶用工业课、港湾局开发课等。这些部门管辖着日本 70% 的海岸线，业务范围包括海洋及海岸带管理、海洋利用、防止海洋污染、海上交通安全、海洋测量、海事、海运、船舶、气象观测、海上保安、港湾、下水道、国土规划、城市规划等。

2. 农林水产省水产厅设有增殖推进部、渔政部、港湾渔场整备部、渔场资源课等 4 部 15 课，主要负责渔业和水产资源的管理与产业振兴。2001 年 4 月 1 日，其下属的水产研究所（分为东北区、中央区、濑户内海区、西海区、日本海区、北海道区、远洋 7 个区域研究所）、养殖研究所及水产工学研究所合并为独立行政法人“水产综合研究中心”。

3. 环境省下设的环境管理局水环境部水环境管理课负责与《海域水质污染法》相关的业务，封闭性海域对策室负责研究封闭性海域环境污染相关的政策法规。地球环境局环保对策课审查室和计划室负责与《海洋污染法》相关的国际业务。

由于日本没有专门负责海洋管理事务的综合性职能部门，因此跟我国一样，在处理海岸带管理事务时容易出现涉海主管机构众多、职权重叠或冲突等问题，有关省厅间的协调费时费力，反应迟缓，难以有效应对。因此，除了政府管理部门之外，日本政府内部还设有以下专门协调机构，负责统筹协调各省厅海洋管理部门间的政策推进情况，并制定相关海洋开发规划：

（1）海洋权益相关阁僚会：为解决各部门间的协调问题，1980年，日本成立了“海洋开发关系省厅联席会”，该机构由内阁官房长官牵头，组织运输、农林等各省长官进行决策，负责在各个海洋管理部门之间进行协调，统一制定和落实海洋管理政策。2004年，日本对海洋开发关系省厅联席会进行改组，设立海洋权益相关阁僚会，由首相牵头，相关省厅大臣参与，下设专门的干事会，通过共享信息、共同制定政策的方式实现各部门间顺畅的沟通和协调，从而加强了日本对海洋及海岸带的管理，更加有效地应对与海洋问题相关的紧急事态。

（2）海洋开发审议会：1969年，日本成立了海洋科学技术审议会，由内阁总理和14个省厅官房长官组成，负责协调制定各省厅海洋开发推进规划，并提出发展海洋科学技术的指导规划。为了把发展海洋科学技术与建立新兴的海洋产业和发展海洋经济更紧密地结合起来，1971年，日本将海洋科学技术审议会改组为海洋开发审议会，负责调查、审议有关海洋开发的综合性事项，制定海洋开发规划和政策措施。该审议会先后提出“基本推进方针咨询报告”和“日本海洋开发远景规划构想”，明确海洋开发的目标，并提出“21世纪海洋开发远景规划构想”。该构想中揭示了一个重要问题，即随着全球范围内对海洋资源、环境与安全的广泛关注以及日本与周边国家在岛屿争端、油气开发以及海域划界等方面问题的不断出现，原来的分散型海洋管理体制已经不能适应日益激烈的海洋权益争夺战。

进入21世纪以后，日本的海洋管理体制应逐渐向综合型转变，通过制定综合性海洋开发战略，维护日本海洋权益，力求在国际海洋事务及国际海洋纠纷中占据主动。因此，2003年11月，自民党政务调查会成立“海洋权益工作组”，于2004年6月15日提交了《维护海洋权益的9项提案》。提案指出，应尽早制定综合性海洋战略，坚决维护海洋秩序、确保日本自身的海洋权益。该提案建议政府设立一个由首相亲自领导的“海洋权益相关阁僚会议”，在所谓中日

“中间线”的日方一侧开展海洋资源调查，并实施综合性海洋战略以及强化海上保安厅警备、监视机制和对中国海洋调查船采取措施等。此后，该工作组于2004年9月改组为“海洋权益特别委员会”，并于2005年3月向首相提交了《保护东海海洋权益紧急建议》；同月国会通过了《推进海底资源开发法》，规范他国在日本专属经济区内的资源勘探及海洋调查，促进日本的海底矿业开发。2005年12月，为着手准备维护海洋权益的国内法，“海洋权益特别委员会”拟定了《关于设定海洋构筑物安全水域的法律草案》，并以议员立法的形式提交给国会审议。2006年4月，自民党政务调查会长中川秀直联合民主党、自民党、公明党内10名议员、15名海洋问题专家以及相关省厅的10名政府官员成立了海洋基本法研究会，同时将海洋权益特别委员会改组为海洋政策委员会。

与此同时，日本学术界、经济界等也相继提出有关海洋保护问题的政策建议及政策。2005年7月21日，日本学术会议海洋科学研究联络委员会发表了《综合性推进海洋学术的必要性——制定综合性海洋政策的建议》。2005年7月22日，国会通过了《部分修订旨在综合开发国土而制定的国土综合开发法的有关法律》（《国土综合开发法》），该法首次将利用和保护包括专属经济区及大陆架在内的海域列入国土规划对象。2005年11月15日，日本经团联发表题为《关于推进海洋开发的重要课题》的政策意见书，提出“防止、减少自然灾害以及对海洋的污染和破坏”“开发海洋资源”“切实加强大陆架调查”“整备推进海洋开发体制”4点建议，并呼吁在海洋开发中“产学官”（即产业界、学界和政府）应该联合起来，在小学、初中、高中开设海洋教育课，以提高国民对海洋资源保护和开发问题的理解与关心。

2005年11月18日，日本海洋政策研究财团发表了《海洋与日本：21世纪海洋政策建议》，该建议共分为4个部分，提出了海洋立国的目标，详细论述了制定国家海洋政策的必要性、完善海洋管理体制的紧迫性和海洋对日本未来发展的重要意义。针对日本现行的松散型海洋管理模式，《海洋与日本：21 世纪海洋政策建议》呼吁应完善和推进海洋综合管理体制，并提出了 5 项具体改革措施，即设置海洋内阁会议、任命海洋大臣、设置海洋政策统筹官（担任海洋事务）及海洋政策推进室、设置海洋咨询会议、设置与海洋相关的省厅间的联络会议。

在此基础上，2006 年 12 月，日本海洋政策委员会和海洋政策研究财团联合发表了《日本海洋政策大纲——寻求新的海洋立国》和《海洋基本法概要》。在海洋管理方面，提出应在内阁增设拥有职权并能有力推进海洋综合政策的“综合海洋政策会议”等海洋组织机构，以调整海洋政策资源的分配方针，调查、审议与海洋相关的政策及规划，评价重要研究开发活动及其政策等；通过任命海洋政策大臣有效统管专业性和适应时效性强的海洋政策，开展和推进海洋综合管理活动。

2007 年 4 月 20 日，日本参众两院通过《海洋建筑物安全水域法》和《海洋基本法》。其中，《海洋基本法》明确了日本海洋政策的 6 大基本理念，即开发、利用海洋与保护海洋环境相结合；健全发展海洋产业；综合管理海洋；确保海洋安全；充实海洋科学知识；国际合作。为了持续有效地对海洋进行综合管理和调查、审议、制订海洋基本计划，该法规定设置海洋政策担当大臣，增设由内阁总理大臣担任部长、海洋担当大臣为副部长的综合海洋政策本部，以期对当时分散的海洋管理实行统一管理，并负责制定日本政府的中长期海洋政策方针。

2007 年 7 月 20 日，日本宣布正式实施《海洋基本法》，同时成立以首相为本部长的海洋政策本部。该部由经济产业省、国土交通省等 8 个省厅的 37 名工作人员组成，具体负责策划、拟定、调查、审议、推进日本的中长期海洋政策和海洋基本计划，并协调与各省厅与海洋有关的行政事务。应该说，《海洋基本法》的正式实施及海洋政策本部的成立，标志着日本已经基本完成了有关加强海洋资源开发向海洋大国迈进的立法、机构设置和人员配置等基础工作。

至此，在日本涉及海岸带的管理机构中，主要由以下几个部门负责海岸带海洋资源的管理工作：运输省负责海岸带区域内海上运输、海上交通安全、港湾建设及其管理方面的工作，负责制定与上述工作有关的法规，负责海岸带统一执法工作；建设省主要负责海岸带的保护及开发利用，开发海岸带空间利用，制定海岸带开发利用的有关法规和规划；国土厅负责制订海洋开发宏观计划，管理全国海洋国土开发和海岸带的开发利用，制定海洋国土开发有关的法律、法规；环境厅负责海洋环境保护工作；农林水产省负责全日本及海岸带水产资源开发与管理；通商产业省负责海岸带工业开发，负责海洋石油和天然气的调查勘探、开发工作，负责海水淡化、海洋能发电技术、海水提铀的研究工作等；科学技术厅负责调整和制定海洋开发政策，推进海洋技术开发计划；防卫厅负责海洋军事方面的工作。

二、澳大利亚的机构设置

澳大利亚海岸线长37500多千米，有直接管辖权的海域可达1600万平方千米。目前澳大利亚还没有建立专门的海岸带和海洋管理职能部门，其采用半集中管理型管理模式，即由联邦、州和地方三级政府的组织管理模式来进行海岸带管理工作。1971—1991年期间，澳大利亚联邦政府开始介入海岸带管理，州政府也开始制定海岸带管理计划、政策和战略，并初步设立海岸带管理协调机制。1992年以后，联邦政府和州合作进行海岸带管理工作，并于1995年发布《联邦海岸带政策》（以下简称《政策》）（该政策提出“海岸带行动规划”是海岸带综合管理过程中的关键因素），组建全国海岸带咨询委员会、制订海岸带保护计划、成立联邦政府部际间技术协调委员会、建立海岸带网和海岸带监测系统，为后期澳大利亚海岸带综合管理工作的高效运行提供了稳定的政策基础。《政策》在澳大利亚海岸带管理中具有里程碑的意义，虽然该国没有制定统一的海岸带管理法，但是多个沿海州根据《政策》已制定了很多法律法规，能够有效管理海岸带海洋生物资源，促进其海洋生物多样性保护工作的稳步进行。此外，澳大利亚主要通过监视和执法活动来加强海岸带管理活动，如海岸警备队主要通过对沿岸和近海的海事管理和协调工作进行管辖，其辖区覆盖了澳大利亚整个海岸线、沿海地区、捕捞区和专属经济区，所有行动都遵从和服务于渔业管理委员会、自然保护部、海洋安全部、环境部、大堡礁国家海洋公园管理局等10多个部门。

由此，澳大利亚联邦的海洋和海岸带综合管理的事务涉及根据宪法赋予的权力的管理体制和根据承担任务的性质而设立的管理部门两类：①

1. 管理体制

澳大利亚在海岸带管理方面的行政安排依据两个基本因素：一是宪法规定的职责分工，即联邦政府和州政府之间的权力分工，这是最基本的，也是最重要的；二是一系列政府间协议，这些协议通过乡镇安排补充，延伸了管辖权的问题或使之付诸实施。海岸带管理涉及联邦、州和地方三级政府。联邦政府拥有有限的与海岸带管理有关的特定权力，如只有联邦政府拥有唯一签订国际条约的权力，并对州政府行使的权力有巨大的影响力；州政府负责实施大部分的海岸带政策，并对其下的地方政府起监督作用；地方政府负责管理土地利用规划、开发项目审批以及沿岸土地的养护和港口控制，并在溢油、减灾和污染治理方面发挥重要作用。通常这三级政府并不存在纵向领导关系，但是它们之间有较为密切的协作，形成了属于自己的一套海岸带管理体制。

---

① 贺蓉：《我国海岸带立法若干问题研究》，中国海洋大学2009年硕士学位论文，第40~41页。

2. 管理机构

目前，澳大利亚在海岸带管理方面的机构基本上集中在联邦和州政府、大学和学术界、企业界三大系统内。

以联邦政府为例，涉及海岸带管理方面的机构设置，除了已有的渔业部、野生动物和生态学部、自然资源与环境研究所联邦科学、工业与资源部，以及海洋科学研究所、海洋学资料中心、资源和能源部、资源保护部国立海洋科学实验室、国防部澳大利亚皇家海军研究所、科技部南极局之外，自20世纪90年代以来，澳大利亚又相继建立了全国海岸带咨询委员会、国家环境保护委员会、联邦资源评估委员会、生态可持续发展政府间委员会等部门联合进行海岸带海洋生物资源多样性保护工作。

第三节　各类型机构设置立法分析及对我国的启示[①]

一、集中管理型国家机构设置立法分析[②]

上文主要介绍了美国、法国、荷兰等集中管理型国家的模式，其立法特点可归纳为以下几点：

（一）在立法中设立了全国统一的海岸带管理机构

通过立法，集中管理型的国家一般都确立起以统一的海岸带管理机构对海岸带进行管理的模式。这一机构有的是在原有部门的基础上拓展产生，有的属于新设机构。例如，荷兰海洋管理局是该国海岸带管理工作的职能部门，负责海岸带政策、规划和计划的制定；

① 在“集中管理型国家机构设置立法分析”和“半集中管理型国家机构设置立法分析”这两部分中，本书主要采用贺蓉的观点，在此略作修改。

② 贺蓉：《我国海岸带立法若干问题研究》，中国海洋大学2009年硕士学位论文，第31～33、38～39页。

组织实施海岸带（海洋）发展规划、计划和整治工程；负责大陆架海域的管理和海岸带管理；负责统一管理海岸带开发利用活动。此外，荷兰建立了更高一级的海岸带管理机构——部长委员会，它是国家海岸带（海洋）问题的最高决策机构，下设议会委员会和非政府的咨询委员会。由所有涉海部门高级官员组成的部门委员会听命于部长委员会。由于部长委员会权力集中，荷兰目前的海岸带（海洋）综合管理执行取得了很好的效果。

（二）有综合性的海岸带管理政策及立法作为管理体制的基础

集中管理型的国家一般在国家层面都有统一的综合性海岸带管理政策立法，并在这些政策立法中对海岸带管理体制加以明确。例如，1973 年 7 月，法国政府发表了《法国海岸带整治展望》的正式文件，首次明确了海岸带的范围：不仅包括内陆，也包括近海和大陆架，并在“展望”中提出设立“海岸带保护机构”的建议。1979 年 8 月，法国以政府令的形式制定了“关于海岸带保护及整治的方针”，拟定海岸带开发的综合规划并树立了确定统一的海岸带综合管理政策目标。1986 年 1 月，法国政府制定了《关于海岸带整治、保护及开发法》。这是一部综合性的海岸带管理法，其中明确提出了海岸带利用的总体规划并确定了负责海岸带各种管理责任的机构和分工等；美国是世界上第一个制定和实施综合性的海岸带管理法的国家。早在 1972 年 10 月，美国国会就率先通过了《海岸带管理法》。1973 年，美国政府在国家海洋大气局设立了全国海岸带办公室，对海岸带进行综合管理。通过几十年的不断努力，目前美国海岸带海洋资源多样性保护工作一直处于国际领先地位。

（三）依法设立健全的海岸带管理体系

以全国统一高效的海岸带管理机构为核心，集中管理型国家一般都建立起了比较健全的海岸带管理体系。以荷兰为例，荷兰海洋管理体系分为中央和地方政府两级。中央负责管理海岸线（防止海岸侵蚀）和从低潮线算起离岸 1 千米以内的海域。荷兰的海岸带管理还涉及交通、公共工程和水资源等部门，由于有完善的协调机制，促进了海岸带（海洋）管理的顺利进行。1984 年，荷兰建立了“和谐政策”，要求所有涉海部门相互协调，以解决在海岸带管理中的各种冲突。例如，在瓦登海计划实施过程中建立了完善的协调管理系统：既有由有关部门代表组成的国家级瓦登海委员会，也有加强协商而成立的瓦登海协调委员会，还有由所有相关利益部门代表组成的瓦登海咨询委员会。

（四）有统一的执法机构

集中管理型的国家一般都设有统一的海上执法队伍，其职能也覆盖海岸带管理的相关执法工作。以美国为例，美国的海洋综合执法队伍是海岸警备队，负责海上执法工作，分区进行执法管理，各海区都配有远程巡航飞机、武装快艇和综合性的海岸警备设施。由于设备先进，各海区经常有船只、飞机巡航监视，能及时发现各种违法、违章事件，并迅速处置；由于海上执法工作统一由该机构负责，就消除了部门分散执法造成的矛盾，提高了执法的成效。

进一步讲，美国、法国、荷兰等国家都是世界上开展海岸带管理较早的国家，其集中管理的体制也取得了相当的成效，从法律制度的效益角度来分析，可以发现主要体现在以下几个方面：

1. 有利于建立协调统一的海岸带管理模式

美国、法国、荷兰在中央层面都设有单一的海岸带管理机构，这种单一的海岸带资源管理机构确保政府集中管理海岸带事务，对海岸带资源开发、利用及管理有一个全面的把控，由此制定出的海岸带资源开发和综合管理政策就能得到其他政府部门和有关机构的全力支持。这样就避免了海岸带管理工作政出多门、重复工作及双重责任的现象，结束了有关涉海部门职责不清、分工不明的问题以及由此造成的难以解决的种种矛盾，确保海岸带管理政策和法律得到有效的实行。

此外，这种模式还有助于形成以中央为核心，以地方为基础的海岸带管理体制，使海岸带开发趋于合理化。

2. 有利于形成有效实施的海岸带规划

由于权力集中，体制较为协调统一，因此在集中管理型的国家，比较容易订立统一并能确保其有效实施的海岸带规划。例如，法国的“海洋国务秘书处”确定了“海岸带空间计划”。其中最主要的计划有“海洋开发基本计划”“土地利用规划”和“城市建设基本规划”。这些计划实施后，法国的海岸带开发、治理、保护活动变得更加合理有序，实现了海洋经济效益、社会效益和环境效益的统一。更为重要的是，法国的“海岸带空间计划”得到了落实，没有成为一纸空文。

3. 有利于解决海岸带管理中的跨地域问题

在海岸带管理中，“客水污染”“非点源污染”“洄游种群保护”一直是难点中的难点，无论是从行政管理还是立法、司法、执法的角度来看，都是非常难以解决的，但是由于管理权限统一，并普遍拥有一支强有力的执法队伍，因此集中管理型国家可以有效地进行跨地区、跨行业的立法和执法，从而解决这些问题。从美国的实践来看，美国实施海岸带和海洋管理20多年来，非点源污染已经得到了有效控制；海洋哺乳动物种群也已从严重下降点反弹。①

① 鹿守本、艾万铸：《海岸带管理体制——体制和运行机制研究》，海洋出版社2001年版，第186页。

二、半集中管理型国家机构设置立法分析①

实行半集中管理型模式的国家，尽管还没有建立统一的海岸带职能部门，但通过高层次、有效的政策协调也能达到海岸带综合管理的目的，是实现海岸带综合管理的另一种途径。半集中管理型模式具有以下特点：

（一）全国没有统一的海岸带管理职能部门，海岸带管理职能分散在多个部门

在半集中管理型国家中一般没有统一的海岸带管理部门，而是由多个部门共同行使。例如，日本没有建立全国统一的海岸带和海洋管理的职能部门，涉海的管理机构有 8 个：农林水产省、运输省、建设省、通商产业省、环境厅、国土厅、科学技术厅、防卫厅。澳大利亚没有建立海岸带和海洋管理的职能部门，一方面，海岸带管理工作分属联邦资源和能源部、资源保护部、联邦资源评估委员会、国家环境保护委员会、生态可持续发展政府间委员会、科学与工业研究部、科技部、国防部等部门。另一方面，沿海有些州建立了与海岸带管理有关的机构：如西澳大利亚州建立了海岸带委员会；维多利亚州建立了海岸和港湾管理委员会；塔斯马尼亚州建立了生态可持续发展咨询委员会。

（二）有海岸带（海洋）方面的咨询机构和协调机构

为了弥补海岸带事务分散管理的弊端，日本和澳大利亚都建立了决策与协调机构，日本还组成了两个决策与协调机构：一是海洋开发审议会，它是总理大臣在海岸带（海洋）开发方面的最高决策

① 贺蓉：《我国海岸带立法若干问题研究》，中国海洋大学 2009 年硕士学位论文，第 38 ~39、41 页。

性咨询机构，由20名专家教授组成，主要职能是为总理大臣提出的咨询作出相应的解答，并协商调查、审议与海岸带（海洋）开发有关的事项，宏观管理国家的海洋开发；二是海洋开发有关省厅联席会，负责全国海岸带（海洋）开发方针政策和规划的制定，协调全国的海岸带（海洋）管理工作。它由10个与海洋有关省厅的局长、部长组成。主席由内阁官房长官担任，两个副主席，一个由内阁官房内政审议室副室长担任，一个由科学技术厅研究开发局局长担任。澳大利亚成立了“联邦海岸带协调委员会”，其主要职责是协调各联邦机构在海岸带区域内的活动；成立了“政府间技术委员会”，主要任务是就各级政府间海岸带问题向政府提出建议。

（三）建立了统一的海上执法队伍

虽然半集中管理型国家海岸带管理机构比较多，权力相对分散，但是都建立了统一的海上执法队伍，保证海岸带事件处理的快速与及时。例如，日本的海上执法管理非常严格，所有的海洋法律、法规都由海上保安厅具体执行。海上保安厅为一准军事部队，执法效率高。

进一步讲，日本、澳大利亚等半集中管理型国家存在以下特点：

1. 半集中管理型立法选择的主要优势——加强行政管理

半集中管理型立法的主要优势体现在可以加强行政管理。由于各部门分工不同，所关注的角度可以覆盖到海岸带管理的各项目标和政策，因此虽然相互之间的协调统一存在一定问题，但是从另一角度看，反而更加有利于将海岸带的方方面面都纳入行政管理的效力之下。

2. 海岸带综合管理水平较低

不论是日本还是澳大利亚，对沿岸水域均采取以部门为基础的管理体制，基本停留在20世纪70年代初以陆地为基础的海岸带管理的水平上。进入20世纪90年代以来，随着国际海洋新秩序的建立，国家为实现海洋的最大利益和最佳的目标，才开始形成对其管辖海岸带水域采取综合管理的指导方针。目前，这两个国家也开始致力于将各部门的工作综合起来进行海岸带管理。

3. 海岸带管理缺少有效的、综合性的监测和评价计划

半集中管理型国家的体制安排由于缺乏统一协调的指挥体制，因此对于海岸带跨地域、跨行业、跨领域的问题应对艰难。以澳大利亚为例，尽管在州一级接二连三地进行海岸带管理的审查，但是还不能评估现在的管理体制是否完善。对于大多数州来说，它们都具备拥有跨部门和跨陆海边界的海岸带综合管理体制的潜力。但是受体制所限，从海岸带的使用情况的改进来评价现有海岸带计划的有效性也是很难的。因此，澳大利亚的海岸带管理由于缺乏监测和评价计划，其实施的效果受到严重影响。

三、国务院机构改革前后我国海岸带管理模式之比较分析

十九大报告提出，加强对生态文明建设的总体设计和组织领导，设立国有自然资源资产管理和自然生态监管机构，完善生态环境管理制度，统一行使全民所有自然资源资产所有者职责，统一行使所有国土空间用途管制和生态保护修复职责，统一行使监管城乡各类污染排放和行政执法职责。基于此，2018 年我国国务院进行了机构改革。改革后，除国务院办公厅外，国务院设置组成部门有 26 个，其中对我国海岸带管理体制影响颇深的是自然资源部和生态环境部。此次机构改革之前，对于我国海岸带管理体制的类型，有两种不同的观点：一种将我国现在对海岸带管理体系的立法选择划分为“半集中管理型”;① 另一种则将其划分为“松散管理型”。② 本书认为我国在改革前的海岸带管理体制应属于后者。其原因有以下几个方

① 鹿守本、艾万铸：《海岸带管理体制——体制和运行机制研究》，海洋出版社 2001 年版，第 131 页。

② 董健：《我国海岸带管理模式及其运行机制研究》，中国海洋大学 2016 年硕士学位论文，第 10 页。

面：1. 我国此前虽然有国家海洋局专门负责处理海洋事务，但是在与海岸带管理的诸多事务之中，海洋局并不处在核心或是协调的位置，对海岸带的管理仍以部门管理为主。① 2. 就执法队伍而言，我国有多支和海岸带管理有关的执法队伍，且地位相同，分工不一。我国在改革前的海岸带管理体制处于条块分割、单项管理、分散执法的格局，基本上以各行业和各部门管理为主，包括海洋、交通、环保和渔政等部门。

因此，可以说我国此前的海岸带管理还处于松散管理型模式，涉海岸带管理部门权责交叉、权责不明的问题屡见不鲜。但是个别地区已经初步开展地方立法进行海岸带海洋生物资源管理，并初见成效。例如，我国现有的有突出特色的海岸带管理地方性法规是《青岛市海岸带规划管理规定》。《青岛市海岸带规划管理规定》将海岸带的范围确定为："胶州湾及青岛市其他近岸海域和毗连的相关陆域、岛屿。其控制范围自海岸线量起：海域至 10 海里等距线；陆域未建成区一般至 1 公里等距线，胶州湾西岸和北岸以环胶州湾公路为界（包括盐场）；陆域建成区一般以临海第一条城市主要道路为界，海泊河以北以铁路为界；特殊区域以青岛市人民政府批准的海岸带规划控制范围为准。"青岛市的管理规定用任意距离标准方式明确给出了海岸带的范围，并就不同的地理情况和城市建设情况给出了具体的范围，为地方性海岸带范围的确定起到了模范作用。然而，由于考虑到现实法律提供的基础和行政部门权限的划分以及海岸带管理的具体执行情况，青岛市海岸带范围确定的比较小，虽然可以在现有的条件下管理较小范围内的海岸带，但却不能发挥出海岸带管理的全部功能。

此外，我国台湾地区在"海岸法"中，将海岸带定义为"本法所称海岸地区包括滨海陆地及近岸海域。滨海陆地为海洋直接或显

① 姚丽娜：《我国海岸带综合管理与可持续发展》，载《哈尔滨商业大学学报（社会科学版）》2003 年第 3 期。

著影响之地区，其以平均高潮线至最近之山棱线，或至地形、植被有显著变化之处，或至滨海主要公路、行政区界、沟渠、地籍产权界线明确之处为界。近岸海域以平均高潮线至30米等深线，或平均高潮线向海5公里处，取其距离较长者为界。”台湾地区“海岸法”的规定明确了滨海陆地的重要特征——受海洋直接或显著影响，并从自然地理、行政区界、产权界限等方面对海岸带范围进行了界定，分别划分了向陆和向海的外部界限。但是，由于只是列举了划分标准，因此需要具体细化这些标准适用的规定。国家层面的海岸带立法可以吸收这些已经实施的地方性海岸带管理法的经验和教训，在从全国层面对我国海岸带实施立法的同时也要给地方留出一定空间，因地制宜，使各地区可以依循当地自然地理状况、生态系统情况和政治经济形势来制定适合本地区发展的地方性海岸带法规。

海岸带概念的划分是进行海岸带综合管理的基础。从我国划分海岸带的目的——海陆统筹角度来考虑，应该从广义海岸带范围着手；从政治界限的角度考虑，必须属于我国领土范围；从经济地理角度考虑，应当是海陆作用密切，对经济发展有重要影响的区域；从地理环境角度考虑，要遵循海洋生态系统的完整性，按照各地区具体的自然地理风貌确定。本书第一章已经就海岸带概念作了阐述，在此不予赘述。下面简要概括一下2018年国务院机构改革前我国海岸带管理模式存在的主要问题。

（一）虽建立了分级管理的行政体制，但权责不明、职权交叉现象依然严重

早在20世纪80年代之前，我国就开始了以行业管理为主的海岸带管理。1964年之后，随着国家海洋局的成立，我国的海岸带管理纳入行政管理体制，但海洋局最初的职责是统一管理海洋资源调查和海洋公益事业服务，在很长一段时间内并没有承担海岸带行政管理的职责。20世纪80年代以来，我国分级管理海岸带的行政体制

才逐步形成，地方性海岸带行政管理机构也相继建立。目前，地方管理机构分级管理的行政体制主要分为三种模式：1. 海洋与渔业结合模式，如山东、江苏、浙江、辽宁、福建、广东、海南等省份；2. 海洋与土地、地矿结合模式，如河北、天津、广西等省份；3. 专职海岸带行政管理机构，地方与国家合并模式，如上海。应该说，我国海岸带管理机构形式上具有半集中的特点，除了海岸带行政管理部门以外，其他涉海行业部门也具有管理本行业开发利用海岸带资源活动的职能，如渔业、交通、旅游、石油、矿产、盐业等。但是，形式上的半集中管理模式并不能掩盖实际上的松散管理模式所带来的负面效果，由于各行政机构在职权上的范围、权力大小、归责等问题上长期得不到有效划分和解决，导致海岸带管理工作长期处于利益分割、权责不明等困境。

（二）虽初步构成了海岸带管理法律法规体系框架，但并不是以“大海洋生态系统”为主导思想

从我国恢复联合国常任理事国席位以来，在维护海洋权益、进行海岸带（海洋）资源开发管理等方面陆续颁行了《领海及毗连区法》《海洋环境保护法》《专属经济区和大陆架法》《海域使用管理法》《矿产资源法》《渔业法》《海上交通安全法》《对外合作开采海洋石油管理条例》《全国海洋功能区划（2011—2020）》《防治陆源污染物污染损害海洋环境管理条例》《防治船舶污染海洋环境管理条例》《防治海岸工程建设项目污染损害海洋环境管理条例》《海洋倾废管理条例》《国务院关于建立国家级海洋类型自然保护区的批复》《近岸海域环境功能区管理办法》《青岛市海岸带规划管理规定》等法律法规和单行法。不可否认，我国已经初步形成了海岸带（海洋）管理法律法规体系框架，但是本书第一章已经指出，以往的以经济发展为重心的指导思想束缚了以上法律法规的立法思维，致使我国海岸带海洋生物资源管理、养护、开发等工作长期处于一种条块分

割的状态，难以遵循海洋资源的生态整体性进行综合管理开发，如从1989年开始到1995年，国家和各沿海省编制了小比例尺海洋功能区划。1998年起，开始编制大比例尺海洋功能区划，形成了国家、省、市、县4级区划体系。作为海洋开发利用的依据，海洋功能区划的地位和作用已经被海洋环保法和海域使用法所确认。与此同时，国家和部分省市相继开展了海洋开发利用规划的编制工作。这些海洋功能区划编制的依据多是以行政区域为基础进行划分，而不是以整个海岸带海洋生物资源的保护和开发为依据进行通盘考量和规划，因此将严重束缚我国海岸带海洋生物资源多样性立法的进一步发展。

综上，2018年国务院机构改革之前我国海岸带管理属条块分割、单项管理、分散执法的管理体制，基本上是以各行业和各部门管理为主，这种管理形式对重大决策的失误和破坏性事件的发生可以起到一定的抑制作用，但它有一个严重的缺陷就是没有把海岸带作为一个独立的综合系统来看待，不能充分考虑海岸带的特殊性。尤其是涉及海岸带的行业性法规之间、执行机构协作之间缺乏横向协调，往往人为地造成管理上的真空、重复或冲突。由于海岸带管理部门分散，相互合作不够，形成了政出多门、令出多头的局面，再加上部门之间、地方之间、部门与地方之间权益纷争，力量不集中，造成管理上的混乱。

2018年国务院机构改革后，原国家海洋局主体并入新组建的自然资源部，环保职能并入生态环境部。至此，中国海洋管理将开启新模式。下面仅围绕海岸带管理简要介绍一下自然资源部和生态环境部的机构设置和主要职责：

（一）自然资源部

2018年3月17日，中华人民共和国第十三届全国人民代表大会第一次会议表决通过了《关于国务院机构改革方案的决定》，决定成立中华人民共和国自然资源部。

1. 机构设置

为统一行使全民所有自然资源资产所有者职责，统一行使所有国土空间用途管制和生态保护修复职责，着力解决自然资源所有者不到位、空间规划重叠等问题，实现山水林田湖草整体保护、系统修复、综合治理，将国土资源部的职责、国家发展和改革委员会的组织编制主体功能区规划职责、住房和城乡建设部的城乡规划管理职责、水利部的水资源调查和确权登记管理职责、农业部的草原资源调查和确权登记管理职责、国家林业局的森林等资源调查和确权登记管理职责、国家海洋局的职责、国家测绘地理信息局的职责整合，组建自然资源部，作为国务院组成部门。自然资源部对外保留国家海洋局牌子。

2. 主要职责

自然资源部贯彻落实党中央关于自然资源工作的方针政策和决策部署，在履行职责过程中坚持和加强党对自然资源工作的集中统一领导。与海岸带有关的主要职责包括以下几个方面。

（1）履行湿地、海洋等自然资源资产所有者职责和所有国土空间用途管制职责。拟订自然资源和国土空间规划等法律法规草案，制定部门规章并监督检查执行情况。

（2）负责自然资源的调查监测评价、统一确权登记、资产有偿使用、合理开发利用、推动科技发展、开展国际合作等工作。

（3）负责建立空间规划体系并监督实施。组织划定生态保护红线等控制线。组织拟订并实施土地、海洋等自然资源年度利用计划。负责土地、海域、海岛等国土空间用途转用工作。

（4）负责统筹国土空间生态修复。负责海洋生态、海域海岸线修复等工作。牵头建立和实施生态保护补偿制度，制定合理利用社会资金进行生态修复的政策措施，提出重大备选项目。

（5）负责监督实施海洋战略规划和发展海洋经济。会同有关部门拟订海岸带综合保护利用等规划和政策并监督实施。负责海洋经济运行监测评估工作。

（6）根据中央授权，对地方政府落实党中央、国务院关于自然资源和国土空间规划的重大方针政策、决策部署及法律法规执行情况进行督察。查处自然资源开发利用和国土空间规划及测绘重大违法案件。指导地方有关行政执法工作。

（二）生态环境部

根据2018年《关于国务院机构改革方案的决定》，国务院不再保留环境保护部，组建生态环境部。2018年4月16日，中华人民共和国生态环境部正式挂牌。

1. 机构设置

保护环境是我国的基本国策。为整合分散的生态环境保护职责，统一行使生态和城乡各类污染排放监管与行政执法职责，加强环境污染治理，保障国家生态安全，建设美丽中国，2018年《关于国务院机构改革方案的决定》提出："将环境保护部的职责，国家发展和改革委员会的应对气候变化和减排职责，国土资源部的监督防止地下水污染职责，水利部的编制水功能区划、排污口设置管理、流域水环境保护职责，农业部的监督指导农业面源污染治理职责，国家海洋局的海洋环境保护职责，国务院南水北调工程建设委员会办公室的南水北调工程项目区环境保护职责整合，组建生态环境部，作为国务院组成部门。生态环境部对外保留国家核安全局牌子。不再保留环境保护部。"

2. 主要职责

生态环境部贯彻落实党中央关于生态环境保护工作的方针政策和决策部署，在履行职责过程中坚持和加强党对生态环境保护工作的集中统一领导。其与海岸带有关的主要职责有会同有关部门编制并监督实施重点区域、流域、海域、饮用水水源地生态环境规划和水功能区划；统筹协调国家重点区域、流域、海域生态环境保护；

监督湿地生态环境保护；负责生态环境准入的监督管理；负责生态环境监测；统一负责生态环境监督执法等。

综上，从此次机构改革中可以看出，我国海岸带管理已采用集中管理型模式。通过设立自然资源部和生态环境部，将我国海岸带管理的立法、执法、监督等权力逐步集中到这两个部门，有利于进一步建立协调统一的海岸带管理模式，有效实施海岸带规划，解决海岸带管理中的跨地域问题。以海岸带海域内的海洋保护区管理和海洋污染防治为例，自然资源部的组建，统一了林、草、土地、水等生态资源的管理，也明确了这些生态要素的整体性，解决了空间规划重叠的问题。此后，海洋保护区的划分、海洋生态红线的设定等海洋空间规划的内容，都将在这一新的管理格局下展开。如此，可避免此前各部门争相划定各自保护范围的局面。原本归国家海洋局管理的海洋保护区，大多包含滨海湿地的部分，而湿地同时又是原国家林业局的管辖范围，因此会出现同一片空间有两个甚至多个主管部门的情况。组建自然资源部后，这一局面将有效改善。此外，生态环境部是在原来的环境保护部的基础上组建的。除了纳入原环境保护部的所有职能之外，该部门还纳入了原国家海洋局在内的多个部门的环保相关职能，从此打通了海洋和陆地的管理通道，陆源污染入海的治理不再需要跨部门协调。

第四章　国际公约与海岸带海洋生物多样性保护立法

随着各国对海岸带区域内海洋生物资源多样性保护的关注进一步加深，以及近年来各国在保护工作的实践操作中积累了越来越多的经验，人们一方面开始逐步意识到现行遵循的国际公约存在的缺陷和不足；另一方面积极进行新国际公约的磋商，取得了较大成效。目前，和本书所涉论题相关的国际公约主要有《联合国海洋法公约》《生物多样性公约》《生物多样性公约关于获取遗传资源和公正和公平分享其利用所产生惠益的名古屋议定书》《卡特赫纳生物安全议定书》《濒危野生动植物种国际贸易公约》《1996 年关于海上运输有害有毒物质的责任和损害赔偿的国际公约》《控制和管理船舶压载水和沉积物国际公约》《国际油污损害民事责任公约》《设立国际油污损害赔偿基金公约》等，由于篇幅限制，本文仅就前三项国际公约进行简要阐述。

第一节　联合国海洋法公约

约占地球表面积 71% 的海洋蕴藏着丰富的鱼类和其他经济水产动物，支持世界人口中 10% 以上人们的生计和福利，这对人类生存和发展具有不可替代的价值。海洋渔业资源与沿海社区的经济和福祉休戚相关，海洋渔业资源为社区居民提供了食品安全、工作机会和经济收入，更带来了居民的传统文化属性。

但是由于缺乏适当的养护，以及经济危机和气候变化的影响等，很大程度上增加了人类管理海洋渔业资源的难度。因此，世界各国普遍推崇并遵循1982年《联合国海洋法公约》（The United Nations Convention on the Law of the Sea，UNCLOS）的规定，对海洋渔业资源进行养护。目前，UNCLOS已经为海洋渔业资源养护建立了初步的法律体系。该体系具体来说有四项制度，分别是带状分割制度（Zonal Cut）、特定种群制度（Specific Species）、总可捕量（Total Allowable Catch，TAC）与最高持续产量（Maximum Sustainable Yield，MSY）制度、全面合作制度（Comprehensive Cooperation）。但是经过多年的实践探索，越来越多的国家认为UNCLOS日益凸显出和当前海洋生态系统管理理念冲突的不足之处（这些不足之处也体现在各国海岸带综合管理理念和管理体制的冲突上），主要体现在以下几个方面：

1. 带状分割制度：忽视法律和自然的区别

根据UNCLOS的架构，海洋被划分为多个司法管辖区域，这些区域有内水、领海、毗连区、专属经济区、群岛水域、大陆架、公海和国际海底区域等九大区域。原则上国际海洋法依据海域空间的类别来规制人类在海洋开发中的行为，由此被称作带状分割制度——在海洋渔业资源的养护中处于最基础的地位。然而，这种带状分割有着明显的缺陷。

带状分割的本质缺陷在于忽视了法律和自然的区别。根据UNCLOS的分割规定，除了内水和群岛水域在制度设计方面考虑了自然状况，其他带状分割后海域（如领海、专属经济区）的空间范围只决定于其距离领海基线的远近，沿海国的管辖权大小也依据此远近距离来决定，这一制度设计基本上可以说是无视海洋本身及其渔业资源的自然属性。采用距离海岸远近的标准，事实上忽视了海洋生物种类间的互动关系，也否定了海洋物理环境不同以及依据不同海洋环境产生的生态条件。这样做的严重后果是人为制定的司法管辖区域范围并不与海洋生物养护所需的范围一致，从而带来资源养护的困难。从这个意义上来说，带状分割制度并不能反映出海洋生态体系与其附近海洋环境之间的内在联系。带状分割海域对于紧密联系的海洋生物资源来说，只能说是最简单的方式，而不是解决其养护、管理、发展的最佳方案。

同时，UNCLOS 以最为简洁的方式进行立法，这为跨界和高度洄游鱼类的养护工作带来了巨大困难。上述鱼类并不会遵守人类划定的边界，鱼类和其他海洋生物并不知道海洋已经被带状分割了。在沿海国有管辖权的海域和没有管辖权的海域之间划定一条清晰的界限，对于上述两类渔业资源的养护没有意义。

UNCLOS 注意到了这个问题，在公约的第 63、64 条中分别规定了跨界、高度洄游鱼类资源的养护问题，根据上述规定，问题的关键已经变成了如何确保国家间养护措施的连续性。然而，第 63 条并没有给出明确的、实质性的指引来解决这个问题，这就使专属经济区相邻两个国家之间、专属经济区与公海之间的资源养护措施并不相容（同样的问题也出现在第 64 条规定的高度洄游鱼类上）。另一个急需解决的问题是，如何在专属经济区与公海之间、专属经济区之间，对高度洄游鱼类和跨界鱼类进行捕捞量分配，第 63、64 条并没有对这个问题给出明确的指引。总的来说，这两条的规定过于宏观，缺乏实际操作的可行性。忽视自然规律的法律规则本身就很难执行，UNCLOS 无法回避这个问题。

2. 特定种群制度：割断种群间联系

海洋渔业资源养护的一个重要方式就是制定特定种群养护制度，公约针对不同种群给予了不同的规定，如第 63 条第 1 款规定了共享渔业种群，第 63 条第 2 款规定了跨界渔业种群，第 64 条规定了高度洄游鱼类，第 65 条和第 120 条规定了海洋哺乳动物，第 66、67、68 条分别规定了特定的种群。UNCLOS 给出的特定种群保护规则事实上是在“海里捞针”。海洋生物之间存在着普遍的联系，特定种群制度的基础性局限是缺乏对特定种群的生态考量，特定种群养护制度只是基于某个种群进行个体观察而忽视海洋生物种群之间的内在联系和海洋生物系统本身，简言之，只见树木，不见森林。需要指出的是，大多数海洋物种是依据相互联系的食物网或者栖息地而紧密联系的，单纯对某一种群进行养护没有生态意义，只能为满足人类的需求带来短期效益。过度捕鱼会造成一个特定区域的海洋生态系统整体退化，如针对食物链顶端物种的捕捞会破坏整个食物链，导致海洋生态系统的变化等。割断种群间联系的立法方式会造成上述制度在执行过程中顾此失彼，带来受保护种群间的冲突、受保护种群和未受保护种群间的冲突。因此，海洋生物资源养护与海洋生态系统的内在联系应该成为后期《联合国海洋法公约》立法修订的重要内容，这一修改也将为各国海岸带海洋生物多样性保护立法工作带来极大的影响。

此外，基于选择立法模式的 UNCLOS 特定种群保护规则并没有覆盖到所有的需要保护的种类，如深海鱼类非常容易受到渔业活动影响，深海鱼类具有超长的寿命、极其慢的生长率、成熟期晚、生育率低的特点，一旦遭受破坏，恢复十分困难。因此可以说这些种群需要特殊保护，然而 UNCLOS 没有这种条文。

3. 总可捕量（TAC）与最高持续产量（MSY）：沿海国决定

专属经济区制度，是第三次联合国海洋法会议的主要成果之一，也是最富有争议性的创新制度。据估计，全球 90% 可被商业开发的渔业资源位于海岸线 200 海里以内，这一区域既处于专属经济区范围内，也处于海岸带区域内，因此专属经济区（海岸带）的渔业资源养护工作十分重要。UNCLOS 第 61 条第 2 款明确规定了沿海国的养护义务，要求沿海国必须依据可以获得的最佳的科学证据来采取适当的养护和管理措施，以确保专属经济区（海岸带）的生物资源不被过度开发。专属经济区（海岸带）的渔业资源养护机制有两个重要的概念：总可捕量（TAC）和最高持续产量（MSY）。关于 TAC，UNCLOS 第 62 条第 2 款规定，沿海国有义务决定其自身的捕捞专属经济区（海岸带）渔业资源的能力，当沿海国没有能力完成整个 TAC，它应当将 TAC 中剩下的部分转让给其他国家。换言之，在专属经济区（海岸带）内的捕鱼量是由沿海国决定的，其他国家捕鱼的权利及这种权利的内容都由沿海国确定。MSY 制度的目的在于在不显著影响某一鱼类自我繁殖能力的前提下，制定对此鱼类的最大捕捞数量。针对 MSY 条约第 61 条第 3 款，专属经济区（海岸带）的养护措施必须“考虑到沿海区域的经济需要和发展中国家的特殊需要”。然而基于 TAC 和 MSY 所建立的这种机制在落实的时候会面临重重困难，事实上由沿海国自己决定。原因有四个：

（1）如何确定 TAC 由沿海国决定

UNCLOS 建构这一制度的前提是海洋渔业资源只是受到沿海国的捕捞影响。然而事实上某一种类鱼群的数量不仅受到沿海国的影响，还受到其他国家或区域的影响，如在公海中也同样可以捕获沿海国游经公海的鱼群。因此在沿海国决定自己专属经济区（海岸带）内 TAC 的时候，必须考虑到自己管辖权以外的捕捞行为——这些行为有可能发生在其他国家的专属经济区（海岸带）以及公海。但遗憾的是，到目前为止，UNCLOS 仍缺乏这样的机制。进一步分析来说，决定 TAC 的前提是可靠的科学数据。但是搜集和分析到的相关数据往往会耗费巨资且数据采集不充分，因此对于沿海国，特别是针对那些发展中国家来说，适当履行 TAC 义务变得十分困难。没有科学依据的情况下，沿海国的权力自然更大。

（2）是否转让捕捞权由沿海国决定

在确定 TAC 方面，沿海国有着广泛的自由裁量权，除了不可以以过度开发的方式来破坏渔业资源这一标准之外，沿海国事实上可以按照自己的要求设定 TAC，因此其他国家就会担心沿海国设定的标准没有任何剩余给其来捕获，这样也就免除了沿海国在条约下的法定责任，即不必将剩余的捕捞配额转让给其他国家，因此，沿海国捕捞渔业资源的能力事实上就不仅仅依靠于自身国家的资金与技术，而且理论上可以推论出沿海国可以通过引进外国的资本和技术来捕获 TAC 的全部。

（3）MSY 的确立由沿海国决定

许多科学家对于 MSY 的合法性提出了质疑，因为 MSY 制度并不考虑经济目标，更不考虑物种之间的生态关系、物种栖息地的生态环境、特定地区生物量的极限、影响环境的因素等。由于海洋生物之间存在着相互依赖的关系，在进行海洋生物资源的养护过程中，孤立地确定某一物种的 MSY 这样的做法值得商榷，有学者指出，在曾经采取的确定 MSY 的方法中，只有少数是正确的，确定 MSY 而采取的行政措施，总的来说是不充分的、不适当的。

（4）涉及 TAC 和 MSY 的争端不适用 UNCLOS 争端解决机制

UNCLOS 第 297 条第 3 款 A 项规定，任何跟国家主权权力有关的，在专属经济区（海岸带）生物资源方面的争议具体包括：确定 TAC 的自由裁量权；捕捞能力；剩余捕捞额度；在海洋生物资源养护与管理方面的法律规定，不适用于公约。根据 UNCLOS 第 15 部分的强制争端解决机制的相关内容，关于沿海国在专属经济区（海岸带）生物资源养护方面的争议由 UNCLOS 附件 5 协商机制调整。然而，在任何条件下，协商委员会不应该替代沿海国依据 UNCLOS 第 297 条第 3 款 C 项所享有的自由裁量权。协商委员会的报告也不具有法律约束力。总体而言，公约并没有为沿海国在专属经济区（海岸带）养护措施方面提供任何第三方可以介入以检验其合法性的机制。

第二节 生物多样性公约①

随着人类对海洋开发利用强度的不断增大，海洋生态系统承受

① 银森录、郑苗壮、徐靖、刘岩、刘文静：《〈生物多样性公约〉海洋生物多样性议题的谈判焦点、影响及我国对策》，载《生物多样性》2016 年第 7 期。

着巨大的压力，全球41%的海洋区域受到了严重影响，海洋渔业可能导致海洋生物资源的过度捕捞；气候变化导致海洋酸化，造成珊瑚礁生态系统的崩溃；海洋勘探、采矿和运输等过程中产生的海底噪声可能影响海洋生物的生理生态；海洋开发和旅游等活动产生的废弃物可能会导致海洋环境污染。海洋和海岸带生物多样性的保护和可持续利用逐渐成为《生物多样性公约》（以下简称《公约》）等国际多边条约谈判的重要议题。1995年，《公约》缔约方大会第二次会议（COP_2）首次将海洋和沿海生物多样性设为正式议题。会议对海洋生物多样性受到的威胁表示严重关切，鼓励将海洋和海岸带区域综合管理（Integrated Marine and Coastal Area Management，IMCAM）作为应对人类活动对海洋生物多样性的影响、促进海洋和海岸带生物多样性保护和持续利用的最佳行动框架。大会还宣布将上述共识称为“关于海洋和海岸带生物多样性的雅加达任务”（Jakarta Mandate on Marine and Coastal Biological Diversity，以下简称雅加达任务）。1998年，《公约》缔约方大会第四次会议（COP_4）通过了《关于海洋和海岸带生物多样性的工作方案》（以下简称《方案》），协助在国家、区域和全球层面上执行雅加达任务。工作方案设计为期3年，确定了《公约》关于海洋和海岸带生物多样性保护和可持续利用领域的主要目标和优先行动，在全球、区域、国家和地方各层面上推动采用生态系统方法（Ecosystem Approach），并将预先防范方法（Precautionary Approach）应用于所有影响海洋和海岸带生物多样性的活动中。2010年，《公约》缔约方大会第10次会议（COP_{10}）对《方案》的执行情况进行了评估，认为海洋保护区仅覆盖全球海洋面积的约1%，海洋生物多样性保护进展缓慢。大会发布了“2011—2020年《生物多样性战略计划》”及对应的生物多样性目标，决定将《方案》的目标和时间表与之对应，并重申《方案》仍然是全球性优先事项，鼓励缔约方加强执行。大会还对非可持续捕捞、海洋施肥、海洋酸化、人为水下噪声以及不可持续的人类活动等不利于海洋和海岸带生物多样性的问题进行了探讨；鼓励使用海洋和海岸带区域综合管理、海洋空间规划（Marine Spatial Planning）和环境影响评价等工具；公布《海洋和海岸带区域环境影响评估和战略性环境评估中考虑生物多样性时使用的自愿准则》（Voluntary Guidelines for the Consideration of Biodiversity in Environmental Impact Assessments and Strategic Environmental Assessments in Marine and Coastal Areas，以下简称《自愿准则》）供同行审查，以便进一步完善《自愿准则》；并决定召开一系列区域研讨会，推动在国家管辖范围以外海域具有重要生态或生物学意义的海域（Marine Protected Areas and Ecologically or Biologically Significant Marine Areas，EBSMAs）。2012 年，《公约》缔约方大会第 11 次会议（COP_{11}）介绍了各地区描述 EBSMAs 的进展，通过了《关于描述符合具有重要生态或生物学意义的海洋区域的科学标准的区域的汇总报告草案》，描述了西南太平洋地区、大加勒比和中大西洋西部地区、地中海地区符合 EBSMAs 标准的区域。大会鼓励应用《自愿准则》，并请各方推广海洋空间规划工具。2014 年，《公约》缔约方大会第 12 次会议（COP_{12}）对 2011—2020 年《生物多样性战略计划》及生物多样性目标进行了中期评估，并对 2020 年进展趋势进行了预测，认为与海洋生物多样性保护相关的各项目标均未实现，海洋生物多样性保护问题形势尤其严峻。会议主要通过了南印度洋、东部太平洋热带和温带、北太平洋、东南大西洋、北极、西北大西洋和地中海 7 个区域的 EBSMAs 汇总报告，将上述区域中的 207 个海域列入了全球 EBSMAs 清单，并邀请各缔约方和其他国家政府酌情开展国家管辖范围内的 EBSMAs 评估工作。大会还通过了关于人为水下噪声和海洋酸化问题的决定，并请《公约》执行秘书邀请相关组织推进海洋空间规划工具的开发。

通过以上历届会议探讨问题内容可知，《公约》针对海洋生物多样性保护主要围绕以下焦点议题进行：（1）应对人类活动和气候变化对海洋和海岸带生物多样性的影响；（2）海洋和海岸带生物多样性保护和可持续利用的工具；（3）海洋保护区及 EBSMAs。由于各方的能力水平存在差异，且在海洋和海岸带生物多样性方面的利益诉求不同，导致在以下不同的议题上各方立场存在一定的分歧：

1. 应对人类活动和气候变化对海洋和海岸带生物多样性的影响

加强海洋和海岸带生物多样性的保护已是全球共识，《公约》缔约方对此并无异议。但是，缔约方对保护的力度和具体措施持有不同立场。欧盟在应对人类活动和气候变化上持积极态度，总体主张由《公约》制定一系列准则、导则和措施，指导缔约方开展控制海洋垃圾和海底噪声，限制过度捕捞，加强海洋和海岸带生物多样性的保护，但作为欧盟成员的英国由于在海洋施肥、海洋云层白化等快速减缓气候变化工程技术方面投入巨大，对《公约》限制使用此类技术持消极态度。挪威等沿海国因国内涉海法律、法规和技术规范较为健全，有能力控制海洋垃圾、过度捕捞和水下噪声问题，也并未投入工程研发，因此也倾向于通过较为严格的措施管控人类活动。而对一些热带沿海国家而言，海洋和海岸带生物多样性是海洋旅游、海洋捕捞等产业的基础，是重要的经济和食物来源，这些国家既担忧海洋和海岸带生物多样性的丧失对其国民经济和社会发展造成影响，又缺乏应对各种人类活动影响的能力，因此也普遍赞成加强对各种人类活动的管控，积极应对气候变化，并积极向国际组织和发达国家争取资金和技术援助。而少数海洋油气、采矿、海洋运输和远洋捕捞等产业发展较好的沿海国虽也赞成加强海洋和海岸带生物多样性保护，但态度相对谨慎，如阿根廷等经常对《公约》过快制定和通过严格的准则、导则和措施表示担忧。

2. 有利于海洋和海岸带生物多样性保护和可持续利用的工具

海洋和海岸带区域综合管理是《公约》最早提倡的工具，各方一致认为这是应对人类活动对海洋和海岸带生物多样性影响、促进保护和可持续利用生物多样性的最佳工作框架。在环境影响评价方面，缔约方基本上一致认同将生物多样性纳入海洋和海岸带环境影响评价具有重要意义，但立场有一些区别，如加拿大、新西兰、澳大利亚和欧盟等国家和组织对相关工具以及缔约方大会发布的各项标准和准则表示欢迎，并在国家报告中积极分享经验；以日本为代表的海洋强国，为保障其公海航行和海底探矿等方面的利益，不赞成推进相关进程；而大部分发展中国家强调相关工具的运用需要加强能力建设，部分国家也强调应根据国家实际情况自愿使用相关工具，以减轻履约负担。

海洋空间规划工具是为了更好地配合海洋和海岸带区域综合管理工具而引入《公约》谈判的，目前已得到许多发达国家和发展中国家的认同，它们普遍认为海洋空间规划有助于推广生态系统方法，推进生物多样性主流化，希望《公约》秘书处能进一步完善相关工具及其指南，同时也希望缔约方之间加强经验交流。

此外，《公约》还对各国普遍关注的遗传资源惠益分享问题做出了翔实规划。根据《公约》的定义，遗传资源①是指具有实际或潜在价值的来自植物、动物、微生物或其他来源的任何含有遗传功能单位的材料。传统知识②指土著和地方社区（ILC）与遗传资源相关的知识、创新和实践。遗传资源及相关传统知识的提供者③是指在获取与惠益分享的体系中，包括但不限于土著与地方社区，即指任何

① 在获取与惠益分享制度中，遗传资源是直接或间接通过提供者进入这个获取与惠益分享体系的。直接是指提供者直接将遗传资源的基因、个体或群体提供给使用者。而间接是指提供者将他们利用这些遗传资源的传统知识，提供给使用者，从而让使用者可以开发利用这些遗传资源。

② 这些传统知识的特点是基于社区的生产生活经验而形成，适应了当地需要、文化和环境，往往是世代相传的，通过土著与地方社区的传统文化进行解释和分类。

③ 从法理上说，只有当提供者作为遗传资源及相关传统知识的持有者时，其才具备所有权人的资格，可以对于遗传资源及相关传统知识进行处置。提供者在这个系统中是一个核心的位置，联系着遗传资源、传统知识、使用者等。

相关的所有权人。遗传资源及相关传统知识的使用者是指在获取与惠益分享体系中，科研人员、商业开发人员或者是任何利用遗传资源或相关传统知识的当事方。在使用者和提供者之间，需要签订“事先知情同意”和“共同商定条件”两个文本，分别规定获取程序和惠益分享程序。这两个文本对于当事双方都具有法律效力。遗传资源及相关传统知识的使用包括针对这些遗传资源和传统知识的科学研究、技术开发、商业利用等。

一般来说，获取遗传资源可同时为使用者和提供者带来惠益。获取与惠益分享的制度应该保证遗传资源的获取和使用方式为使用者、提供者以及资源所在的生态环境和社区带来最大惠益。

在大多数情况下，遗传资源的获取涉及利用土著和地方社区的传统知识。因此，获取和惠益分享程序需要使用者获得土著与地方社区的许可授权才可以使用传统知识，并与拥有传统知识的土著与地方社区分享由其使用所带来的惠益。由此，遗传资源的惠益分享涉及的问题主要包括以下几个方面①：

1. 获取的“事先知情同意”

遗传资源或相关传统知识的获取，需要以“事先知情同意”作为程序要件。② 事先知情同意作为一种许可制度，必须是由遗传资源或相关传统知识的所有权人行使许可权，并规定使用的用途，使用者才能合法获取遗传资源或相关传统知识的使用方式。遗传资源或相关传统知识所有权人的认定一直是这个许可制度的难点。单一所有权人认定的简化方案很可能是削足适履式的教条模式。如果制定相关许可制度的人员不了解所有权的实际情况，难免会闭门造车，与实际情况不符。较为可行的方式是通过逐案处理的方式（Case by

---

① 林燕梅、成功：《遗传资源及相关传统知识惠益分享的蓝图与路线图分析》，载《中国发明与专利》2013 年第 11 期。

② 秦天宝：《论遗传资源获取与惠益分享中的事先知情同意制度》，载《现代法学》2008 年第 3 期。

Case)，积累相关的理论与实践，为所有权人的认定提供基础信息。

在遗传资源或相关传统知识所有权人不明确或者已经明确消逝的前提下，可以由国家代使所有权人的相关权利。而且，签署事先知情同意的所有权人，应该包括所有的所有权人，或者得到所有的所有权人的明确授权。

2. 科学研究的技术方案

一般来说，遗传资源及相关传统知识需要经过转换才能进入现代社会的体系中，从而产生惠益。遗传资源在传统社区中，有时仅是作为生物资源而得到使用，如薪柴；也有些遗传资源是经过社区的传统知识重新认识后再加以使用，这时，遗传资源的用途会更加广泛，如食用或者药用。经过现代生物学等科技手段，遗传资源展现出更丰富多样的潜力。而通过对于遗传资源的现代生物学等科技手段的分析应用，就实现了从传统社区的遗传资源到现代社会的商业资源转换的过程。传统知识作为社区经验的积累，一般来说不能直接用于商业开发，而是需要经过转换，形成一套技术方案，从而用于商业开发。这种转换有可能在社区内部发生，但是更多情况下是由社区之外的使用者完成的。

因此，转换过程在惠益分享中非常重要，但也往往成为被忽略的重要环节，转换经常以某种知识产权的形式再现惠益，如基因专利或者药物专利。但是，当转换工作的努力得不到应有的肯定时，从事转换的人员就会流失，或者尽量规避遗传资源及相关传统知识使用的情况就会增加。因此，惠益分享中，如果对于进行转换工作的努力也给予足够的惠益分享，可能会极大地促进遗传资源及相关传统知识造福人类。

3. 惠益分享的“共同商定条件”

共同商定条件是遗传资源或相关传统知识的提供者与使用者就遗传资源或相关传统知识的获取和使用条件以及双方之间的惠益分享达成的协议，也即每次的获取、使用、转让等，都需要签署共同商定条件。

由于提供者和使用者在交流信息上的不对称，“事先知情同意”和“共同商定条件”需要考虑到遗传资源及相关传统知识的潜在利用价值。因此，需要在协议中规定遗传资源及相关传统知识的使用内容和方式，对于规定的使用内容和方式之外的部分，应该重新签订相关协议。由于惠益分享的目标主要是生物多样性的保护和可持续利用，因此，共同商定条件应该主要将惠益分享用于这方面，而不是增加所有权人的经济收入。另外，惠益分享应该涵盖各类所有权人，对遗传资源及相关传统知识的保护和可持续利用提供经济基础。因此，可以在事先知情同意程序中要求，一旦有惠益产生，就需要签署共同商定条件，并在共同商定条件的合同中，将相关的事先知情同意文本作为附件。

4. 惠益产生的商业开发

遗传资源得到识别和认识，具有实际可行的商业化方案或者传统知识转换为切实的技术方案——这些都不意味着惠益就会自动产生。其产生还需要更加实际的市场运营工作。只有在市场中，将遗传资源或传统知识应用的商品销售之后，才能产生惠益，从而实现惠益分享。这就需要以商业的运作模式在市场中竞争，受到消费者的青睐促使其争相购买。

在中国惠益分享的难点不仅在于惠益分享对象的确定等，还在于惠益难以产生——实际情况是，大量的传统知识不仅无法变成具有市场竞争能力的技术方案，还可能被更具备市场能力的商品所排斥。因此，如何推动遗传资源及相关传统知识形成技术方案，并由此方案开始商业化发展，产生切实的惠益，也是惠益分享制度中需要进行考虑的。也就是说，在制度设计的时候，如何保护进行转换和产生惠益的商业机构，也是一个重要的步骤。国家应该尽量少设置障碍地推动这两部分的发展，并通过社会机构推动惠益分享得到消费者的认可。

5. 惠益分享的目标达成

惠益分享必须在产生惠益之后对其进行合理分配。惠益分享的目标在于遗传资源及相关传统知识的保护和可持续发展，对于遗传资源所在社区，应该促进遗传资源的保护，并增加遗传多样性。对于传统知识所在社区，应该提高传统文化的自信，并建立传统知识传承机制。对于持有遗传资源或传统知识的人员，应该给予物质和非物质的鼓励，形成良好的社会文化。对于进行转换的人员，应该给予合理的报酬，并进行鼓励。对于进行商业开发的机构，应该给予保护和支持，促进对于遗传资源和传统知识的可持续发展。

第三节 生物多样性公约关于获取遗传资源和公正和公平分享其利用所产生惠益的名古屋议定书

《生物多样性公约》（以下简称《公约》）提出三大目标，即 1. 保护生物多样性；2. 可持续地利用生物多样性组成部分；3. 公平公正地分享因利用遗传资源而产生的惠益。将“公平惠益分享”作为《公约》的目标之一，是发展中国家的普遍要求。很多发展中国家在生物多样性的养护过程中得出以下共识，即发达国家的生物技术公司常常以非正当方式从发展中国家获得遗传资源及相关传统知识，并利用其生物技术优势，将这些资源开发成专利产品，再到提供资源的国家牟取暴利。为切实履行《公约》第 15 条和第 8（j）条的规定，发展中国家强烈要求针对建立一项有关遗传资源及相关传统知识获取与惠益分享的国际制度问题进行谈判。经过 10 年左右的艰苦努力，2010 年 10 月在日本名古屋召开的《公约》第 10 次缔约方大会通过了具有历史意义的《生物多样性公约关于获取遗传资源和公正和公平分享其利用所产生惠益的名古屋议定书》（以下简称《议定书》）。

《议定书》的达成是《公约》新的重大里程碑，是实现《公约》三大目标的关键一步，也是建立遗传资源及相关传统知识获取与惠益分享制度以及各国相关立法的基础。虽然《议定书》是发展中国家与发达国家争论和妥协的产物，但在焦点问题上主要体现了遗传资源提供国的利益。

1. 谈判中最为核心的问题是获取与惠益分享的适用范围问题。《议定书》的适用范围最终明确为遗传资源、衍生物和相关传统知识，后两者实际上已超越了《公约》第15条的原有范围，满足了遗传资源提供国的要求，因为衍生物是对遗传资源概念的大大扩展，包含衍生物则意味着只要确保遗传资源的主要利用方式就都能纳入获取与惠益分享制度；而包含遗传资源相关的传统知识，体现了对土著和地方社区的尊重，也将有利于拥有丰富传统文化的国家及地方社区的进一步发展。可以说，适用范围问题是发达国家向发展中国家的妥协结果。

2. 对于遗传资源（包括衍生物）的获取，《议定书》规定必须经过遗传资源提供国的事先知情同意；对于传统知识的获取还须经土著和当地社区的事先知情同意。因为这种“事先知情同意程序”是强制性的，在很大程度上满足了遗传资源提供国和土著与地方社区的要求。

3. 对于惠益分享，《议定书》规定了遗传资源使用方应与提供方在共同商定条件的基础上公平公正地分享因利用资源而产生的惠益，在涉及传统知识时还需要与土著和地方社区公平分享因利用传统知识而产生的惠益，这样就进一步满足了遗传资源提供国和地方社区的要求。

4. 对于遵约，《议定书》只是提出监测遗传资源获取后使用情况的措施，包括签发国际公认的遵守证书、设立检查点等，但《议定书》本身并没有规定建立强制性的监测检查制度，也没有要求在申请专利时必须披露遗传资源的来源及原产地。这项遵约条款的弱化，将削弱《议定书》的遵守和履行力度，是发展中国家向发达国家妥协的结果。

目前，《议定书》已经生效，我国作为生物多样性大国和重要的遗传资源提供国，应当抓紧开展以下工作：

1. 梳理国内与《议定书》相关内容方面的法律体系和行政监管程序。《议定书》为各国建立遗传资源获取和惠益分享法律体系提供了框架，为各国立法预留了较多的灵活性。因此，我国应当对现有法律法规进行梳理，确定是否已经形成完整的法律体系和完善的监管程序，是否具备了在法律和行政层面履行《议定书》的能力。通过开展这些工作，我国可以进一步完善国内立法和监管程序，有效行使对国内遗传资源、衍生物和相关传统知识的主权。

2. 建立和发展遗传资源获取和惠益分享监管协调机制。遗传资源的获取和惠益分享问题涉及环境保护、知识产权、农业、中医药、质检等多个行业，应建立起长效、稳定的工作协调机制，使各个部门都能够根据本部门的职责，完善监管机制，有效应对遗传资源、衍生物和相关传统知识监管工作中面临的新问题。

3. 开展遗传资源获取和惠益分享的监管实践。建议针对《议定书》生效后新出现的国内遗传资源国际交流案例，按照《议定书》的相关规定开展管理，要求获取者取得主管部门的事先知情同意，并与提供者签订公平公正的惠益分享协议，以此实现国家对遗传资源、衍生物和相关传统知识主权的维护。

4. 进一步加强遗传资源、衍生物和相关传统知识动态调查和监测。掌握其引进、出口和流失动态，不仅是我国参加国际有关讨论的基础，也是决定国家如何开展遗传资源、衍生物和相关传统知识监管的重要支持数据，在《议定书》生效之后，更应该加快推动这方面的研究。

5. 增强国际交流争端的应对能力。《议定书》生效后，可能会出现其他国家未经许可使用我国遗传资源、衍生物和相关传统知识的案例，或是我国企业未经许可使用其他国家遗传资源、衍生物和相关传统知识的案例。因此，应提升运用国际规则的能力，以应对可能出现的国际争端和诉讼，最大限度地维护我国利益。

第五章　国内外海岸带管理中海洋生物多样性立法现状比较分析

由于历史传统、海洋具体情况、立法背景等多方面的不同，国外海岸带综合管理立法也呈现出不同的特点，主要体现在海洋政策、海洋规划、调整对象、科技运用等方面。近年来，随着“大海洋”理念的不断推广，各国在以上方面结合该理念进行海岸带综合管理立法，都取得了可喜成绩，相比之下，我国的海岸带综合管理立法工作却显得相对滞后，有待加快立法步伐。同时，各国在进行海洋生物多样性保护立法方面主要面对的问题是如何预防、减轻海洋外来物种入侵造成的本土海洋生物多样性灭失的危机以及如何有效恢复海洋生物多样性的问题。由于各国在这方面立法中各具鲜明特色，所以本章针对美国、澳大利亚、菲律宾、日本等国立法进行分别阐述，以期对我国立法提供助益。

第一节　美国立法现状

一、海岸带综合管理方面立法

自 1716 年设立了灯塔服务处开始，美国就拉开了海洋管理的序幕。随着海上贸易的发展，美国海洋管理的领域不断扩大，逐渐从缉私、导航、税收、救援等活动扩展到对海洋空间和海洋生物资源的开发和管理。1972 年颁行的《海岸带管理法》是美国海岸带管理史上具有里程碑意义的一部法律。它具体提出了4项国家海岸带管理政策：1. 保存、保护和开发美国海岸带的资源，并在可能的情况下使之恢复与增值。2. 鼓励和帮助沿岸各州制订和实施海岸带管理计划。3. 鼓励制定特殊区域管理规划，以保护重要的自然资源；确保海岸带经济适当的发展，加强危险的生命财产的保护；并增加政府决策的可预见性。4. 鼓励公众、沿岸州、当地政府、州际机构，其他区域机构和联邦政府的参与和合作。①

至今该法仍然被很多国家所推崇和效仿。《海岸带管理法》提出了人类只是环境管理者的伦理观念（Stewardship Ethic），同时强调政府在采取管理海岸带的行动之前必须研究、规划并给公众提供评论的机会。这一做法发展到今天，也就成为众所周知的环境听证制度。该法首次将联邦激进主义者和州的权利联系在一起，按照完全自愿的原则，通过海岸带管理计划将款项拨付给各州，帮助他们按照本地区的利益同时又反映国家利益的原则，制订和实施海岸带管理计划。同时，为了鼓励各州实施海岸带管理计划，联邦政府同意尊重各州制订的计划，主要由沿海各州承担海岸带管理职责。联邦政府的海岸带管理规划从更高的层面为沿海各州的海岸带活动提供了指导原则和政策框架，从而使联邦政府采取的管理海岸带的行动与州计划保持一致。从美国海岸带管理现状来看，美国的海岸带管理体制从联邦到州、地区和地方有3—4级，这些管理职能都能在现有体制下落实到海域实体上，从水面到水下土地，从海岸、潮间带、领海、专属经济区到大陆架，已经具有完备的空间结构。达到这一点，《海岸带管理法》功不可没。下面简要介绍一下该法的相关内容：

1. 建立起以州为基础的海岸带管理体制

《海岸带管理法》开章明义地指出，这部法律主要是为保护、保

---

① 徐冲：《论美国海岸带管理法律制度对我国的借鉴》，中国海洋大学2011年硕士学位论文，第30页。

持和开发多样性的海岸带资源提供规范基础。美国海岸带管理项目是联邦政府、五大湖区和沿海州政府之间的、自愿的合作关系，以此共同应对全国的海岸带管理问题。因此，为鼓励和帮助沿岸各州通过履行对海岸带区域发展和管理的责任而有效利用海岸带资源，“这个项目的合作最基本需要达到”以下几点要求①：

（1）以保护自然资源为目的，自然资源包括海岸带附近的湿地、河口、海滩、洪水冲积平原、沙丘、障壁岛、珊瑚礁、鱼类和野生动物的栖息地。

（2）关注海岸带发展，以最大限度地降低自然灾害对生命和财产带来的影响，这些自然灾害包括海岸侵蚀、洪水、风暴潮、地质灾害；关注海平面上升、地面下沉、海水倒灌等易发区域；关注特殊地貌区域，如海滩、沙丘、湿地和障壁岛。

（3）对海岸带的发展应予关注，开展海岸带水质提高、保护和储蓄工作，并保证自然资源得到有效养护和提高水的利用。

（4）优先考虑与海岸带相关的开发利用活动，并有秩序地进行主要设备（这些设备主要用于国防、能源、渔业发展、鱼类、港口和交通）的选址和设置；最大限度地使用现有的发展资源，在其基础上或附近区域进行新的商业和工业建设。

（5）允许公众为娱乐的目的进入海岸带区域。

（6）帮助生态环境恶化的都市海滨和港口进行再建设；保护和修复具有历史性、文化性和美学价值的海岸带特征。

（7）负责协调并简化程序，确保加快政府管理海岸带的决策步伐。

（8）咨询政府机构，协调相关机构和部门行动，并充分考虑其意见。

（9）及时并有效地通知公众和当地政府，保证他们能参与到海岸带管理决策的制定上来。

---

① CZMA：U. S. C. §1452. Congressional declaration of policy（Section 303）.

（10）支持养护计划、保护规划和对海洋资源的管理，包括对污染控制设施和农业设施在海岸带的选址计划；推动联邦和州的海岸带管理机构、州级野生动物保护机构之间的协调。

（11）一旦秘书处认为可能，就应认真研习地面下沉和海平面上升的研究计划，以确定其可能造成的多种影响。

2. 编制执行与联邦一致性的各级海岸带管理计划

《海岸带管理法》要求各州政府与联邦和地方政府合作制订和实施针对各自管辖范围内的海岸带管理计划，还要求各州海岸带管理计划应包括可有效实施并适用于州和地方的海岸带政策。如上文所述，各州都是在自愿的基础上参与并实施海岸带管理计划的，促使各州参与到海岸带管理计划的主要原因之一是可以获得联邦政府的鼓励——为制订和实施计划提供财政资助。该法规定，秘书处将对州计划进行评估和分级，再决定依照第 309 款规定或者基于计划本身来划拨补助金或者基金。依照第 309 款规定的标准来决定是否发放补助金或者基金，应考虑到该款的（d）项规定，即从 1990 年 11 月 5 日起，以每 12 个月为单位，由秘书处考察对第 1463 款（即该法的规则条款）的执行和参与情况。之后，秘书处会公布对如何提高“推动海岸带发展计划”所设基金的发放。这笔经费的发放必须建立在：（1）沿岸州已完成自己以往根据自身特定情况所设定的具体计划；（2）该州在行政上或程序执法上的制度是否对完成该州的推动海岸带发展计划带来有效帮助；（3）有利于让资金公平、有效地用于支持海岸带发展计划的其他判断标准。①

秘书处必须确保是在通盘考虑了州的财政和技术支持的需要程度，以及每个计划对社会公众带来的总绩效的基础上才予以发放补助金或基金。同时各州也要根据《海岸带管理法》所提供的指

① CZMA：U. S. C. § 1456b. Coastal Zone Enhancement Grants（Section 309）（d）.

导方针来制订海岸带管理计划，并通过“联邦一致”规定，承诺将被批准的州计划与联邦政府的行动保持一致。海岸带管理计划应包括下列内容：（1）计划所涉及的海岸带范围；（2）在海岸带从事哪些对水、陆利用有可能产生直接和重大影响的建设活动，并具体列明对该建设活动实行控制的手段；（3）提出关于特定区域利用项目的优先次序；（4）说明拟执行该计划的组织体制，其中应包括地方机构、区域机构、州际机构和州级机构在管理过程中各自的职责和相互关系；（5）确定可能设在海岸带或可能对海岸带产生重大影响的能源设备的规划程序；（6）估算海岸带计划对海岸侵蚀的影响，研究、评价和控制或减轻这种侵蚀影响的方法，以及恢复海岸带生态环境的方法。① 为了保障各沿岸州所拟定的海岸带管理计划得以实现，管理计划本身还须对执行该管理规划的组织体制作出明确规定，其中包括说明地方机构、区域机构、州级机构在管理过程中的各自职责，以及地区机构和州级机构的相互关系。② 同时，为了能够为管理计划的制定提供科学的指导，《海岸带管理法》第314条规定：授权并指示部长建立“海岸带管理顾问委员会”，以便就海岸带政策问题向部长提供咨询、与之磋商、提出建议。

《海岸带管理法》中的“联邦一致性”条款强调，应首先考虑各沿岸州关于海岸带的决策。该条款明确了沿岸州在海岸带管理上能够按照自己的意愿进行利用和支配，能够更为有效地促使沿岸州政府与联邦政府进行协调与合作。

“联邦一致性”条款要求针对沿岸各州已经提交的海岸带管理项目，联邦政府要让这些项目的强制实施部分得到实施。联邦许可的

---

① CZMA：U. S. C. § 1456a. Coastal Zone Enhancement Grants (Section 309).

② 赵恩波：《美国〈海岸带管理法〉浅析——兼论我国海岸带立法》，载《海洋与海岸开发》1990年第4期。

执照或许可证、联邦的资金帮助活动都必须遵守上述条款。

在联邦层面上，海洋和海岸带资源管理署办公室会同国家海洋与大气局、国家海洋局以及其他责任和服务机构来解释《海岸带管理法》，监督“联邦一致性”条款的适用情况；对沿岸州、联邦代表处、部落或其他人提供管理和法律上的帮助；调停适用《海岸带管理法》时产生的相关纠纷；国家海洋与大气局的“综合性海洋服务顾问办公室”帮助海洋和海岸带资源管理署的工作，处理关于“联邦一致性条款”的申诉。①同时，如果沿海州或者联邦政府对“联邦一致性”条款的具体实施产生纠纷需要调节，由秘书处出面来处理申诉，并由秘书处自行调查，同时赋予相关机构充分的参与上诉程序的权利来达到解决纠纷的目的。这些相关机构包括：联邦政府代表、州级政府代表、当地政府、地区机构、港口当局和其他利益相关团体（不论是私人的或者是公众的）。②

秘书处在申诉递交的30个工作日内，在联邦公报上刊登一个初始通知。申诉各方应在刊登后的160天内提供自己的材料。逾期不提交时，秘书处会自动进入下一个程序，并不再接受各方意见。同时，秘书处会在联邦公报上再刊登通知，以便其对争议作出进一步处理。但遗憾的是，《海岸带管理法》并没有对后续处理的执行和实施问题作出更为具体的规定。

由此可见，海岸带管理计划在强调“联邦一致性”的基础上，较好地将法律法规确定的管理内容和目标融入具体的行动之中。可以说它是美国海岸带管理的最基本方式，奠定了保护、保全和管理的基础。

---

① 徐冲：《论美国海岸带管理法律制度对我国的借鉴》，中国海洋大学2011年硕士学位论文，第36页。

② CZMA：U. S. C. § 1463. Rules and Regulations（Section 317）.

3. 实施资源开发与利用的许可证、管理基金和补助金制度

许可证制度是国际社会对海岸带进行管理所采用的最常见的方式。①例如，海岸带开发项目，除各主管部门签发的各种许可证外，还需要获得海岸带使用许可证等。也就是说，只有那些获得了许可证的开发项目才能允许进行许可证制度规范的海岸带开发活动，如海岸带开发许可证、海域使用许可证、海岸带区域内建筑许可证、捕捞许可证、采矿许可证、滩涂开发许可证、排污许可证等。除上述制度外，为促进各方有效实施《海岸带管理法》，该法还规定了其他的措施，如提供技术帮助②、对实施情况检查③、采用数据记录和审计④、奖励或荣誉⑤、报告⑥等。

实施资源开发与利用的许可证、管理基金和补助金制度可以说是美国海岸带管理的三套马车，其基金由秘书处进行管理。基金发放的对象是：（1）为实现管理目的或实施的项目是区域性的，包括州与州之间的项目；（2）示范工程对提高海岸带管理水平有巨大的潜力，特别是对当地的海岸带管理而言有很大助益；（3）为应对不可预见的或灾害性的情况而对州级海岸带管理代表机构发放的项目；（4）适当奖励出色的海岸带管理机构；（5）为沿岸州针对公益信托的实行进行调查和实施的行为提供资金支持。⑦

同时，美国在《海岸带管理法》中创立了联邦海岸带管理补助

① 李宜良：《美国海域使用管理及对我国的启示》，载《海洋开发与管理》2006年第4期。

② CZMA：U. S. C. § 1456c. Technical assistance (Section 310).

③ CZMA：U. S. C. § 1458. Review of performance (Section 312).

④ CZMA：U. S. C. § 1459. Records and audit (Section 313).

⑤ CZMA：U. S. C. § 1460. Walter B. Jones Excellent in Coastal Zone Management Awards (Section 314).

⑥ CZMA：U. S. C. § 1462. Coastal Zone Management Reports (Section 316).

⑦ CZMA：U. S. C. § 1458. Congressional findings (Section 302)；CZMA：U. S. C. § 1456a. Coastal Zone Management Fund (Section 308).

金制度，规定了补助金办法、受领条件、程序、数额比例、记录与审计等规定。该法规定，联邦海岸带补助金主要用于指定和执行海岸带管理规划、研究和制定能源影响规划、州际间海岸带管理合作项目、河口自然保护区和海滩通道、海岸带管理的研究与技术援助等。“据对1982—1987年联邦海岸带补助金发放的统计，大约39%的海岸带补助金花在改进海岸带管理决策上，如简化许可证审查、向地方政府提供技术支持、建立海岸带数据库管理系统、鼓励和支持公众参与海岸带管理。大约28%的海岸带补助金用在海岸带自然资源的保护上，如发放湿地、海滩、河口水域等敏感地区的许可证、控制沿海污染、建立国家公园和海洋自然保护区、管理和恢复特殊的海洋资源。大约11%的海岸带补助金用在改造沿海通道、海滩通道和航道上。大约6%的海岸带补助金用于自然资源的开发、保护和减灾等方面。大约7%的海岸带补助金用于滨海城市的开发和整治上。大约2%的海岸带补助金用于沿海港口整治项目上。”① 补助金制度为海岸带管理提供了财政支持，调动了联邦和各州管理海岸带的积极性，在很大程度上增强了海岸带生态系统保护的能力。

此外，美国涉及海岸带管理的法律法规相当多，还包括以下几部重要的法律法规：②

（1）《国家环境政策法》

1969年，美国颁布了《国家环境政策法》，该法被称为“保护环境的国家基本章程”，它为美国的环境保护提供了政策方面的指导，设立了环境保护的目标并提出了实施手段。它确立了环境影响评价制度，建立了法律上的生态模式，加强了环境决策的公众参与，

---

① ［美］Biliana Cicin-Sain，Robert W. Knecht：《美国海洋政策的未来——新世纪的选择》，张耀光、韩增林译，海洋出版社2010年版，第165页。

② 管岑：《海岸带生态系统管理法律研究》，中国海洋大学2011年硕士学位论文，第35~36页。

确立了综合政策制定程序。同时该法要求“充分了解生态系统以及自然资源对国家的重要性”。在立法思想上，该法确立了人类只是环境管理者的伦理观念（Stewardship Ethic），标志着美国环境政策和立法进入了一个新的阶段。

（2）《海洋资源和工程发展法》

该法的立法目的是确保国家的安全，促进贸易和航运的发展、恢复海洋渔业资源的开发利用。该法第 3 条规定设立了国家海洋资源和工程委员会，即斯特拉顿委员会，负责全盘考虑全部重大海洋活动。[①] 该法的实施不仅为海洋管理提供了宏观上的国家政策的指导，还设置了专门的负责重大海洋活动的机构，使海洋管理活动能更有效地进行。

（3）《海洋保护、研究和自然保护区法》

《海洋保护、研究和自然保护区法》于 1972 年颁布。1984 年，该法进行了多项修订，通过规划的实践，国会认识到海洋生物资源保护可以与自然保护区的其他利用功能兼容，因此，提出将“多重利用”原则写入《海洋保护、研究和自然保护区法》中。该法案体现了对海洋生物资源的保护，对海岸带的生态系统保护也起到了重要作用。

（4）《渔业保护和管理法》

美国于 1976 年 4 月宣布建立 200 海里渔业保护区，同时制定了《渔业保护和管理法》。该法是美国历史上最重要、最全面的渔业法规，是美国渔业资源保护的重要法律保障。该法经过多次修订以适应不断变化的渔业资源状况。《渔业保护和管理法》对美国的渔业管理权限、外国在美国水域内的捕鱼活动、国家渔业管理计划等方面作了详细的规定。根据该法，美国建立了禁渔期、禁渔区，实行渔民登记、

---

① 张灵杰：《美国海岸海洋管理的法律体系与实践》，载《海洋地质动态》2002 年第 3 期。

渔船登记、控制捕捞强度、限制渔具种类和规格、限制外国渔船在美国200海里范围内非法捕鱼等重要制度。[①]《渔业保护和管理法》的建立，标志着美国海洋渔业由传统的渔业管理制度转向综合的渔业管理制度。

二、海洋生物多样性方面立法

1.《濒危物种法》(Endangered Species Act)[②]

美国《濒危物种法》被普遍认为是20世纪70年代美国国会通过的用以保护濒危物种及其生存环境的最重要的法律。该法在明确规定其立法宗旨、各州在保护和管理濒危物种方面的权限、国内与国际合作和与《濒危野生动植物种国际贸易公约》相关内容相协调的同时，还授予美国鱼类和野生生物署（USFWS）及美国国家海洋和大气局（NOAA）制定相关政策措施的权力，以促进《濒危物种法》能够更好地得到贯彻和实施。

《濒危物种法》及其政策措施、行动指南涉及野生动植物保护的各个环节和方面，包括濒危与受威胁物种的提议、状态评价、濒危等级确定、恢复计划的制订、物种监测、私有土地上濒危物种的保护、列入物种重要栖息地的指定、对列入物种可能造成危害的政府项目进行咨询及替代措施的制定、各个决策评价过程中相关信息的标准化、政府部门及其他机构和个人之间利益的协调等。该法甚至对其权限范围之外的候选物种的保护等方面，都有具体明确的法律条款规定、政策指导和行动指南的引导，从而确保了物种从列入到保护、恢复和执法等各个环节的完整性和执法过程中的科学性。可以说，《濒危物种法》及其相关政策措施和行动指南为美国的野生动

① 鹿守本、艾万铸：《海岸带综合管理——体制和运行机制研究》，海洋出版社2001年版，第182~183页。

② 成克武、周晓芳、张炜银：《美国〈濒危物种法〉及其相关政策措施》，载《世界林业研究》2008年第4期。

植物保护和恢复建立了一套翔实、完整的科学体系，为相关部门和个人执行法律、参与野生动植物保护提供了明确的方法和途径。其制定上与海岸带海洋生物多样性保护密切相关的内容主要包括以下几个方面：

（1）濒危物种列入的相关政策措施及行动指南。《濒危物种法》规定，一个物种的列入需要遵循严格的法定程序，联邦机构需遵循相关法规和程序进行濒危物种列入的评定，在评定过程中要将有关提议和决定等内容发布在《联邦公报》上，告知公众并寻求获取相关物种的生物学信息，以便进一步完善对该物种所做的状态评价。该物种一旦列入濒危名录，即获得在其全部分布区域范围内的保护，禁止对其猎杀、伤害或其他形式的获取。为使濒危物种的列入更加科学、及时、合理及更加有效地对濒危名录进行管理，执法部门出台了以下政策措施和指南：在做出物种列入决定时对其保护成效进行评价的最终政策；作为列入濒危名录的候选物种识别的最终决定；根据《濒危物种法》对独特的脊椎动物种群判断识别的政府机构间政策；濒危和受威胁物种列入和恢复的优先指南；申请濒危物种列入的流程。

（2）咨询程序及相关政策。《濒危物种法》第 7 节适用于对美国联邦土地的管理和对可能影响到列入物种的政府活动的管理，要求所有联邦政府机构利用法律赋予他们的权力保护濒危和受威胁物种，并要求其与美国鱼类和野生生物署进行协商，以确保保护行动不危及列入名录的物种，或对其重要生境产生破坏或不利的改变。第 7 节的相关规定包括：《濒危物种法》咨询手册；针对联邦杀虫剂、杀菌剂、杀鼠剂使用的咨询规则的相关规定；与国家或管理计划相关项目的咨询规则。

（3）物种恢复计划及相关政策和行动指南。《濒危物种法》的最终目标是恢复和养护濒危物种及其赖以生存的生态系统，因此要求执法机构为每一个列入名录的物种制订并执行恢复计划，而且采取各种方法和程序来进行列入物种的恢复和养护。与物种保护计划相关的政策及行动指南包括：根据《濒危物种法》控制濒危名录中物种的繁殖体的政策；根据《濒危物种法》参与和执行恢复计划的政府机构间政策；濒危和受威胁物种恢复计划的编制和协调的政策及指导方针；濒危和受威胁物种列入和恢复的优先指南；最终的安全港政策；安全港和候选物种保护协议及担保。

2.《外来有害水生生物预防与控制法》（NSNPCA）和《国家入侵物种法》（NISA）①

美国是外来物种入侵最严重的国家之一，因此十分重视对外来物种入侵的研究和控制，在防治外来物种入侵法律制度的建设方面也走在了世界的前列。美国把立法的焦点转移到外来物种入侵上是在20世纪90年代，起因是通过压舱水侵入五大湖而给美国带来巨大经济损失的斑马贝。1990年10月29日，美国第101届国会通过了《外来有害水生生物预防与控制法》，这是第一部美国国内关于外来物种通过压舱水侵入问题的法律，在美国外来物种入侵的立法上具有深远的意义。该法旨在预防未来有害的外来水生生物的引进以及控制美国业已存在的生物非故意引进，其主要内容有五个方面：（1）预防非故意引入；（2）协调调查和信息共享；（3）发展并执行符合环境要求的控制办法；（4）把对经济和生态的冲击减到最低；（5）制定针对外来物种入侵的调查和科学研究计划。该法还规定成立水生生物有害物种特别工作组（特别工作组ANSTF），以协调各部门在采取措施控制外来水生生物通过压舱水传播的活动时产生的困难和冲突。由于美国在外来物种的管理方面涉及二十几个机构，为使它们更加有效地进行管理，在《外来有害水生生物预防与控制法》中规定成立特别工作组，其成员包括美国海岸警卫队司令、美

① 王晓辉：《防治外来物种入侵立法研究》，中国政法大学2006年硕士学位论文，第16~17页。

国国家环保局局长等。

1996 年 10 月 26 日，美国国会通过了《国家入侵物种法》，该法补充并再进一步巩固了《外来有害水生生物预防与控制法》的各项规定，通过对船只压舱水的管理防止外来物种在美国水域的引入和传播。与 1990 年的《外来有害水生生物预防与控制法》相比，把压舱水的管理范围扩大到美国的所有水域。① 该法规定：须为民众提供关于防止有害水生生物入侵的方法及对民众进行相关知识和防范计划实施的教育，并为此提供专门拨款，使活动得以顺利开展。1999 年 2 月，美国总统克林顿签署了第 13112 号法令，要求各联邦政府机构采取联合行动来防范外来物种入侵，并于当年成立了跨部门机构的联邦外来物种入侵委员会和非联邦入侵物种咨询委员会（JSAC），负责美国境内的外来物种入侵的防治。并提出在对付入侵物种问题时优先考虑以下 9 个领域：（1）领导与合作：建立一个透明的监督机制，制定解决部门间和其他有关入侵物种纠纷的程序。（2）防御：建立一个全面监督系统，对监督系统和其他管理措施进行修订调整，以加强对特意引入美国的物种进行实际公平的评估，确定入侵物种扩散流通的途径，采取措施切断非故意引入入侵物种的重要途径。（3）早期探测和快速反应：提高探测和确定引入的入侵物种的能力，就早期入侵快速反应并向立法部门提出建议。（4）控制与管理：一旦入侵物种长期生存下来，就要通过控制采取最有效的方法阻止其传播扩散或减轻其影响程度。（5）恢复：恢复受侵袭的生态系统中的本地物种及其居住条件。（6）国际合作：加强美国参与国际论坛制定可行性行动准则的机会；鼓励和帮助世界各国进行防治入侵物种立法的合作性政策和计划；在签订美国与他国贸易协定时要考虑到生物物种入侵问题。（7）研究：全力资助联邦入侵物

---

① Training Guide U. S. Coast Guard's Aquatic Nuisance Species and Ballast Water Program.

种研究计划；提供现有水上和陆上控制方法目录。（8）信息管理：为水陆环境内的生物物种入侵管理提供指导信息；对美国境内出现的入侵物种进行地区界定；建立入侵物种评估和监控网络。（9）公众教育：实施一项包含各级入侵物种公众教育活动的示范性计划，加强合作开展国际教育活动力度。①

3.《油污责任法》（Oil Pollution Act of 1990）②

美国处理海洋生态环境损害案件时主要是根据其1990年颁行的《油污责任法》，该法是美国处理海洋溢油污染事故的主要依据，也是美国油污责任法律体系的基石。另外一部重要的法律依据是1972年10月18日起生效的《水质清洁化法》，以这两部法律为依据，加上各州法律，共同构成了美国的海洋油污责任法律体系。

《油污责任法》所规定的自然资源③损害是指对自然资源的全部损害，或者说是指造成自然资源的使用价值全部丧失时所应包含的全部损害，其中也包括对损害进行监测评估的合理费用。该法是特别针对石油污染而进行的联邦环境立法，自然资源损害价值费用主要包括：重建、恢复受损海洋生态环境、替换或者取得受损自然资源的费用；受损自然资源在恢复期间的价值减损费用；监测评估费用。总的来说包括三方面：修复措施的费用，在尚未完全复原时过渡期间的损失费用以及相关的评估研究费用。

《油污责任法》中索赔人是指依据该法提出损害赔偿的任何自然人、合伙企业、公司、行业协会、国家政府机构或者州际组织。因油污损害污染事件可以提起环境公益诉讼的主体有：自然资源的托

① 张博：《美国外来物种入侵的相关法律对我国的启示》，载《黑龙江省政法管理干部学院学报》2005年第2期。

② 杨健萍：《我国海洋生态损害索赔法律问题研究》，天津大学2012年硕士学位论文，第18～19页。

③ 自然资源包括美国联邦政府、州、外国政府或印第安部落因所有、管理、托管等方式而控制的海洋资源、渔业资源、野生动植物等资源。

管人；油污损害导致的财政、税收或使用权费用遭受损失的政府及其机构；由自然资源损害导致的利润损失或盈利损失的权利人；动产或不动产遭受油污损害的所有人或者管理人；在损害发生后采取清除措施的任何人或者政府机构。

根据《油污责任法》的规定可以得出公民和政府间的关系是委托人与受托人的关系，公民将自然资源委托给政府及其机构进行管理，因此政府作为国家自然资源的委托管理者，有权对自然资源损害提出索赔。该法确定的自然资源托管人制度，将政府作为提出损害赔偿的主体，不仅有利于政府利用行政权力及时处理油污事故，而且有利于保障社会公众在公共资源上的公共利益。

美国是世界上最早建立环境和自然资源损害赔偿制度的国家，其规定不仅具有实用性和灵活性，而且更加经济有效。《油污责任法》对自然资源损害赔偿始终持支持的态度，而且规定详尽、明确，不但含有恢复措施的合理费用，还包括替换或者构建同样生态功能的环境或资源价值费用，以及在这个修复期间可能产生的贬值损失费用。另外，从上文所述可以看出，美国确立的环境损害公益诉讼制度所确定的索赔主体宽泛，能够对环境损害进行更全面的救济。

第二节　法国、荷兰立法现状

一、法国立法现状

法国在海岸带管理方面实行的基本国策是“尊重自然区划，维持生态平衡，保护海岸带空间”，即生态和谐的发展观念、弹性的防护策略。其海岸带管理立法始于20世纪70年代，1973年7月，《海岸带整治展望》首次从立法上明确了海岸带的范围，即包括内陆、近海及大陆架，同时提出了设立海岸带保护机构的设想。1979年8月，《关于海岸带保护及整治的方针》中提出了实施保护开发自然空间等政策目标。1986 年 1 月,《海岸带整治、保护及开发法》颁行,至此,形成了法国海岸带管理的基本法律制度。纵观法国海岸带管理立法,其中比较重要的一个就是建立了海岸公物利用制度。法国自 15 世纪就产生了"海岸公物"的概念,所有的立法与管理政策都遵循这一理念,并已成为公民的共识,并不会因为政府的更迭而变换,这种意识上的统一在很大程度上有利于保持和促进海岸线发展的可持续性。同时,意识上的统一还有利于实现海岸带区域各种活动的统筹规划和合理布局。1963 年 11 月,法国颁布了《海岸公物法》,规定沿海的一切财产归国家所有,称为海岸公物。具体而言,海岸公物就是指海岸带附近供公共使用的财产,包括领海海底及其底土、沙丘、海滨和港湾内的土地及设施、人工海滨、填海造地、灯塔、浮标等。法国设立的海岸公物利用许可制度指出,未经当局相关部门的许可,任何人不得占用公物土地。涉及法国的海岸带管理的一切立法均须建立在沿岸的一切财产属于国家海岸公物理论之上。所以意识上的统一使法国立法能够保持一致性,使其可以顺利地制定各种海岸带管理规划,更容易实现海岸带管理和海洋生物多样性保护的可持续发展。需要指出的是,"海岸公物"的思想与国内普遍理解的西方私有土地制度的理解偏差较大。西方社会存在"公物""私物"概念的区分,明确的"公物"概念可以得到良好的执行。因为理念的偏差,我国国内只有《物权法》对物权进行了界定,造成国内"公物私用"现象严重,且涉及几乎所有领域。我国海岸带海洋资源"私有化"的这种思想实际上在很大程度上为海岸带管理规划的实施设置了人为障碍。

在海洋生物多样性保护方面,法国近年来也做出了相当大的努力。2016 年 8 月,法国宪法委员会正式审查通过了《生物多样性恢复、自然与人文景观法令》(以下简称《法令》)。该法令是法国政府对《自然保护法令》(《法令》的前身)的一次重要修订。《法令》纳入了生态损害的概念,对生物多样性概念外延进行了扩张。作为法国生物多样性保护领域最高位阶的法律，《生物多样性恢复、自然与人文景观法令》虽然不能尽善尽美，但也亮点纷呈，较之之前的法律有重大突破和创新。该法令包括六个部分：第一部分对原有《自然保护法令》中关于生物多样性保护的理念、行动原则等进行更新，并引入生物多样性学科和治理的概念，确立了“生态互助”和“避免、减少、补偿”原则。第二和第三部分侧重介绍生物多样性机构改革，第二部分提出建立法国生物多样性保护国家委员会和国家自然保护委员会，第三部分提出建立法国生物多样性局，作为负责全国生物多样性保护工作的政府职能部门。第四部分对履行国际公约作出规定，特别是对《生物多样性公约》和《生物多样性公约关于获取遗传资源和公平和公正分享其利用所产生惠益的名古屋议定书》中有关遗传资源的议题作出了回应。第五部分对自然空间与物种保护等作出了规定，这部分共分为七个章节，分别就生物多样性地方管理机构、海洋环境保护、海岸保护、环境制裁、土地和城市规划、领土规划制度以及政府授权立法等作了规定。第六部分提出景观地保护的相关政策。

《法令》共 174 条，尽管有近 1/3 的条款在最后版本中仍存在争议，但纵观整个《法令》，在很多方面还是实现了较大的突破。其中最具代表性的成果就是有关“生态补偿”的规定。《法令》第 4 条强调“生态损害”的定义，并提出“生态损害补偿”的概念，即生态损害是对生态系统功能或生态收益的损害，每个生态损害的责任人有义务承担起因其不当或不法行为对生态造成损害的补偿义务。同时强调从事生态损害修复工作的主体可以是一切具有诉之利益和相关权益的人。诉之利益的本质是国家、原告、被告利益的相互调和与平衡，而有相关权益的人是指具有修复技术或能力的人。同时，实行生态损害修复行动的主体可以是政府机构性质的各级生物多样性局，也可以是各级相关团体、公共机构、环境保护协会等。

二、荷兰立法现状①

荷兰是一个面积仅有4.7万平方千米，濒临北海、背靠欧洲大陆的国家。由于人多地少，土地资源相对贫乏，荷兰人自古就开始填海造地，与大海争夺土地。为了保护陆地免受北海侵袭，荷兰早在公元前600年就修筑了“人工堤坝”。由于海岸线不断受到水、风、沉积物以及人类活动的影响，荷兰从很早就开始了海岸带管理活动，其历史可以追溯到中世纪。最初的海岸带管理是为了保护陆地免受海水侵袭，后来除了受自然灾害的威胁之外，由于海岸带开发利用不断增加，自然资源开发强度提高，其海岸带管理中出现了一系列新的问题，使得人们开始重新考虑海岸带管理问题，并颁行了以下几部法律法规予以规范：

1.《海上污染法》

为进行海岸带环境保护，荷兰颁布了《海上污染法》，对海上疏浚物质倾倒作出了明确规定，只有倾倒相对清洁的物质才能给予责任豁免。在此基础上，荷兰积极执行《〈1973年国际防止船舶造成污染公约〉的1978年议定书》，通过颁行《防止船舶污染法》来执行该公约。荷兰还批准了《奥斯陆巴黎公约》，该公约其中一项重要的规定就是包括海洋和海岸带活动的预防措施，如环境影响评价等。另外，荷兰在环境保护执法中还积极运用一些经济手段，如表层水污染费，对开采天然气的减少国家给予财政补贴，“绿色奖励”制度——清洁船舶征收较低港口税等措施。

2. 欧盟渔业政策

在渔业资源养护方面，为了防止渔业资源的衰竭，荷兰与欧盟成员国一起制定了欧洲范围内的渔业政策。为有效执行这一渔业政

① 管岑：《海岸带生态系统管理法律研究》，中国海洋大学2011年硕士学位论文，第36~38页。

策，荷兰与其他成员国采取了一系列措施，包括确定各类鱼种可捕获量，每个成员国的限额和强制记录捕捞天数等。从 1983 年 9 月起，长度超过 10 米的成员国捕鱼船只的船长必须在捕捞日志上记录捕捞活动，这样在很大程度上有助于各成员国遵从渔业资源保护规则，也可将其作为遵守这一规则的有效检查手段之一。1986 年，当时的欧共体又颁发了一系列新的法律法规，主要是实施保护渔业资源的技术措施，包括限制渔船规模、渔具、渔区和渔期等内容的法律法规。这些规定根据各成员国每年总可捕获量和配额严格执行，目的是保护相关鱼类的重要繁殖场和养护区（成员国在其他成员国 12 海里以内捕鱼的可能性参照 170/83 号法规，该法规第 6 条专门规定了进入准则）。由于采取了保护渔业资源的技术措施和欧盟渔业政策的贯彻执行，1972—1990 年，荷兰海岸带区域内的渔获量格局发生了根本上的变化，渔业资源得到了保护和恢复。此外，荷兰在实行海岸带管理时主要采用以下几种方法以保障海洋生物多样性的养护：

1. 依法管理

荷兰除了制定综合性海岸带管理法律法规外，还制定了一些部门性法律法规，如水资源管理、环境保护、水产、交通、公共工程及矿产开发方面的法律法规。这些部门性法律法规不仅增加了海岸带管理的内容，也形成了荷兰完善的海岸带管理法律制度。

2. 合理规划

荷兰政府和各州通过制定海岸带管理规划来贯彻执行其基本国策，以此确保海岸带管理工作和海洋生物多样性保护工作依照规划行事，如“苏伊德海计划”主要针对的是海岸带防御和土地围垦，按照法律组建了专门机构，在交通、公共工程和水资源管理部的直接监督下，落实规划和各项目标并加以组织实施；“瓦登海计划”的主要目的是保护瓦登海地区的生态环境等。此外，荷兰还在特定领域制定了超越国家自然规划范围的具体法规和政策性文件，如“瓦登海计划特定法律”“西南三角洲计划特定法律”和“瓦登海特定政策文件”，以此辅助海岸带管理规划的有效实施。

3. 功能区划

荷兰进行海岸带管理所采用的最主要手段是功能区划。功能区划也是制定管理法规和约束各类活动的科学依据。功能区划在荷兰得到了广泛的应用，收到了良好的效果。

4. 行政和经济手段

荷兰还采用了一系列的行政和经济手段来实施海岸带管理，如采用许可证制度、处罚条例及强制性法规来促进各种管理手段的一致性。

5. 中央与地方合作

为促进海岸带防护、海洋生态保护和海洋生物资源开发利用更加有效的实施，各相关机构和地方管理部门紧密合作，并通过州海岸议会的方式来实现这种合作。各相关部门内部也作出了明确的分工，在很大程度上避免了权责重叠、互相扯皮问题的出现。

第三节　加拿大、澳大利亚立法现状

一、加拿大立法现状

加拿大是世界上最早进行海洋综合立法的国家，也是最早制订国家行动计划来保护海洋环境免受海上活动污染的国家之一。在《联邦环境保护法》和《海洋法》的基础之上，形成了联邦和地方政府密切合作的海洋环境保护规制与政策实施体系，以海洋可持续发展为目标，预防性原则为指导方针，协调联邦与地方政府的管理职责，通过“海洋环境质量”计划与海洋保护区网络发展计划，实现海洋生物资源开发与海岸带环境保护的协调发展。从现行立法来看，加拿大海岸带法律保障体系可分为管理类、管辖权类、区域管理类和渔业经济类四类。其中，管理类的有《渔业法》《沿海渔业保护法》《渔业管理规定》《渔业检查规定》等；管辖权类的有《领海和渔区法》《渔区法令》等；区域管理类的有《沿海省份渔业管理规定》《太平洋渔业管理规定》《大西洋渔业管理区规定》等；渔业经济类的有《渔业发展法》《渔业改进贷款法》《渔业价格支持法》等。其他与渔业有关的法规主要有《航海法》《水法》《防止油类污染法》《海洋倾废法》等。其中，《海洋法》的主要目的是通过保证采取综合性措施来启动和确定联邦对海洋环境和生物资源应负的责任。一方面通过加强和增进对海洋生态系统的了解，维持海洋生物多样性和生产力；另一方面熟练应用管理预防办法，对海洋进行综合管理，保证海洋及其资源的可持续发展。《海洋法》第二部分规定主要是根据海岸带和海洋活动、生物资源的可持续发展及综合管理，制定和实施国家管理战略。渔业和海上其他单位部长和政府其他机构领导进行合作，根据可持续发展原则、综合管理原则和预防原则，对依据《联合国海洋法公约》享有主权的海岸带和海洋生态系统实施战略管理。同时，为实现海岸带管理策略，加拿大政府制定并完善了综合治理规划体系，对加拿大境内的海岸带和海洋水域的所有活动和计划都制定了详细的规划，制定了有关海岸带与海洋海域的海洋环境品质标准和目标等。

随着以上法律法规的实施，1955 年，加拿大建立了第一个真正意义上的海洋保护区“马奎纳海洋公园”，它的设立标志着加拿大海洋保护区建设新时代的开始。1986 年，联邦公园管理局批准了“国家海洋公园政策”，1994 年将其修订为“国家海洋保全区政策”，并于 2002 年正式颁布《国家海洋保全区法》，该法目的在于保护和保全海岸带海洋生物及其栖息地、维护海洋生态系统的可持续发展及海洋资源的可持续利用。

在实施法律法规和实行海洋保护区管理、推进海岸带综合管理制度的过程中，加拿大政府逐步形成了具有自身特色的海岸带管理和保护区管理制度。加拿大联邦海岸带环境管理体制主要包括陆源污染管理、海上污染管理及海洋生态保护三大领域。其中，海上污染管理主要由渔业与海洋部和交通部负责，而海洋生态保护责任则分别由渔业与海洋部、环境部野生动物管理局和公园管理局负责。此外，加拿大联邦跨部门海洋委员会通过设立海洋环境委员会来监督联邦海洋环境质量框架与行动计划的准备工作，并指导工作组来制订联邦海洋环境质量行动计划，确定与海岸带环境有关的部门行动以及提供相关联邦政策与规划的综合协调。渔业与海洋部在海岸带环境管理中具有主导作用，其职能主要包括管理和保护渔业资源、管理并保护海岸带环境以及维持海洋安全等；环境部是负责协调联邦环境政策与实施方案的部门，其主要职责是保护和提高自然环境质量、可再生资源、水资源以及提供气象服务等；而交通部则主要负责水域事故反应与调查、相关海洋法律法规执法等。① 同时，海洋保护区建设是加拿大海洋生态保护的核心内容，由联邦政府和地方政府共同负责。其中，联邦政府一般负责海洋生物、大多数溯河洄游性鱼类、候鸟以及低潮线以下由联邦政府管理的领海与专属经济区海域的生境保护。加拿大渔业与海洋部和环境部是联邦海洋保护区网络建设与管理的主导联邦机构，具有法定的海洋生态保护责任。《海洋法》赋予渔业与海洋部发展与实施国家海洋保护区系统，并整合三大联邦机构的海洋保护区计划的权力。目前，加拿大联邦海洋保护区网络由三大核心计划组成：一是依据《海洋法》建立的海洋保护区（Marine Protected Areas），该保护区主要用来保护重要的鱼类与海洋哺乳动物栖息地、濒危海洋物种、拥有独特属性与生物生产力或生物多样性高的区域；二是海洋野生动物保护区（Marine Wildlife Areas），该保护区重点保护和保全多种野生动物生境，包括迁徙鸟类与濒危物种；三是国家海洋保育区（National Marine Conservation Areas），该保护区主要用来保护和保全有代表性的加拿大海洋自然

① 刘康：《加拿大海洋环境管理》，载《海洋开发与管理》2011 年第 1 期。

与文化遗产，并提供公共教育与欣赏的机会。①

由此可见，加拿大海岸带综合管理理念和对策主要包括以下几方面：②

1. 管理理念

海域生产力的维持和海洋生态系统健康是所有海岸带环境管理的基础，为了更有效地保护海岸带环境及其生物资源，1997 年实施的加拿大《海洋法》提出了海洋开发与环境管理的预防性方法和基于生态系统的管理原则。1998 年，加拿大环境部长委员会（魁北克除外）通过了环境协定，并采用统一的环境管理原则，确保各省采取共同环境保护措施来防止管辖权争议。《海洋法》的附属协议《加拿大环境标准》则明确强调了应适用预防性原则。在海洋环境污染管理领域，加拿大只在海洋倾废管理中突出了预防性原则，而在非陆源污染和海上污染管理中，预防性原则并未得到强调，因此近几年来，加拿大正逐步加快预防性原则和措施在海岸带综合管理中的立法步伐。

对于海洋生物多样性保护而言，推动海洋保护区网络建设是加拿大海洋保护区建设的主要模式。加拿大联邦《海洋保护区战略》奠定了加拿大海洋保护区网络发展的基础，主要目的是增加海洋保护区建设的生态效率以及各海洋保护区之间的连通性，从而实现对海洋生态系统结构与功能的保护。同时，加拿大海洋保护区建设战略也突出了在更广泛的可持续发展海洋管理规划框架内，建立海洋保护区网络。联邦海洋保护区战略及其网络建设对于加拿大海洋战略的实施具有重要意义，是加拿大“海洋行动计划”的关键承诺之一，也是沟通和支持其他国家与地区及更广泛地推行可持续发展战略的重要方式。加拿大海洋保护区建设主要遵循综合管理原则、生

① 刘康：《加拿大海洋环境管理》，载《海洋开发与管理》2011 年第 1 期。
② 刘康：《加拿大海洋环境管理》，载《海洋开发与管理》2011 年第 1 期。

态系统原则、预防性原则和咨询与合作原则，尤其是生态系统原则，不仅是国际上最盛行的系统管理方法之一，也是海洋保护区网络化建设的理论基础。

2. 行动对策

加拿大《海洋法》的实施明确了加拿大联邦政府在海岸带综合管理中的作用，尤其是提出要统筹考虑海洋环境保护与海洋开发活动来维护海洋生态系统的健康。其中，海岸带综合管理计划、海洋保护区计划和海洋生态系统健康计划成为该法的三大海洋政策动议。海岸带综合管理计划包括海洋倾废、陆源污染和海上污染等多方面内容。在海洋倾废领域，加拿大《环境保护法》的规定与《伦敦倾废公约》相一致，都规定在获得准许的情况下，才允许在其管辖海域内处理任何废物或其他物质；在陆源海洋污染管理领域，主要法律依据包括《联邦环境保护法》《渔业法》《海洋环境陆基活动污染预防国家行动计划》和《有害生物控制产品法》（除有毒化合物外，加拿大《环境保护法》对陆源海洋污染控制的一般权力非常弱；海上污染管理主要依据《航运法》进行，但没有将预防性原则作为指导原则）。此外，加拿大交通部还制定了《船舶在加拿大水域排放压舱水控制指南》，对加拿大水域的压舱水排放实施管理。

海洋保护区计划的重点是制定国家海洋保护区网络化建设战略，支持并推动水下文化遗产保护，并在《海洋法》指导下建立并实施海洋环境质量政策及运行框架，支持海洋濒危物种保护立法及相关规章、政策与计划的实施。加拿大“联邦海洋保护区政策”提出要建立一个综合、协调的全国海洋保护区网络，并于2012年完成了国家海洋保护区网络建设，其具体行动计划包括：一是建立并固定相关政府部门之间的合作机制，通过科学性决策来合作确定和选择新的海洋保护区；密切加强各级政府之间在海洋保护区规划与建设中的合作关系，从而形成一个更加系统性的海洋保护区建设模式。二是确定海洋保护区网络性评估指标，采取统一行动以加强对海洋保护区的合作监测与管理。三是实施海洋保护区研究计划，通过建立一个基于网络平台的海洋保护区地理参照系统，共同开发海洋保护区；通过沟通与公共宣传工具提高公众海洋意识，并制定联邦海洋保护区相关立法与政策概念，以期有效提升公众对海洋保护区建设的理解与参与。四是与美国、墨西哥一起建立区域性海洋保护区行动计划，并为国际社会提供经验借鉴及相关技术与方法支持，共同推动全球海洋保护区网络建设。

二、澳大利亚立法现状①

近年来，澳大利亚海岸带海洋生物资源被掠夺性开发的形势越来越严峻，利用审慎方法和生态方法改善海岸带及其生物资源生境的管理理念得到该国政府机构和社会各界广泛认可。在吸取海岸带环境遭受污染和海岸带生态系统遭到破坏的教训之后，澳大利亚等海洋大国纷纷开始强调以生态系统保护为基础对海岸带海洋生物资源环境进行综合科学管理。从1990年开始，澳大利亚就采取了一系列的综合管理措施，并加强了具体区域行动计划的制订。1995年，澳大利亚实施了《联邦海岸带行动计划》，对海岸带进行功能区划管理，从战略高度重视海岸带生态系统养护，强化海岸带综合管理。澳大利亚实施的海岸带综合管理措施主要是针对具体的沿海海洋生物多样性养护问题和海岸带环境污染问题并由相应的政府机构负责处理危害性后果。但是，在澳大利亚进行海岸带综合管理的过程中，联邦政府的管理权限问题日益受到关注。1995年11月，澳大利亚签署“全球行动计划”，逐步将本国原有的海洋经济生产方式、海洋环境和资源的涵养与保护管理向以生态系统为基础的综合管理方式过渡，这标志着海岸带综合管理在澳大利亚真正全面地展开。但是综观澳大利亚海岸带综合管理工作

① 王冠钰：《澳大利亚的海洋法实践研究及其对我国的启示》，中国海洋大学2010年硕士学位论文，第19页。

现状可以看出，沿海地区的权限被联邦、州、区域和地方四级政府分割，联邦政府有权管理从最低点起向海一侧的海洋，州、地方政府则有权管理沿海的集水区、沿海开发、近岸海岛以及商业的、休闲的本地渔业。由于联邦政府赋予州、地方政府公有土地（Crown Land）的规划管理权，因此，州、地方政府在海岸带区域规划管理上承担更多的责任（如表9所示）。这一现象也造成实际工作中产生了很多疑问：联邦政府在执行国家海岸带综合管理过程中起作用吗？随之而来的问题是：如果联邦政府发挥了作用，那么是什么作用呢？类似这样的疑问还有很多，并困扰联邦政府近1/4个世纪之久，对联邦政府参与有效性的质疑可以大概总结为以下几点：1. 没有单一的管理权力，能否单独规划和管理澳大利亚的海岸带；2. 对于那些急需资金辅助的地区而言，如何获得有效的资金渠道；3. 如何改善缺少明确的公众责任、缺少国家海岸带管理具体措施的现状；4. 如何有效收集和储存全国各地的科学信息；5. 为方便政府间国际合作，如何加快澳大利亚承担海岸带综合管理国际责任的步伐等问题。①

表9　澳大利亚的沿海问题与解决措施

问题	响应的管理措施	负主要责任的各级政府
气候变化的影响	灾害描绘与规划	联邦、州和准州
过度开发与条带开发	更好的战略与地方规划	州、准州和地方
影响沿海水域的陆源污染	集水区和农业的控制	各级政府
诱发的海洋污染物的影响	压舱水与娱乐渔船的控制	联邦、州和准州
河口的水质和水量	对暴风雨导致的水流和环境流的良好控制	地方、州、准州和联邦
不断增加的人类利用沿海的影响	更好的地方和区域规划，更多的数据	地方、州、准州和联邦

① 林岳夫：《澳大利亚的海岸带综合管理》，载中国海洋经济网，http://www.wzseafood.net/hygl/hygl/200901/hygl_20090111161716_28663.html，最后访问日期：2017年2月6日。

续表

问题	响应的管理措施	负主要责任的各级政府
令人厌烦的繁茂海藻	更好的水质控制	联邦（标准）、州、准州和地方
不能对海岸带管理进行长期支持	国家资金的引入；增加州和地方的资金	各级政府
需要长期持续的沿海能力建设	国家资金支持州与准州的协调以及地方对海岸带综合管理的执行	各级政府
不足的知识基础	联邦研究资助	联邦、州和准州

第四节 日本、菲律宾、印度立法现状

一、日本立法现状①

日本是一个岛屿国家，约80%的人口聚居在海滨地区，海洋占有非常重要的地位。因此，日本很早就开始了海岸带管理的立法和实践。经过多年的发展，日本民众的海洋意识普遍较强，海洋开发水平较高，海岸带管理体制也比较完备。

在法律体系方面，日本最早的关于海岸带管理的法律是1921年的《海面围垦条例》，其他涉及海岸带管理的法律都是在“二战”之后制定的。日本的法律法规大致可以分为以下几种类型：与沿海建筑物有关的法律；与港口和港湾有关的法律；与自然资源保护及防治污染有关的法律；与渔业及捕捞有关的法律；与规划有关的法律；与矿产资源开发有关的法律。其中，与沿海建筑有关的法律有《海岸法》《海岸法实施令》《公有水面填埋法》。与自然资源保护及

① 管岑：《海岸带生态系统管理法律研究》，中国海洋大学2011年硕士学位论文，第40~41页。

防治污染有关的法律有《水质污染防治法》《海洋污染及海上灾害防止法》《濑户内海环境保护特别措施法》《濑户内海环境保护特别措施法的实施令》。与渔业及捕捞有关的法律有《关于渔业水域的临时措施法》和《水产资源保护法》。与规划有关的法律主要有《国土综合开发法》。这些法律对日本保护海洋环境，遏制环境污染起到了一定的作用。特别值得一提的是，2007 年 4 月，日本国会众参两院分别以特别程序高票通过的《海洋基本法》。该法与当日同时通过的《海洋建筑物安全水域法》共同表明日本将从法律层面上实现自身从“岛国到海洋国家”① 的海洋战略构想，同时也反映了日本通过立法形式解决其与周边国家海洋权益争端问题的企图。《海洋基本法》确立了一系列日本今后在海洋事务中遵循的基本理念、基本政策和具体措施。该法确立的海洋基本理念包括确保海洋开发利用和海洋环境保护的协调，确保海洋安全，充实海洋科学知识，促进海洋产业的健康发展，实施海洋综合管理，促进海洋事务的国际协调和担负国际海洋事务领导性职责等。②《海洋基本法》是日本进行海岸带管理所依据的基本法律，它将海洋综合管理明文规定为海洋保护的基本理念，为日本的海岸带管理提供了重要的法律依据。另外，第 162 届日本国会通过的《海底资源开发推进法案》和《关于在专属经济区等水域行使自然资源勘探和海洋科学调查的主权权利及其他权利的法案》也为其进一步推进海岸带管理工作步伐提供了很大助益。

在管理体制方面，日本政府在海洋开发体制中设置了一些机构，

---

① “岛国”和“海洋国家”是意思相近的两个概念，与“内陆国家”“大陆国家”互为参照。但是，“岛国”和“海洋国家”又是一对含义不同、互为对照的概念，除地理因素外，“岛国”往往被赋予自我封闭、自以为是、目光短浅等带有贬义的社会文化特征。相反，“海洋国家”却带有面向世界、冲破束缚、积极探索、气魄宏大等褒义特征。正是因为对海的不同侧面的倚重，才出现了所谓“岛国”和“海洋国家”的区别。

② 王晓霞、周怡圃、李宜良：《〈日本海洋基本法〉系列研究——尽快制定我国海洋基本法是建设海洋强国的必由之路》，载《海洋信息》2008 年第 3 期。

以此在宏观管理上控制一切海洋活动。海洋开发审议会（隶属于内阁总理大臣）就是众多机构的其中一个，它是日本政府在海洋开发方面的最高决策咨询机构，负责全国的海洋开发规划。此外还设置了海洋开发联席会议，由相关 13 个部门组成，协调有关部门的工作。由于有具体权责部门负责从宏观角度调控海岸带管理工作，日本的海岸带管理体制建设速度相较我国而言更加迅速。

为了加强全国一体化的管理，日本采取了集中和分散相结合的管理方法，分散管理由各省厅负责，制定自己相应的法律制度，采取有效的管理手段。在统一管理方面，由运输省的海上保安厅全权负责，包括执行海上救援打捞、监督海洋资源的开发利用，保护海洋生态系统和执行各种法律法规等。①

二、菲律宾立法现状

菲律宾地处西印度洋地区，该区域被认为是全球海洋生物多样性最高的地区，其中，只珊瑚礁种类这一项，就约有 3967 种。因此，菲律宾曾被世界上 100 位著名科学家宣布为全球“海洋生物多样性中心”。同时，它还是超级生物多样性国家同盟（LMMCs）成员国之一。然而辉煌的历史也无法阻止近年来海洋生物多样性锐减的厄运。在过去的 50 年间，菲律宾国内 30% ~50% 的海草层已消失，只有约 5% 的珊瑚生存在适宜的环境之下。据估计，约 50% 的国家公园已不具备生物学上的重要性。面对日益严重的海洋生物资源灭失及相关知识产权方面的保护问题，菲律宾政府不断加大海洋生物资源保护和勘探的步伐，加快海岸带海洋生物多样性保护立法工作的力度。迄今为止，菲律宾已经建立起了以宪法为主导的保护生物多样性及相关知识的法律政策体系。其中，相关法律法规主要

① 鹿守本、艾万铸：《海岸带综合管理——体制和运行机制研究》，海洋出版社 2001 年版，第 251 页。

包括：《宪法》《国家一体保护区系统法》《野生生物资源保存与保护法》《群体知识产权保护法案》《为科学、商业及其他目的开发生物与遗传资源、其副产品和衍生物确立指南、建立管理框架的第247号行政令》《关于生物与遗传资源开发实施规则与条例的第96－20号行政令》。这些法律中，既有世界上第一个规范生物勘探的法律，也有保护生物多样性传统知识的专门立法，可以说，菲律宾的生物多样性和文化多样性已形成了立体交叉立法模式。

在该立法模式的规制下，菲律宾目前实行的6项制度已逐步完善并发展成为其海岸带海洋生物多样性保护立法的有力支持：①

1. 研究协定制度

研究协定是菲律宾生物多样性及其知识产权立法中的重要内容，是从国家层面上管制生物和遗传资源的一种法律手段。根据第247号行政令第3条，研究协定是指菲律宾环境与自然资源部、农业部、卫生部、科技部代表国家、政府与拟从事生物和遗传资源开发的个人、实体或公司签订的协议。研究协定实际上是一种由国家制定的格式合同，研究协定的内容、申请的程序已经法定，而且申请研究协定的副本还要提交受影响的当地或土著文化社区的负责人审阅，因此研究协定制度也可以叫法定合同制度。通过研究协定制度，国家可以更好地控制生物和遗传资源的开发。菲律宾关于研究协定制度的相关法律规定主要体现在第247号行政令和第96－20号行政令上，包括以下三个方面内容：

（1）研究协定的类别。根据开发生物和遗传资源的性质和目的，第247号行政令第3条对研究协定进行了《商业研究协定》和《学术研究协定》的分类，不同类别的研究协定享受不同的法律待遇，即根据是否以商业或非商业的目的为由而准予获取规定了不同的要

① 陈宗波：《菲律宾生物多样性及其相关知识的立法及对中国的启示》，载《河北法学》2008年第11期。

求。如果是为了直接或间接的商业目的而对生物与遗传资源进行研究与收集，则必须签订《商业研究协定》；如果是为了学术目的而对生物与遗传资源进行开发，则应签订《学术研究协定》。

（2）研究协定的内容。第247号行政令第4条对《商业研究协定》和《学术研究协定》的申请内容作出规定。这些内容包括：研究建议、研究目的、资金来源、期限、生物与遗传材料目录和采集数量。第247号行政令第5条通过16个款项，第96－20号行政令通过29个款项对《商业研究协定》和《学术研究协定》的最低要求作了更为具体的规定。以上规定实际上是要求商业或学术收集者以承诺一定的法律义务作为获取生物多样性和相关知识产权开发活动的前提。这两个协议中规定的最低要求主要包括七个方面：知情同意、数量限制、发现报告、特许费支付、生态补偿、惠益分享和收集期限。

（3）研究协定的申请与处理的要求和程序。第96－20号行政令第6条规定了研究协定的申请与处理的要求和程序。一是申请者（即拟收集生物多样性及其知识产权的人）提交的所有文件材料及其费用。主要包括申请表和相关支持文件、事先知情同意证明、研究计划副本、环境影响评价、申请和处理费；二是有关部门对申请的处理程序，主要包括跨部门委员会初步筛选建议、初步审查和评价、最终评价、批准和送达等。

2. 事先知情同意制度

该制度是生物多样性开发和相关知识产权开发、利用的两大核心问题之一。所谓事先知情同意制度，简称知情同意，是指拟对保存于社区中的生物多样性进行开发和相关知识产权进行收集的相关方，应先以社区能够理解的语言和程序，向社区提出对该生物多样性及其传统知识产权开发的请求，经社区成员或其代表机构同意后方能收集、开发和利用对该多样性生物资源及其传统知识的法律和政策。菲律宾相关法律关于事先知情同意的规定主要体现在两大方面：

（1）明确了知情同意是获取生物多样性开发和相关知识收集资格的前提条件。第247号行政令第2条规定：a. 在土著文化社区祖传土地和区域内开发生物遗传资源必须获得该社区的事先知情同意。该事先知情同意的获得应遵守相关社区的习惯法；b. 生物与遗传资源的开发只能在获得相关当地社区的事先知情同意时才被批准。

（2）规定了事先知情同意的基本要求和法律程序。第96－20号行政令第7条对事先知情同意的实施进行了细化，分别就《商业研究协定》和《学术研究协定》中的事先知情同意的内容要求和基本程序进行了严密、详尽的规定。其核心内容是“同意证明”“公开通告”和“部门磋商”等程序及其具体内容。

3. 惠益分享制度

惠益分享是生物多样性开发和相关知识开发、利用的两大核心问题中的第二个。第96－20号行政令对惠益分享的概念进行了界定：由负责人或收集者向有关土著文化社区、当地社区、保护区、私有土地主和国家政府公平合理分配生物开发活动的成果和因利用或商业开发生物或遗传资源的惠益。菲律宾相关法律关于惠益分享的规定主要体现在三大方面：

（1）明确惠益分享是获取生物多样性及其相关知识收集者的义务。第247号行政令第5条（e）规定，在获得生物与遗传资源用于商业用途时，应向国家政府、当地或土著文化社区和个人或指定受益人支付特许费。在适当并可行的情况下，也可以协商通过其他形式进行补偿。第96－20号行政令第8条8.1（9）规定，所有因开发菲律宾生物与遗传资源而得出的商业产品都应优先提供给菲律宾政府和相关社区使用。第8条8.1（1）规定，直接或间接从事生物开发活动中获得的短期、中期和长期惠益，应在菲律宾政府、相关社区和负责人之间按照共同商定的条件公平分配。

（2）规定了惠益分享最低要求。第247号行政令第5条（h）规定，如果商业收集者和（或）其负责人是外国人或实体，在跨部门委员会认为适当和可行的情况下，必须有作为菲律宾公民的科学家积极参与研究收集过程，参与就在菲律宾境内获取生物和（或）遗传资源衍生出的产品的技术开发。菲律宾科学家的参与费用应由商业收集者承担。该条（i）规定，应鼓励商业收集者和（或）其负责人协助菲律宾大学和学术机构的服务。在适当可行的情况下，商业收集者和（或）其负责人有义务向菲律宾机构或实体转让设备。该条（j）规定，在本土物种方面，（研究协定）必须规定商业收集者和（或）其负责人向指定的菲律宾机构提供技术，后者可对该技术进行商业利用和当地利用而无须支付特许费。不过，在适当可行的情况下，也可以谈判缔结其他协定。第 96－20 号行政令第 8 条 8.1（12）、8.1（13）、8.1（14）和第 8 条 8.2（2）对惠益分享进一步进行了细化，使惠益分享机制进一步具备了操作性。

（3）规定了惠益分享的方式。第 96－20 号行政令第 2 条（e）规定了开发者向社区分享成果和惠益的方式，包括支付获取样本费、特许费、数据、技术、能力建设、培训与联合研究等。

4. 群体知识产权制度

2001 年，菲律宾第十二届国会第一次会议上提出了《群体知识产权保护法案》（以下简称《法案》）。该法案的目的是建立一个保护本地和土著文化群体遗传资源发展和保持国家生物多样性的法律体系。《法案》明确规定生物种类过去一直是而且应该继续保持为当地群体所共有，资源和知识可以在创新使用者的不同群体间自由交流。《法案》指出，菲律宾现有的知识产权法律框架仅仅认可了占主导地位的创新模式，却未能认识到由农民和土著群体生产、精选、改良、培育作物和牲畜品种而形成的非正式的更广阔的创新体系。因此，《法案》第 4 条规定了群体知识产权制度。除列举的 5 种具体财产的相关条款外，还设置了一般条款，对所列举的具体财产外的财产作出了明确规定。《法案》第 5 条和第 6 条还规定了群体知识产权的内容和注册登记体系。此外，《本土居民权利法》的相关章节也对此问题进行了补充规定，有助于《法案》的有效实施，如第四章规定了祖传领地权，可持续传统资源权的内容；第六章规定了社区知识权、土著知识体系和实践权的内容；第七章则明确了现行财产权制度适用于上述传统资源和知识财产。

5. 传统知识登记制度

生物多样性及其相关知识保护是一项相对复杂的系统工程，它不仅需要完善的立法工作，还需要十分繁重的基础工作。首当其冲的就是生物多样性及其相关知识的登记工作。菲律宾在《群体知识产权保护法案》中将文化产品和遗产的登记和保护工作交由国家博物馆负责，而利用传统知识得到的发明、工业设计和实用新型产品由国家专利管理部门管理，植物品种及植物再生材料的保护由专门设立的国家植物遗传委员会着手进行。

6. 跨部门委员会（IACBGR）工作制度

跨部门委员会是菲律宾主管生物多样性保护工作的机构。大多数国家主管生物多样性保护工作的都是一个单独的机构，而且往往选择环境部门担任；而菲律宾则设立了多个主管当局，也是目前世界上唯一设立了多个主管当局负责生物多样性的国家。生物多样性及其相关知识涉及多个领域，同时又涉及生物开发的国际关系问题，这样的机构设置有利于生物多样性和文化性的开发和保护。基于同样的考虑，菲律宾在《群体知识产权保护法案》中规定文化产品和遗传工作也执行跨部门管理。第 247 号行政令第 7 条对跨部门委员会的职权和职能进行了规定，第 96 - 20 号行政令对此进行了更为具体的细化：跨部门委员会隶属环境与资源部，由环境与资源部、科技部、国家博物馆、农业部、卫生部、外交部、科学界代表、生物多样性保护领域非政府组织一名代表、土著文化社区（土著人）或其他组织的代表组成。

三、印度立法现状

印度是一个生物种类繁多的国家，约占世界生物多样性地区总面积的 8%。作为富集生物资源含量的港湾，印度拥有约 46000 种植物和约 81000 种动物。但是过度的开发和生存条件的更新换代，导致一些动植物和微生物资源耗竭。在《世界自然宪章》的启发下，印度政府近年来积极采取措施进行生物多样性保护法律法规的制定工作，逐步建立起生物资源的环境管理体制并采取相应的保护措施促使其生物种类和数量日渐恢复。

印度在海岸带海洋生物多样性保护方面的法律、法规众多，如 1982 年《野生动物保护法》对全国的野生动物及其生境提供全面的保护；1989 年《危险微生物、遗传工程微生物或细胞的生产、应用、进出口和贮藏条例》生效；1992 年修订后的《环境保护条例》面世。进一步说，在《国家林业政策》《国家环境与发展的保护战略和政策声明》和《印度给可持续发展委员会的报告》等文件中，印度政府提出了生物遗传资源保护与利用的初步行动方案，并在环境与林业部牵头下制订了“国家行动计划”。该计划明确了生物多样性的完整内容和濒危生物资源的种类；制定了保护生物遗传资源及其原始生境的计划框架和方针政策；提出了生物遗传资源信息的交换机制；规范了生物遗传资源的获取、利益分配和知识产权保护等议题。所有这些都强化了现有法律在生物遗传资源保护和利用方面的实施力度。

通过近几十年的努力，印度政府在海洋生物多样性立法保护方面已取得较大成效，主要体现在以下几个方面：

1. 有关外来物种入侵的立法规定

一直以来，印度政府都致力于改进国家检疫能力方面的建设，希望借助科研的力量对检疫对象进行广泛调研。印度颁行的《生物多样性法》对外来物种风险评估、预警、引进、消除、控制、生态恢复、赔偿责任等作出明确规定，加强了渔业、养殖业中有意引进外来物种的管理，禁止在未进行详细考察的情况下引进外来物种，禁止在不适宜的地区和在未进行充分试验的前提下种植或养殖优势物种和外来物种。印度还建立了外来物种入侵名录制度、风险评估制度，在环境影响评价制度中还增加了有关外来物种入侵风险分析的内容，并修改了相关的进出境动植物检疫中的危险性生物名录，增补了对生态环境、生物多样性构成威胁的外来物种入侵或可能构成威胁的潜在外来物种入侵名录。

2. 有关遗传资源的保护立法

在遗传资源的申报审批程序和取得的条件方面，印度政府通过以《生物多样性法》为主的相关法规框架统一阐明了遗传资源获取问题，通过区别获取遗传资源的用途性质来评定遗传资源的分级标准；确定归口管理部门及其职责、权限；明确遗传资源的取得应经事先知情同意及需要经过事先知情同意的资源名录；遗传资源开发成果分享和利益分配原则；遗传资源开发知识产权保护原则等。

在实践工作中，印度的遗传资源获取和惠益分享的审批和管理工作由国家生物多样性管理局全面负责，其主要职能有：（1）负责审定、批准以下项目：为了商业目的应用、开发而需要获取遗传资源或者相关传统知识的项目；转让遗传资源或关于遗传资源的研究成果给外国公民或外国公司的项目；基于从印度获取的遗传资源而得到的创新研究成果并准备申请知识产权的项目；（2）代表印度政府对在其他国家授予的、涉及印度遗传资源和传统知识的知识产权提出异议，并采取必要的行动推翻不合理的知识产权；（3）选择不同方式实现惠益分享。

3. 就地和移地保护措施及立法

就地保护的目标主要是对生境和物种提供保护，并就特定活动对生物多样性的影响进行调整，而就濒危野生物种而言，基因库、繁育中心、动植物园等移地保护措施发挥着更为重要的作用。就生物多样性就地和移地保护问题，印度政府的主要举措是通过法律的有效实施来实现对动植物遗传资源的保护和可持续利用：建立生物保护区、海洋保护区、国家公园、禁猎区、基因保护中心等形成生境保护网络，加强栽培植物和养殖动物品种，鼓励利用组织培养和生物技术等现代先进技术研讨繁殖、培养和保存濒危物种的有效方法。

在管理实践中，印度主要在以下两个方面加强了对海洋生物遗传资源就地和移地保护工作：（1）建立国家基因库保存栽培植物和养殖动物的遗传资源。国家基因库位于全国各地，是生物遗传资源异地保存的主体；（2）建立珊瑚礁保护区。目前已列入印度珊瑚礁保护区的地区有 4 个。

4. 推进转基因等生物技术

印度独一无二的生物多样性资源为其发展转基因技术产业创造了良好条件，在立法方面，印度采取了一些特定的措施来解决与转基因生物有关的问题：为加强对遗传资源进出口、使用和开发的管理，建立了生物技术改性活体的申报登记制度，且针对国外生物技术改性活体采取建档、跟踪管理加以严格控制；在生物技术安全方面，分别引入了改性活体的事先知情同意制度、改性活体转运、释放和风险管理、环境事故处理机制和经济赔偿机制。

此外，印度还颁布了一系列政策法规，为转基因技术提供了一个有利的市场发展环境和法制环境。早在 1983 年印度就制订了生物技术产业发展的长期计划，提出了生物技术的产业化问题，确定了生物技术产业发展的国家发展目标，并颁布了生物技术安全规则和关于遗传工程生物及其制品的生产、进口、利用、研究、保存和开发的条例。2002 年，印度政府还专门制定了“国家生物信息技术政策”，将软件产业方面的优势运用于生物技术产业。经过几十年的努力，印度已经建立起较为完善的生物技术研发体系，研发能力进步显著，一大批科研成果实现了产业化，生物技术产品在农业、医药和环境保护等领域也得到了广泛应用。

第五节 欧盟立法现状

一、海岸带综合管理方面立法①

欧盟一直试图建立一套综合、统一的海洋利用与管理体制。《欧盟 2005 年至 2009 年战略》指出，“需要制定综合性海洋政策，在保护海洋环境的同时使欧盟的海洋经济持续发展”。2006 年 6 月，《欧盟海洋综合政策绿皮书》提出今后的发展方向是加强对涉海工作的协调，加强成员国间的协调，以提高工作效率、参与管理与规划等。2008 年 6 月，《欧盟海洋综合政策实施指南》提出用战略方法制定国家海洋政策、建立国家公立机构决策管理框架、发挥海岸带区域的地方决策者的作用、利益相关者参与海洋综合政策的决策重要性以及提高区域合作效率等问题。

在上述海洋综合政策的指导下，结合欧盟制定《环境影响评价指令》《战略环境评价指令》《水资源框架指令》等指令的经验，2008 年，欧洲议会和欧洲理事会制定了旨在海洋环境保护方面采取共同行动的框架指令——《欧盟海洋战略框架指令》（以下简称《框架指令》）。该指令成为欧盟各国进行海岸带综合管理工作的统一性指导性文件。

《框架指令》明确强调了保护海洋环境、保全海洋生态系统的必要性，提倡不同地区对环境保护要加以综合考虑，采用以生态系统为基础的方法管理人类对海洋环境的利用活动，对海洋生物资源的

---

① 张义钧：《〈欧盟海洋战略框架指令〉评析》，载《海洋开发与管理》2011 年第 4 期。

使用必须首先确保能够保持或达到“良好环境状况”① 并适用风险预防原则。欧盟将各成员国海洋区域作为一个整体的单位实施管理，如波罗的海海域、北海海域以及东北大西洋海域。因而，每个成员国制定的国家海洋政策不仅应对其管辖海域负责，也应从更广阔的视角将其视为各成员国应对共同保护的海域进行养护和管理，为国家层面、区域层面、欧盟层面的“良好环境状况”做出努力和贡献。此外，考虑到多个机构拥有海洋管理职能，《框架指令》强调了在国家层面、区域层面、欧盟层面和国际层面上采取行动保持一致性和连贯性的需要。在涉及海岸带综合管理这一具体问题时，《框架指令》在适用于嵌套式自然系统进行养护时体现出更大的优势。在嵌套式自然系统中，较小的地理和生态区域被视为较大生态系统的功能部分，并且发生于一个区域的情况对其他区域所造成的影响巨大。也就是说，对海岸带这一较小的地理和生态区域的生物资源进行养护管理，其成效对欧盟各成员国国内海洋生态系统的养护和管理乃至整个欧盟的海洋生态系统的养护和管理能够起到极大的影响。因此，通过不同层面对嵌套式自然系统进行协调管理是非常必要的。《框架指令》认为，自然系统是嵌套式和交叉式的，那么海岸带综合管理系统也应当是嵌套式和交叉式的，只有采用这种管理模式才能够最大限度地进行海岸带海洋生物多样性养护工作。

最后，《框架指令》强调，海岸带综合管理措施应当受到地理空间范围的支配，不能因单独国家甚至是全体欧盟成员国政治或法律管辖权而被限制或扩展。《框架指令》中所使用的“区域”是指生

---

① 《框架指令》对“良好环境状况”做了如下说明：“良好环境状况下的海洋水体以其自身条件能够提供清洁、健康、多产的生态多样化和动态化海洋，对海洋环境的利用是可持续的，能够满足当代人和后代人的使用和活动需要。”该定义可以进一步表述为，人类的输入对海洋生态系统的结构和功能、恢复能力、生物多样性和海洋生境的影响，以及“生态系统的水形态、物理、化学特性”。

态意义上的区域，其划分基础不仅依据政治因素，更要基于对水文学、海洋学以及生物地理特性的考虑。反过来，“区域”或“亚区域”成员国之间的合作更显示出其必要性，在特定情况下，甚至需要非欧盟国家的第三方参与才能实现有效管理。除了对空间范围的考虑，《框架指令》将海洋环境保护以及可能的海洋生态系统恢复确定为海洋战略的目标，并明确了其对海洋生态系统及其机能实施保护的核心地位。《框架指令》中的许多概念和原则都来自基于生态系统养护的管理方法，如生物多样性、预防原则、可持续发展原则、生境、关注后代需要等。此外，《框架指令》提出的“良好环境状况”的概念并不是固定的，而是随着时间因素（如生态系统变化、科学技术发展）的发展不断汲取和采纳新的内容进行变化，进而促进《框架指令》的战略或措施条款能够与时俱进地进行修正。定期评估海岸带环境状况、实施监测和设定环境目标也被纳入动态的海岸带综合管理进程。为了实现有效的海洋利用管理，《框架指令》提倡公众的积极参与。总之，《框架指令》试图建立一个由成员国管理海洋利用的动态进程框架，而不是一套固定不变、条款详细的实质性法规。

二、海洋生物多样性方面立法

1972 年，联合国在斯德歇尔摩召开环境大会促成了欧洲共同体环境立法进程的开端。1973 年，欧共体公布了第一个环境领域的行动规则。1986 年，《单一欧洲法令》首次为共同体各机构依自身权利采取旨在保护环境的措施提供了法律根据，1992 年的《欧洲联盟条约》不仅大量修订了《单一欧洲法令》中关于环境的条款，而且首次在核心条款中明确将环保列为欧盟的宗旨与活动之一。1992 年年末，由当时的欧共体委员会制定的《第五个环境政策及行动纲领》提出了气候变异、城市和沿海地区环境的恶化、酸化和水与空气污染、废料排放等一些重大环境课题。欧盟理事会总秘书处在 1997 年

6 月中旬公布了欧洲理事会的阿姆斯特丹会议文件，其中包括由欧盟首脑会议通过的《阿姆斯特丹条约》。1997 年 10 月 2 日签署的《阿姆斯特丹条约》再次修改了《欧洲联盟条约》和三个共同体条约，对环境保护给予了更多的重视。使“将环境需求纳入共同体政策”这一原则成为一个独立的条款，并将“可持续发展”这一理念引入其中。欧盟成员国在该欧洲联盟条约颁行后，更加注重本国环境保护可持续发展的可能性，并将重心逐步转移到生物多样性的保护问题上来。欧洲委员会设立的欧洲生物多样性工作曾多次发出警告称，欧洲的濒危动物正以高出自然状况四倍的速度走向灭亡。因此，为了加强野生动植物保护工作及其生境的维护工作，欧盟在 1998 年公布的《关于共同体生物多样性战略》中指出，应将生物多样性保护纳入共同体的跨领域政策之中，从而进一步推进《生物多样性公约》在欧盟各成员国内部的有效实施。

1979 年《养护欧洲野生生物和自然生境公约》、1982 年《关于自然养护和风景保护的比荷卢公约》、1991 年《保护阿尔卑斯山公约》、1992 年《欧共体关于保护自然生境和野生动植物种的指令》和 1997 年《关于共同体生物多样性战略》等都在欧盟生物多样性保护工作中起到了重要作用。例如，《养护欧洲野生生物和自然生境公约》要求缔约国在环境保护、经济、科技三者之间找到平衡点，在利用野生生物的同时进行其生境的保护工作，并采用目前可以掌握的科学手段维护这个平衡点。也就是说要求各缔约国采取必要措施以便使欧洲的野生生物种群维持在与生态、科学与经济需要相应的水平上，或使其达到这一水平。《养护欧洲野生生物和自然生境公约》以附录的形式列举了受到不同层次保护的野生生物，并设立常务委员会监督各缔约国履行公约的情况。《欧共体关于保护自然生境和野生动植物种的指令》要求各缔约国根据自身的实际情况编制需要保护的自然生境和物种名单，如果各国名单存在较大相似性或存在较大差异性，各成员国需将名单交给欧盟委员会，由其对各国名单上的自然生境和物种进行查明并确定最终名单。一旦名单确定，也就是说从名单确定之日起，名单上所列的自然生境和物种都将由其所在国列入特别保护区或加以重点关注，进行特别保护，其中还包括制订符合该地区生态要求的管理计划。另外，《欧盟鲸类条例》（以下简称《条例》）和《欧盟海豹皮指令》（以下简称《指令》）规定了禁止贸易的动物类型、捕捉工具的限制种类和动物进出口的具体程序等内容。其中，前者即第348号条例，以《欧共体条约》第235条为依据，主要是为了保护鲸类。该条例对所有的鲸类予以保护，对鲸类产品进口进行明确规范，禁止商业性进口鲸类产品，并对为其他目的进口鲸类产品实行许可制度。也就是说该条例实际上是通过规范各成员国鲸类产品贸易的行为来保护鲸类这一物种。后者即第129号指令，也是以《欧共体条约》第235条为依据，主要是通过法律规定来禁止将特定种类的幼海豹的皮毛或其衍生产品进口到共同体。该指令旨在保护生活在欧盟领域外的幼海豹，要求成员国保证指令目录所列产品不会通过商业性贸易行为进入欧盟各国。

第六节　中国立法现状

随着海岸带综合管理工作的逐步开展，“大海洋生态”理念逐步被我国越来越多的行政部门采纳并在实际工作中付诸实施。同时，由于自然科学的发展和支持，人们对海洋生态系统内部的相互依存关系和海洋生态系统与外部环境的相互联系有了更深入的了解，更进一步认识到单纯追求生态系统最大产量的观点难以真正保护生态系统的整体平衡和发展，必须改变以往片面追求经济利益或生态利益的思路，从海洋生态系统整体综合发展的角度出发，将区域性少数物种单独保护和立法向区域性乃至全国性海洋生态系统综合管理和立法进行转变。在海岸带区域内，如蔡守秋教授所说，应当从综合生态系统管理的项目背景入手，以环境资源法学的视角对综合生态系统管理的概念、内容、特点和作用进行深入探讨。其指出，综合生态系统管理既是一种新的理念、原则，又是一种新的管理策略、方式和方法。①

本书所指海岸带综合管理，并不着眼于行政方面的综合管理，而是紧扣生态系统管理和立法这一层面，力求通过多方面分析论证，借鉴和分析国内外学者②和一线工作行政部门的实践经验，通过海岸带综合管理立法加强对海洋生物多样性的立法保护。例如，管岑在《海岸带生态系统管理法律研究》一文中指出，尽管对生态系统管理有不同的理解和定义，但是我国目前的海洋政策制定、国家和地方立法已经开始引入这一理念，许多法律法规中也有了这一思想的体现：

1. 环境政策方面

1995 年，原国家海洋局编制了《中国海洋生物多样性保护行动计划》，提出“维持丰富的海洋生物多样性，保护各种典型的海洋生态系统，保护和增加濒危和珍稀物种的资源量，使各种类型的海洋自然生态系统的自然景观能保持良好状态”。《中国海洋保护区发展规划纲要（1996—2010 年）》提出“在 2010 年前建立类型比较齐全、系统均衡的海洋自然保护区网络，基本实现对中国具有代表性、典型性的海洋资源、环境及海洋生物多样性的有效保护，实现对珍稀海洋生物种本底和种质资源的强化保护”。《“十五”2010 年国土资源生态建设和环境保护规划》（草案），将“海洋环境与生物多样性保护”作为重点任务之一。2000 年，国务院发布了《全国生态环

① 蔡守秋：《综合生态系统管理法的发展概况》，载《政法论坛》2006 年第 3 期。蔡守秋先生在论著中，将 Integrated Ecosystem Management（IEM）翻译为“综合生态系统管理”，同本书中使用的“生态系统管理”一词。

② 例如，赵绘宇对生态系统管理的概念、生态系统管理法律的思想渊源、体系及法律制度进行探讨，提出生态系统管理法律的实现途径。薄晓波和冯嘉提出综合生态系统管理法律化核心问题应当是从法律思维的角度出发，运用权利义务分析这一法律人特有的方法对其进行解析。

境保护纲要》，要求“把生态环境保护和建设规划纳入各级经济社会发展的长远规划和年度规划，保证各级政府对生态环境保护的投入”。2001 年国务院批准实施了《渤海碧海行动计划》，要求“控制近岸海域污染，恢复渤海生态环境”。2002 年，原国家海洋局编制了《渤海综合整治计划》。2005 年原国家海洋局又颁布了《海洋特别保护区管理暂行办法（已失效）》，就保护特定区域的海洋生态系统作出了规定。《国民经济和社会发展第十一个五年规划纲要》指出，“要强化海洋意识，维护海洋权益，保护海洋生态，开发海洋资源，实施海洋综合管理”。这些政策的实施，对生态系统管理的理念在我国海岸带综合管理工作中的贯彻起到了积极的作用。

2. 国家立法方面

《海洋环境保护法》特意增加了“海洋生态保护”一章，以专章的形式特别强调了对海洋生态的保护。（1）强调了国务院及其有关部门和沿海各级政府的责任。对红树林、珊瑚礁、滨海湿地、海岛、入海河口、重要渔业水域等具有典型性、代表性的海洋生态系统重点保护；（2）规定了一些有效的海洋生态保护制度和措施。在管理制度方面，规定了海洋自然保护区制度、海洋特别保护区制度和新改建海水养殖场的环境影响评价制度。

这些规定都强调了将海洋作为特殊的生态系统从整体上进行保护，集中了目前海岸带生态系统管理中的问题，较好体现了“生态系统管理”理念的要求。

一、海岸带综合管理方面立法

我国是世界上海岸线最漫长的国家之一，由南向北跨越了 30 个纬度以及热带 、亚热带和温带三大气候带；全国 14 个省市区位于沿海，由北向南分别是辽宁、河北、天津、山东、江苏、上海、浙江、福建、广东、香港、澳门、广西、台湾、海南。由于我国拥有18000 多千米的大陆岸线，以此为基准向陆海两侧划定的海岸带的范围是相当广阔的。因此，在实现全国经济可持续发展的战略目标中，海岸带资源开发对促进经济发展具有十分重要的意义。

因此，我国各级领导部门对海岸带的开发利用和管理予以高度重视，先后投入大量资金用于研究和实践工作。但是，海岸带管理却呈现出极其复杂的特性，如表 10 所示：

表 10　海岸带管理的复杂性

管理范围	既涉及陆地管理，又涉及海洋管理
管理内容	既涉及资源开发利用问题，又涉及环境保护问题
管理权限	既涉及海洋、渔业、矿产、港口、旅游、环保、航运等众多部门协调管理问题，又涉及中央统一管理与地方分区管理问题

由此可见，这在很大程度上增加了海岸带管理的难度。随着各国对海岸带立法模式、原则等问题的深入探讨，人们逐渐认识到要对海岸带实施有效管理，实现海岸带可持续利用，关键是要实行海岸带综合管理。

我国提出“海岸带管理法”的想法最早体现在 1979 年进行的“海岸带和海涂资源综合调查”中。随着国民经济的发展需要，我国于 1983 年开始组织起草“海岸带管理法”。虽然经过多次讨论，但是立法工作却因为各方利益难以协调、矛盾不能妥协等原因而搁浅。首先，反对的原因中最根本的就是认为当时的海洋管理空间范围已经包含了海岸带，如果再制定“海岸带法”，必将与已有的法律交叉。其次，对管理海岸带的管理部门如何建立、权属如何分配和海岸带管理范围如何划分等问题还不知从何处着手。最后，已有的行业管理部门阻止国家重新分配资源、利益。而同样的现象也出现在原国家计委对滩涂开发与保护启动的“海岸带滩涂资源管理条例”的起草上，结果也是不了了之。

但是，1985 年年底江苏省率先颁布了《江苏省海岸带管理暂行规定（已失效）》，开始了地方性海岸带管理立法的尝试。该规定对海岸带的范围下了定义，认为海岸带综合管理包括资源开发利用、海岸工程建设、审批、规划等内容，在符合江苏省海岸带管理需求的基础上做出了大胆尝试。

1994年，联合国开发计划署（UNDP）和全球环境基金（GEF）为了对海洋污染进行预防和管理，共同资助成立了一个专门项目——东亚海域海洋污染预防和管理，而厦门就是三个示范区之一。为提高该项目的可操作性，UNDP和GEF将其提高到政府级别的行为。1997年，UNDP又资助了南海北部海岸带综合管理能力建设项目，选择广东海陵湾、广西防城港、海南清澜湾三个示范区，重点协助当地政府建立必要的协调管理框架。在国际资助的背景影响下，我国在“九五”期间也把“海岸带环境资源利用关键技术”列入国家重点科技攻关项目。

综上可以看出，对海岸带实施综合管理的理念已成为我国海洋政策中一个重要组成部分，在该理念的指导下，我国已经逐步开展了海岸带综合管理的实验，势必将该理念转化为切实可行的制度，成为我国海洋事业发展的一个基本制度。但是总的来说，目前我国还没有一部专门规定海岸带管理基本原则、基本内容、基本法律制度和运行机制的“海岸带管理法”，对海岸带管理的相关规定基本是依附在相关法律法规之中的。例如，在空间上，既有《宪法》《环境保护法》《海洋环境保护法》《渔业法》《海域使用管理法》《港口法》《野生动物保护法》等可以在全国范围内使用的法律，又有《青岛市海岸带规划管理规定》等地方性法规；在范围上，既有《海域使用管理法》等涉海性法律法规，又有《野生动物保护法》《土地管理法》等非涉海性法律法规。

这些法律法规最大的特点就是从部门管理或行业管理的角度，对某一方面的问题作出专门性的规定，没有综合管理的性质。由于这种局限性，就形成了政府部门根据单项法律法规进行部门管理的格局。这种格局延续至今，实际上是陆上行业管理向海岸带综合管理的延伸，这就难以顾及海岸带区域环境问题的特殊性和特殊的保护方式。而调和各单项法规之间的矛盾又困难重重，导致海岸带的综合管理在很多时候都无法可依、政出多门，无法适应我国目前的海岸带综合管理现状。

二、海洋生物多样性方面立法①

我国拥有丰富的海洋生物资源，约占世界海洋生物物种总数的10%。在世界总数中，我国海洋鱼类占14%、昆虫占20%、红树林植物占43%、海鸟占23%、头足类占14%、造礁珊瑚物种约占印度—西太平洋区系造礁珊瑚总数的三分之一。根据2013年《中国海洋环境状况公报》，在我国海洋监测区域内共鉴定出浮游植物701种、浮游动物713种、大型底栖生物1342种、海草7种、红树植物9种、造礁珊瑚104种。可以看出，我国的海洋生物多样性资源十分丰富，然而，随着人类活动的越发频繁，海洋生物的多样性正面临着巨大的挑战。对海洋生物多样性造成破坏的主要因素有人类的过度捕捞、海洋污染、生态环境改变、外来物种入侵、全球气候变化等。目前，过度捕捞和环境污染是海洋生物多样性养护工作面临的主要威胁。

现阶段，我国海洋生物多样性保护的法律体系主要由《宪法》相关规定以及与生物多样性保护相关的法律、行政规章和规范性文件构成。《环境保护法》《海洋环境保护法》《渔业法》《水法》《野生动物保护法》等法律及《水产资源繁殖保护条例》《水生野生动物保护实施条例》《自然保护区条例》等行政法规构成了目前大致的生物多样性保护体系。② 这些法律法规在一定程度上为生物多样性的

---

① 周龙：《论海洋生物多样性的法律保护》，载《人民论坛》2016年第2期（中）。

② 胡增祥、崔红、马英杰：《生物多样性是中国环境保护的重要任务》，载《海洋多样性保护的法律思考》，青岛海洋大学出版社2006年版，第21～33页。

保护提供了法律依据，然而其缺陷也很明显：（1）以上法律法规大部分颁布于20世纪的80年代至90年代，当时国内对于生物多样性的研究还处于起步阶段，在法律制定过程中并没有将生物多样性纳入考量之中，随着科学技术的发展和研究的不断深入，部分法律法规已经出现明显的滞后性；（2）大部分法律法规中仅针对草原、森林等传统环境要素进行立法规制，不是以保护整个自然生态系统为目标，并未涉及生物多样性的概念，缺乏整体性，仅有《海洋环境保护法》和《野生动物保护法》中提出了维护生态平衡的要求；①（3）法律法规之间各自为政，没有关于生物多样性的综合性法律，生物多样性保护涉及多个方面，不仅仅是水体、陆地和动植物的保护，对人类的可能影响生态系统的行为，对气候变化的适应性立法、对外来物种入侵的应对、对遗传资源的保护等同样需要加以规制，这些在以往的法律中都较少提及；（4）缺乏完善的生态补偿和公众参与制度，大多数的法律法规中仅采用行政命令的方式进行管理。

综上所述，我国在保护生物多样性立法上做了不少努力和尝试，也取得了一定效果，但仍有很多工作需要完善和补充。同时，我们也欣喜地看到，在保护珍贵濒危海洋生物资源方面我国已经逐步形成了一系列基本法律制度：②

1. 调查建档制度

开展海洋生物资源多样性调查，可了解各种海洋生物资源的分布、数量及栖息地状况。有关部门可根据所获取的信息和数据进行有效的海洋生物多样性保护，并开发利用一些泛滥成灾的、常见的、易生存的海洋生物资源，以此保持海洋生物链的平衡性。根据海洋生物资源生活、繁衍规律，一个地区一般相隔5年至8年，必须进

---

① 翟勇：《中国的生物多样性保护立法》，载《世界环境》2009年第3期。

② 马英杰：《我国珍贵濒危海洋动物保护法律研究》，中国海洋大学2008年博士学位论文，第43～48页。

行一次摸底调查。国务院和沿海省、自治区、直辖市人民政府的渔业行政主管部门应当会同环境保护等有关主管部门对本行政区管理的海洋生物资源状况定期进行调查和评价。建立系统的档案资料，为制定和调整国家和地方重点保护的海洋生物资源名录及制定海洋生物多样性保护规划提供科学依据。沿海一些地方立法也有一些相关的规定，如河北、湖北、厦门等地也对进行海洋生物资源的调查和建档进行了规定。

2. 保护规划制度

在珍贵濒危海洋生物资源的保护工作中，合理的保护规划起着重要的导向作用和督促作用，有利于明确各级政府不同时期保护海洋生物资源的具体任务，调动各级党政领导和广大干部的工作积极性，确保保护海洋生物多样性总目标的实现，有利于把海洋生物资源的保护工作纳入经济和社会发展的总体规划。综合治理海岸带环境问题有利于为各级政府、相关部门重视和支持珍贵濒危海洋生物资源的保护提供必要的保障条件。国务院和沿海省、自治区、直辖市人民政府的渔业行政主管部门应当会同环境保护等有关主管部门，在对本行政区海洋生物资源状况进行调查和评价的基础上，拟订海洋生物多样性保护规划，经计划部门综合平衡后，报同级人民政府批准实施。有些省、市、自治区则规定本辖区各级人民政府主管渔业部门制定保护、发展和合理利用海洋生物资源的规划和措施。规定海洋生物资源保护机构的业务经费纳入同级政府预算。设立海洋生物资源保护基金，基金来源包括财政专项拨款、海洋生物资源保护机构自行筹集、国内外单位或者个人捐赠。海洋生物资源保护基金由海洋生物资源保护行政主管部门管理，应当全部用于本辖区的海洋生物资源保护工作。有的省规定，基金的筹集、管理和使用办法，由省人民政府另行制定。有的省还规定保护管理海洋生物资源所需经费，由同级财政从罚没收入中列支。

3. 种群保护制度

对海洋生物种群的保护包括珍贵、濒危海洋生物资源的分级制度、特许利用、收取资源保护费、采取就地保护、迁地保护、增殖放流、拯救急救等措施。

4. 栖息地环境保护制度

海岸带生存环境对海洋生物资源的生存非常重要，没有合适的环境生物不可能生存。所以保护和建设海洋生物资源的生存环境是确保其种群生存发展的前提。与海洋生物栖息地环境保护有关的制度主要有，海域使用管理制度、环境影响评价制度、环境监测制度、保护区制度等。

5. 损害补偿制度

我国《野生动物保护法》第19条规定，因保护国家和地方野生动物，造成人员伤亡农作物或其他财产损失的，由当地政府给予补偿。补偿办法由省、自治区、直辖市政府制定。在这方面，在陆生野生生物的保护上相关的争议和案例较多，但是在海洋生物资源的保护上案例较少。

此外，我国也参与缔结或签署了多部与生物多样性有关的国际公约，除《生物多样性公约》外，还有《联合国海洋法公约》《国际遗传工程和生物技术中心章程》《南极条约》等。与此同时，我国也积极同周边国家展开合作，加强海岸带和区域间海洋生物资源保护，如中日、中韩渔业协定等。缔结《生物多样性公约》后的几十年间，我国围绕《生物多样性公约》展开了一系列相应的生物多样性保护履约行动，并多次发布履行报告，取得了一定效果。

为有效保护我国境内的海洋生物多样性，中国陆续颁布了一系列的旨在全方位保护海洋生态环境和海洋生物资源生存的法律法规、政策性文件：其中具有代表性的是《环境保护法》《进出境动植物检疫法》《自然保护区条例》，同时对现有的《海洋环境保护法》《渔业法》等进行了修订，使得国内的保护海洋生物多样性的法规体系日渐趋于完善和规整。此外，一些环境保护的组织机构也发布了《中国生物多样性保护行动计划》《中国生物多样性国情研究报告》《全国生态保护规划纲要》《中国自然保护区发展规划纲要》《全国生态环境建设规划》《中国国家生物安全框架》等国情咨文。相关职能部门还制订了海洋生物多样性、湿地生物多样性、生物种质资源等专项保护行动计划，使一些主要部门的生物多样性保护纳入国家行动计划之中。

《生物多样性公约》正式生效实施几十年来，中国政府认真履行自己的承诺和国际义务，原国家环保总局①与其他履约协调组织部门一起，不仅积极参与了《生物多样性公约》生效后的国际事务，还在国内生物多样性保护方面，从战略、计划、机构建设到具体项目活动开展，到目前已经取得了卓有成效的工作成果，不仅为国民经济和社会的可持续发展做出了相当大的贡献，也为保护中国特有的生态系统、物种系统和遗传资源系统，进而为保护全球的生物多样性做出了重要贡献。其中具有代表性的是②：

1. 发布《中国生物多样性国情研究报告》，对中国现有的生物多样性情况作了纲领性的全面概述，并对我国的生物多样性保护方针提出了立足我国现实国情的针对性建议，在国家层面将其有效纳入整个生物多样性保护体系。

2. 发布《中国生物多样性保护行动计划》，在微观层面提出了中国生物多样性保护的具体措施，将保护目标、优先保护行动和重点研究项目进行了罗列和优先性考虑。

3. 科技部、中国科学院、自然科学基金会和各主管部门都确定和批准了多项生物多样性重大研究项目，组织专门队伍开展多学科

---

① 现为生态环境部。

② 季柳阴来：《国际环境条约在中国的履行——以〈生物多样性公约〉为例》，载《法制与社会》2011 年第 6 期（下）。

综合研究。

4. 中国科学院成立了生物多样性委员会，组织相应人力和物力开展研究，主持召开了多次大型全国性研究大会，出版了系列丛书和《中国生物多样性》学术刊物。

5. 中国环境与发展国际合作委员会设立了生物多样性专门工作组，组织专人进行了大量研究，提出了不少有价值的建议。

6. 在北京建立了“中国生物多样性保护与绿色发展基金会”非政府组织，还主持召开了多次国际研讨会，出版了相应的专门报告和学术著作。

另外，防治外来物种入侵对海洋生物资源多样性破坏方面的立法工作，我国近年来也颇有建树，主要体现在以下几个方面：①

1. 我国防治外来物种入侵立法的法律法规体系构成

在我国环境保护法律体系中，已经有许多与防止和控制外来物种入侵有关的法律、法规和规章，按照法律效力位阶可分为以下几个层次：

（1）防治外来物种入侵的法律规定。这方面的法律主要包括《环境保护法》《海洋环境保护法》《渔业法》《环境影响评价法》《野生动物保护法》《国境卫生检疫法》《食品安全法》《动物防疫法》《进出境动植物检疫法》《进出口商品检验法》等。

（2）防治外来物种入侵的行政法规。我国涉及外来物种入侵的法规和条例主要包括《水产资源繁殖保护条例》《自然保护区条例》等。

（3）防治外来物种入侵的地方立法。除国家一级的立法外，目前我国有些地方政府机构也开始尝试出台相关法规及政策，以应对日益严重的外来物种入侵问题。例如，2004 年辽宁省沈阳市环保局联合市林业局等有关单位制定并颁布了《沈阳市外来物种防治管理

---

① 王晓辉：《防治外来物种入侵立法研究》，中国政法大学 2006 年硕士学位论文，第 22～23 页。

暂行办法》，对全市外来物种管理作出具体规定。此外，四川省人大常务委员会于 1990 年 1 月 16 日制定了《野生动物保护法实施办法》（2012 年修正）等。

2. 我国防治外来物种入侵立法的主要管理制度和措施

这方面的制度和措施主要包括外来物种名录制度、外来物种风险评估制度、外来物种许可证制度、外来物种检验检疫制度、报告制度、应急制度以及责任追究制度。

此外，随着 2016 年 8 月法国《生物多样性恢复、自然与人文景观法令》的颁行，我国也在为起草第一部"生物多样性保护法"而努力。近几年来，我国也在积极推动建立生态损害制度。特别是 2015 年 12 月中共中央办公厅、国务院办公厅印发了《生态环境损害赔偿制度改革试点方案》，表明我国正在积极推动生态损害补偿制度实践。但由于我国生物多样性保护领域实行单行立法模式，导致我国生物多样性保护亦呈现分散化的特征，生态损害补偿等有关制度也还处于探索阶段，所以我国目前还没有在立法层面建立生态损害补偿制度。因此，建议我国相关管理部门今后能够逐步在各单行法中明确生态损害补偿的概念，在海洋生物多样性保护各领域逐渐引入这一制度，待条件成熟后，考虑在《环境保护法》《海洋环境保护法》"生物多样性保护法""海岸带综合管理法"等现有和未来可能会颁行的法律法规中建立生态损害补偿制度，进而推动我国海洋生物多样性保护工作更好地与国际公约的要求接轨。

当前，法国、印度、菲律宾等国已设立了本国的《生物多样性保护法》，作为全球海洋生物多样性资源大国，我国所面临的保护工作任重而道远，急需一部综合性的"生物多样性保护法"来统领各方面工作，对一些重要法律概念和制度进行明确，形成我国生物多样性立法的顶层制度设计，并与各单行法相匹配，最终建立起较为完备的包含海洋生物多样性保护、陆地生物多样性保护等在内的，有我国特色的生物多样性法律制度体系。

第七节　各国立法现状比较分析

一、各国海岸带综合管理方面立法比较分析

通过以上各国海岸带综合管理立法的阐述可以看出，由于海洋具体情况、立法背景、历史传统等多方面的不同，国外海岸带综合管理立法呈现出不同的特点。但是，从整体上而言，国外海岸带综合管理立法体现出以下几个方面的趋同性：

1. 调整对象方面

以上多数国家海岸带综合管理立法的调整对象都经历了一个逐渐演变的过程：（1）从专为某一目标的部门性单项法律法规向综合性管理法律法规演变，如在美国进行海岸带立法的初期，所颁布的法律法规都是专为达成某一目标设立的部门性单项法规，如 1903 年的《大马哈鱼渔业法》、1916 年的《海运法》等。20 世纪 60 年代以来，随着海岸带利用的不断多样化，不同行业之间的矛盾不断突出，依据部门性的单项立法进行的各部门的分工分类管理模式已经不能适应新形势的变化，有必要制定一部关于海岸带综合管理的“基本法”，因此，《海岸带管理法》于 1972 年应运而生。这是世界上第一部综合性的海岸带管理立法。由此，美国的海岸带管理立法在形式上由单项的部门立法开始向综合性管理法规发展；加拿大是世界上继美国之后实施海岸带综合立法的国家，也是全面系统地进行海岸带环境法治化管理的国家之一。以《海洋法》为基础的加拿大国家海岸带管理法律法规体系不仅构建了一个综合性的全国范围的海岸带管理体系，也形成了具有鲜明本国特色的海岸带环境保护体系，包括海上与陆源环境污染控制和海洋生物多样性及生境保护法律法规等。其中，涉及海岸带环境污染控制方面的法律法规主要由《环境保护法》《渔业法》《航运法》《有害生物控制产品法》《海洋环境

陆基活动污染预防国家行动计划》等构成，而海洋生物多样性及生境保护方面主要由《国家海洋保育区法》《国家公园法》《濒危物种法》等具有不同保护目的法律法规进行规制。加拿大各省、自治区等地方政府也制定了各自的海岸带综合管理规制体系，这些法规与联邦环境管理法律法规一起共同形成了一个比较系统的海岸带综合管理法制体系，基本覆盖了加拿大海岸带综合管理的各个领域，为海洋环境综合治理奠定了法律基础，同时也为海岸带综合管理立法奠定了法律基础；此外，综合管理模式可以称为澳大利亚海洋产业发展的“护航舰”。澳大利亚现行采用的海岸带综合管理模式有助于其实现不同涉海组织间、管理组织间的协作，避免造成多部门、多层次齐抓共管而导致管理结构混乱分散、管理权威丧失、管理效率低下、权责不清等现象的出现；（2）从过去单纯重视海洋主权权利到保护某种资源、防治污染再到将海岸带作为整体进行保护的演变，如在海岸带管理区划制定与实施过程中，加拿大联邦政府与地方政府紧密合作，采用了更现实的方法来实现海岸带生态系统保护与人类开发利用海洋生物资源目标之间的协调。例如，在东思科舍陆架综合管理规划制定过程中就提出了一系列规则指南，包括海洋生物资源开发总量不能超越其资源承载力，开发活动对其他生态系统的影响也必须处在其生态承载力范围内，并且没有明显地改变海洋生态系统结构与功能等；非生物资源的开发利用应采取环境友好的方式进行，以避免其所处生态系统结构与功能发生重大改变；任何污染物的排放均应低于海洋纳污能力，并通过最容易获取的环境质量指标来进行测量；在海洋生态系统与人类利用目标之间发生冲突时，管理决策应首先考虑满足受到影响的海洋生态系统目标要求。

2. 重视海洋政策[①]

海洋政策是国家为实现一定时期或一定发展阶段的海洋目标，根据国家发展总体规划和政策及国家海洋开发利用的趋势制定的海洋工作和海洋事业的行动准则。海洋政策是一切海洋活动的出发点，并贯穿在海洋活动的全过程中。例如，《欧盟 2005 年—2009 年战略》指出，需要制定综合性海洋政策，在保护海洋环境的同时使欧盟海洋经济持续发展。2004 年年底，美国海洋政策委员会向国会提交了《21 世纪海洋蓝图》的海洋政策报告。2004 年，美国公布了针对《21 世纪海洋蓝图》提出具体落实措施的《美国海洋行动计划》。2002 年，加拿大制定了国家海洋战略，联合国秘书长赞誉其为全球海洋综合管理的典范。我国近邻日本也是一个特别重视海洋政策的国家。学术界在政府和财团的支持下，积极组织全国有关学者专家进行海洋战略和国家海洋政策的研究，逐年增加科研经费投入。2000 年以来，日本出台了各类海洋政策文件，拟定了“21 世纪日本海洋政策”，确定了一系列重要政策原则，如海洋生态环境保护政策等。日本宣布正式实施《海洋基本法》的当天，以首相安倍晋三为本部长（总指挥）的“海洋政策本部”（海洋政策指挥部）也宣告成立，该部具体负责策划、拟定、调查、审议、推进日本的中长期海洋政策和海洋基本计划。

3. 重视海洋功能规划[②]

各国在进行海岸带管理方面都非常注重海洋功能规划。规划可以针对不同的地理情况，采取不同的措施，更能有效达到管理海岸带的目的。而且海洋功能规划可以起到减少海岸带海洋生物资源利用冲突的作用。1998 年，澳大利亚政府为了实现海洋生态系统的可

---

① 管岑：《海岸带生态系统管理法律研究》，中国海洋大学 2011 年硕士学位论文，第 42 页。

② 管岑：《海岸带生态系统管理法律研究》，中国海洋大学 2011 年硕士学位论文，第 43 页。

持续发展制定了《澳大利亚海洋政策》，为整个海区提供生态系统规划和管理的框架，并于 2000 年开始实施海洋功能规划——东南部地区海洋计划。

加拿大为了缓解海岸带海洋生物资源利用冲突，要求渔业海洋部和环境部等部门采用类似于陆地功能规划的方法来规划海岸带区域使用，目前正在实施的有《绿色规划》《海洋专业网行动计划》等海岸带管理规划；美国联邦政府要求各州在海岸带区域使用前必须制定海洋功能规划和区划。美国海岸线漫长，各个州拥有不同的自然条件，因此联邦政府允许每个州因地制宜地选择自己的工作重点，如阿拉斯加州海岸带管理的重点是鱼类和野生动物，罗得岛州海岸带管理的重点是整个生态系，而新泽西州主要关注的是保护海岸和大洋水质。通过规划，可以确认某一地区的工作重点，减少海岸带海洋生物资源利用的冲突。

4. 管理机构方面①

从对各国海岸带管理法的分析中可以看出，海岸带管理的成功需要一个权威的管理组织进行统一规划与统一调度。因此，各国都在强调统一的海洋管理机构在海岸带管理中的地位，并运用法律法规将管理机构的权利、责任、义务和机构体系等重要方面确定下来。

目前，沿海各国纷纷加强了海洋管理机构的建设，机构的级别也不断提升。美国成立了“国际海洋政策委员会”，澳大利亚成立了“国家海洋办公室”，日本在内阁府设立“综合海洋政策本部”，韩国成立了“海洋和水产部”，印度尼西亚成立了“国家海洋技术委员会”，菲律宾在国际环境保护委员会下设立了“部门间海岸带管理委员会”，负责协调跨部门、跨行业的海岸带管理事务。而作为一个联邦制国家，加拿大联邦机构与省、自治区政府机构间的协调与合作

① 管岑：《海岸带生态系统管理法律研究》，中国海洋大学 2011 年硕士学位论文，第 44 页。

机制至关重要，这就产生了很多跨部门、跨地区的不同层次综合协调机构的建立，包括联邦政府内部、联邦政府与省、自治区政府间及地方政府间的共同委员会等。加拿大环境部长理事会就是一个典型的多方参与的部门间合作协调机构，它由联邦与省、自治区的14位环境部长组成，共同对重大环境问题进行协调和沟通。通过论坛及其他协商平台达成共识以及签署双边或多边合作协议，分享各类环境信息与研究进展，并制定共享的环境管理原则、规章与标准。除联邦政府与省、自治区政府之间的合作协调机制外，地方政府之间也设立了一些联合治理机制。例如，加拿大西海岸的大温哥华地区委员会就是一种地方政府间的海岸带管理协调组织，解决当地海岸带可持续发展协调问题是其工作的核心。通过在城市之间建立合作伙伴关系，就各项具体事务展开双边与多边对话，采取协商和投票相结合的方式达成协议，共同推动地方性海岸带管理动议的规划与实施。

5. 重视科技在海岸带综合管理方面的作用

建立代表性海洋保护区网络系统是加拿大《联邦海洋保护区战略》的核心目标，也是《海洋法》和《国家海洋保育区法》实施的重要目的之一。通过建立部门间合作机制并加以制度化，合作开发与利用科学决策工具来确定和选择新的海洋保护区，共同确定海洋保护区网络建设目标与评估指标体系，建立代表加拿大三大洋海洋生态系统多样性的海洋保护区网络体系。此外，加拿大海洋保护区网络建设还与陆地保护区网络以及地区或全球海洋保护区网络密切联系，有力促进了国际化的区域海洋保护区行动计划的实施，从而推动全球代表性海洋保护区网络体系建设。在代表性海洋保护区网络体系建设领域，加拿大已成为国际翘楚，为世界海洋保护区网络建设提供了很多有益的经验和方法借鉴。①

① 刘康：《加拿大海洋环境管理》，载《海洋开发与管理》2011年第1期。

与此同时，我国在海岸带综合管理方面已经有了初步的法律框架。从法律体系来看，我国海岸带综合管理法律体系已经初步建立，但是整个体系仍然不完善，存在很多问题。在众多的涉海法律法规中，大多都是陆地资源立法的简单延续，没有顾及海洋资源本身与陆地资源的差异性，难以从海洋生态系统的整体角度规范海岸带开发管理活动。我国目前海岸带管理法律法规的不足之处主要表现在以下几个方面：①

1. 我国现行涉及海岸带管理方面的立法没有将海岸带生态系统各组成部分、各环境要素作为统一整体予以综合立法。长期以来，海岸带管理更多的是对海洋生物资源的开发与管理，因此在立法方面，我国海岸带管理立法的重点是对某些特定海洋生物资源的保护，如《渔业法》《野生动物保护法》等都是针对不同生物要素进行立法规范。

随着海岸带管理法律体系的不断庞大与完善，未来的相关立法必须符合海岸带生态系统管理中保护生态系统各组成部分的要求。我国一直沿袭着自然资源要素的分类立法，这样就使原本有相互联系的要素之间发生了纵向分离，海岸带生态系统的各组成要素难以有机统一联系起来，因此难以达到保护海岸带生态系统的目的，容易造成各单项要素指标符合标准，但整个生态系统呈现继续恶化的局面。

2. 关于海岸带管理法律不足，许多涉海领域只好沿用陆地生态系统保护的法律法规。目前有关生物资源保护的单行资源法律主要包括《野生动物保护法》《森林法》等，但这些法律都不是直接保护海洋生物资源的。例如，将《自然保护区条例》适用于海洋自然保护区不能满足复杂艰巨的海洋生态环境保护管理的特殊需要，《森

① 管岑：《海岸带生态系统管理法律研究》，中国海洋大学2011年硕士学位论文，第21~22页。

林法》无法适用于红树林生态系统的保护,《野生动物保护法》也难以适应海洋生物及其生态系统变化的需要等。海岸带生态系统不同于陆地生态系统,因此,海岸带生态系统的法律保护不能简单沿用陆地生态系统保护的相关法律法规。

3. 海岸带管理重视污染防治,忽略对海岸带海洋生物资源的保护。综观国内外在海岸带管理方面的法律,更多关注的是关于海洋污染方面,海岸带海洋生物资源保护方面的法律法规发展相对滞后,其主要原因是各国十分重视海洋污染,特别是海洋石油污染,但对海洋生物资源的保护关注得较少。我国有关海洋生物资源利用与保护的法律规定散见于海洋环境保护、海域使用管理、渔业、环境保护等方面的单行法律法规之中,这种状况显然不利于海岸带生态系统的保护。

现行的《海洋环境保护法》是规范我国海洋环境保护工作的综合性法律,但该法的制定是为了应对因海洋污染而导致的严重的海洋环境危机。与《海洋环境保护法》相配套的条例也都侧重于防治海洋污染,对海洋生物资源的保护没有给予充分的重视。我国针对海洋污染防治方面的法律法规主要有《防治海岸工程建设项目污染损害海洋环境管理条例》《防治海洋工程建设项目污染损害海洋环境管理条例》《防止拆船污染环境管理条例》《海洋倾废管理条例》《防治陆源污染物污染损害海洋环境管理条例》等;针对海岸带海洋生物资源进行调整的法律法规主要有《渔业法》《野生动物保护法》《水生动植物自然保护区管理办法》《水生野生动物保护实施条例》等,但是还没有对海岸带海洋生物资源进行直接规范的法律。

4. 现行海岸带管理法律自身存在不足。许多法律的规定过于原则化,在实践中可操作性不强。以《海洋环境保护法》为例,该法尽管增加了"海洋环境监督管理"和"海洋生态保护"两章,但其余各章与旧法没有太大差别,有些规定模糊不清,难以适用。从实施情况看,有些法规的法律地位和约束力相对较低,也制约了管理成效。

以上分析的是我国现有海岸带管理法律法规在众多方面的不足。这些不足表面上看是由于法律条文不完善或某些特定法律的缺失造成的，但究其根本是缺乏海岸带生态系统综合、统一管理意识，对海岸带生态系统内外部的相互关系认识不足，未能正确处理人与环境的协调关系。

我国涉及海岸带管理的法律可以划分为污染防治法律和资源利用法律两大类。污染防治和资源利用本来应该是平衡发展的两个方面，但是人为地将这两个方面分割开来，使得本来可以相互促进的体系发生分离，不利于海岸带生态系统的保护。目前，我国涉及海岸带海洋生物资源保护的法律法规将自然资源要素的种类作为其立法和分类标准，这样就使本来同属于海岸带生态系统的要素之间发生了分离，相互有联系的要素分归于不同法律管理。这样的管理仅仅是对单项要素的管理，忽视了要素之间更为重要的生态系统的管理。往往会出现单项要素达标，海岸带生态系统整体状况仍旧不断恶化的状况。海岸带是一个统一的生态系统，它的生态承载力不是单纯的各种资源的简单叠加，因此要从系统的高度把握海岸带生态系统的承载力，进而调整好人类与自然环境的关系，从整体的角度对海岸带生态系统进行管理和保护。

另外，现有的相关环境与资源保护法律法规忽视了对人类关系的调整，海岸带的开发利用与保护涉及众多的社会关系和利益调整，这些关系包括空间上不同行政区域、不同行政管理部门的利益，以及时间上代际之间的各种利益平衡和协调。海岸带生态系统管理提出了新的管理方法和新的管理框架，将人类纳入海岸带生态系统，成为其组成部分之一。自然科学的发展使人们逐渐认识到在立法早期，将生态学与经济学、人类与环境作为独立部门进行研究的方法是不可取的，必须破除这样的二元论。传统海洋及相关立法的立法模式采取的是“点模式”，只寻求孤立要素的达标，不问海岸带生态系统整体的结构是否合理，造成了保护单棵树却不保护森林的奇怪现象；另外，传统立法模式的另一个弊端就是将人类活动排除在海岸带生态系统之外，对人类活动采取行政强制手段和命令方式进行末端控制，而忽视从源头上缓解矛盾、解决矛盾。

鉴于传统立法模式的缺陷，我国在未来海岸带综合管理方面需要寻找新的管理模式，克服传统"点模式"的缺陷和不足。通过以上分析可以看出，生态系统管理方式为我们提供了海岸带综合管理的新思路。

二、各国海洋生物多样性方面立法比较分析

综观国外有关海岸带海洋生物资源多样性保护立法情况，可以看出各国均对此予以高度重视，利用本国现有条件，近年来已采取最大力度的保护措施和立法。整体而言，各国在进行海洋生物多样性保护立法方面主要面对的是如何预防、减轻海洋外来物种入侵造成的本土海洋生物多样性灭失的危机以及如何有效恢复海洋生物多样性的问题。由于各国在此方面的立法较之海岸带立法具有更为鲜明的本土特色，在此针对不同国家对我国的启示予以有针对性的分析。

1. 美国、澳大利亚等国立法分析及对我国的启示①

在保护生物安全方面，美国走在世界各国的前列，其手段和措施主要体现在以下几个方面：

（1）不断完善法律法规。自几十年前美国众议院通过"加强监控可能夹带外来物种的交通工具"的议案起，美国至今已相继颁布了很多控制外来物种入侵的法律法规，如《动植物检疫法》《动物损失控制法》《国家环境政策法》《濒危物种保护法》等。1990 年，美国国会通过了《外来有害水生生物预防与控制法》，它是美国第一部

① 李浩、郑安民、李东明：《美国、澳大利亚防控生物入侵策略对我国的启示》，载《植物检疫》2007 年第 4 期。

关于防范外来物种通过船只压舱水侵入问题的法律，在美国外来物种入侵的立法上具有深远的意义。1996 年，国会通过了《国家入侵物种法》，这部法律补充并再一次认可了《外来有害水生生物预防与控制法》，通过对船舶压舱水的管理，防止外来物种在美国水域的引入和传播，该法把压舱水的管理范围扩大至美国的所有水域。

（2）强化统一管理和协调。美国联邦政府责成农业部牵头统一对外来物种入侵问题进行管理，并组建了由总统挂职的国家外来物种入侵委员会，要求各部门加强分工协作，在各自职责和权力范围内开展积极有效的行动。1999 年 2 月，克林顿签署总统令，指示建立跨部门的国家入侵物种委员会和非联邦入侵物种咨询委员会入侵物种理事会，倡导联邦政府协调各部门对外来物种入侵问题进行科学管理。总统令的颁布说明美国政府加大了对抵御外来物种的支持。

（3）明确个人责任和处罚标准。1990 年《外来有害水生生物预防与控制法》规定，对违反压舱水处理规定的将进行民事处罚，处以最高限额不超过 25000 美元的罚款；对蓄意违反处置压舱水规定的行为处以刑事处罚，所应承担的刑事责任被列入重罪范围。

（4）强调公众参与。1996 年美国《国家入侵物种法》规定，为民众提供关于防止有害水生生物入侵的方法，以及对民众提供了解相关知识和防范计划实施等方面的教育机会，并为此提供专项拨款，使防治活动得以顺利展开。

与此同时，澳大利亚对外来物种入侵的管理策略也体现出鲜明的本土特色。澳大利亚是一个岛状大陆，是世界人口密度最低的国家之一。由于其农牧业非常发达，故对进出境动植物检疫工作非常重视。由于该国进出口贸易主要通过海洋运输，因此除了外来疫情及杂草这一世界各国普遍存在的海洋外来物种入侵问题之外，澳大利亚还面临着通过压舱水携带的外来海洋物种入侵的巨大威胁。因此，澳大利亚主要采取了以下几方面措施来加强海洋生物多样性立法和保护工作：

（1）建立健全法律法规。澳大利亚在动植物检疫方面的法律法规制定较早，也较完善。1908 年，澳大利亚便颁布了《检疫法》，后又根据该法颁布了《检疫（一般）条例》《检疫（动物）条例》《检疫（植物）条例》3 个条例。自 1935 年发布第一个植物条例施行至今，已经历了 31 次修订。1991 年，为加强对海洋有害生物物种引进的管理，澳大利亚检疫检验局（AQIS）发布了《压舱水指南》，这是世界上第一部强制执行的压舱水管理方面的法规性文件。1996 年，澳大利亚制定了《生物多样性保护国家策略》，其中制定了如何对外来物种的现实影响和潜在影响进行评价的研究计划，指出需要建立控制和消除外来物种的生物学和其他方法，并最大限度地减小外来物种引进对本国海岸带海洋生物多样性侵害的风险。

（2）建设检疫检验管理体制和机构。澳大利亚农林部及其所属的 AQIS 统一管理澳大利亚进出境人员、动植物及其交通工具、产品、食品、邮包、行李的检疫和检验工作，并负责制定进出境动植物及其产品的检疫政策及出口食品的检验政策。但不负责卫生检疫政策的制定工作，卫生检疫政策由卫生部制定，由 AQIS 负责组织实施。

从本章前几节针对各国的立法分析来看，美国和澳大利亚的立法和保护措施更有针对性和特色性，因此本书在此对其他欧美国家的立法启示不再一一赘述，仅对这两个国家对我国防控海洋外来物种入侵、进行海洋生物多样性立法的启示进行阐述。

（1）加快法制进程，完善法律体系，实现依法管理。由于我国目前还没有出台针对外来物种入侵的专项法规或条例，也没有建立起完备的外来物种入侵控制体系，因此，对于海岸带区域内外来物种入侵的早期预测、监测及早期控制和迅速反应，都没有给予充分重视。因此在我国海岸带生态环境和海洋生物多样性面临严峻考验的今天，建立完善的法律体系是有效防控海洋外来物种入侵的首要任务。首先要从国家战略的高度对现有法律法规体系进行全面评估，并通过专门性立法对管理的对象、权利与责任等问题作出明确规定；其次要建立和完善海洋外来物种引入管理过程中的责任追究机制，做到有权必有责、用权受监督、侵权要赔偿等具体要求。涉及对象不仅包括国家工作人员，还应该包括一些高风险行业的从业人员，如水产养殖及特定商品贸易者、货物运输的特定团体、宠物零售商等；此外，还要针对海洋外来物种入侵的不同环节，制定和完善相应的法制管理体系，具体包括建立完善的海洋外来物种入侵风险评估体系，早期预警、监测和快速反应体系，野外释放试验、清除、控制体系等，从而控制潜在风险物种的进口、出口和转移。

（2）加强机构和体制建设，促进各职能部门协调。海洋外来物种入侵的管理是政府一项长期的任务，涉及多个环节和诸多部门，在这方面我们可以借鉴美国的做法，实行统一监督管理与部门分工负责相结合，中央监管与地方管理相结合，政府监管与公众监督相结合的原则，进一步明确各部门的权限划分和相应的职责，并通过一定的组织方式在环保、海洋、检验检疫、农林牧渔、卫生等多部门之间建立合作协调的机制，以共同实现对海洋外来物种入侵的有效管理。

（3）加强教育引导，提高公众防范意识。海洋外来物种入侵问题涉及社会各领域，仅靠国家、政府的力量不可能面面俱到，因此需要全社会共同努力，通过提高全民防控意识，使公众参与到防止海洋外来物种入侵的行动中来。事实表明，在世界范围内，有许许多多的海洋外来物种入侵都是公众首先发现并最终赢得了宝贵的防控时间，避免了进一步的扩散蔓延。因此，加强科普宣传、培养全民预防海洋外来物种入侵的意识是十分重要的。

（4）强化口岸检验检疫，构筑防疫屏障。口岸检疫作为控制海洋外来物种入侵的最初手段，在国际一系列检疫协定中最早得以规定。实践证明，检疫制度是抵御海洋外来物种入侵的重要手段之一，特别是对于无意引进而言，无疑是一道有效的安全屏障。随着国际贸易的日益频繁，通过进出境货物及其装载容器、船舶、交通工具传带有害生物的风险越来越高，因而强化检疫与边境控制手段对有效阻止海洋外来物种入侵起着决定性作用。具体来说要进一步完善检验检疫配套法规与标准体系及各项工作制度建设，不断加强信息收集、分析，构建国内外有害生物信息网络，强化疫情意识，加大检疫执法力度，严把国门。

（5）加强科研工作，提高防控技术水平。科研水平的提高是我国防治海洋外来物种入侵的技术保障，当务之急一是要强化基础建设，建立控制海洋外来物种入侵技术支持基地；二是要加强检验、监测和检疫处理新技术研究；三是要加强有害生物的生物学、生态学、毒理学研究，通过研究，为海洋外来物种入侵管理政策的制定和修订提供科学依据，提高政策制定的及时性、科学性和管理的有效性。

（6）加强国际交流与合作。由于生态系统和自然资源可以跨越国界，对于海洋外来物种入侵，一个国家的单独行动通常无法控制所有可能导致海洋外来物种入侵的行为，合作与交流是任何国家在其管理上都不可忽视的重要内容。通过加强国际合作与交流达到有效预防和控制海洋外来物种入侵已经成为许多国家的共识。我国幅员辽阔，与许多国家接壤，而且随着我国与其他国家的经济往来不断扩大，人员往来不断频繁，加强海洋外来物种入侵管理上的国际合作与交流已成为亟待解决的问题。

2. 菲律宾立法分析及对我国的启示①

近年来，菲律宾生物多样性和传统知识产权的立法引起了国际的广泛关注，特别是生物多样性和文化多样性立体交叉的立法模式，形成了研究协定制度、事先知情同意制度、惠益分享制度以及传统知识产权等相关制度和机制。下面对较为突出部分进行简要阐述：

（1）形成了生物多样性和文化多样性一体保护的立法格局。菲律宾不仅是世界上第一个规范生物多样性及其相关知识获取和惠益分享的国家，而且也是迄今为止对生物多样性及其相关知识保护进

① 陈宗波：《菲律宾生物多样性及其相关知识的立法及对中国的启示》，载《河北法学》2008年第11期。

行立法最全面的国家，从宪法、法律到行政等，几乎都体现了生物多样性和文化多样性一体保护的精神和格局。菲律宾《宪法》第12条规定了生物与遗传资源的管理、保护可持续发展和/或利用的基本原则；第14条明确了政府应当承认、尊重和保护本土文化社区保存和发展其文化、传统和制度的权利。作为生物与遗传资源开发规范的第247号行政令和第96—20号行政令不仅频繁使用“土著人”“土著文化社区”“遗传资源”等术语，而且在相关条款中也直接或间接地规定了文化多样性保护，如第96—20号行政令第5条对“祖传土地、领地和当地社区内的生物开发”作了相关规定。同时，作为文化多样性保护法的《本土居民权利法》也对生物多样性保护进行了相关规定，如第35条“获取生物与遗传资源”、第57条“祖传土地的自然资源”，从不同方面规定了保存于土著社区中的多样性生物资源和衍生物及其相关知识获取、利用和发展的行为规范。这种交叉保护模式使其无论是在公法领域还是在私法领域都不容易忽略生物多样性和文化多样性，体现了菲律宾政府对二者保护的统一性，避免了生物多样性及其相关知识产权法律保护的冲突。

（2）创新了生物多样性及其相关知识产权制度。因为生物多样性及其相关知识在内的传统资源和知识主体难以确认，内容难以设计，客体难以分类，所以对其进行保护的难题之一就是如何设立传统资源和知识的私有财产权。菲律宾法律突破传统权利观念的束缚，对权利体系的相关术语做了具有本土意义的全新定义，从而建立了传统资源和知识产权制度，如在《土著权利法》中设立了祖传领地权、社区知识权，界定了可持续传统资源权；在《群体知识产权保护法案》（以下简称《法案》）中重新定义了“创新”，对本国的文化群体在同一创新上享有的集体的以及连续的知识产权做了一个认可。《法案》还重新定义了“当地群体的权利”，认为一个群体可以像一个组织一样进行注册，享有法律人格，并具有与任何其他法律实体一样的权利，即使相关群体不进行注册，也不会改变他们作为创新所有权人的事实。菲律宾以上立法目的在于推翻长期以来存在于像世贸组织及粮农组织等国际组织中形成的一种思维习惯——即认为遗传资源是一项世界遗产，以此保障发达国家对发展中国家自然资源的商业利用。

（3）建立生物多样性及其相关知识的较为完整的实体制度和程序制度。菲律宾立法目前已建立起登记制度、事先知情同意制度、惠益分享制度、传统知识产权制度、行政职责联动制度等生物多样性及其相关知识保护制度，这些制度可以通过行政运作和社区或土著权利人的权利诉求，构成保护生物多样性及其相关知识的基本而有效的机制。

中国海域宽广，自然条件复杂多样，孕育了极其丰富的动植物、微生物物种，以及繁复多彩的生态组合，是全球 12 个“巨大多样性国家”之一。审视我国生物资源法律体系，其构成基本是管制法成分，其运行机制基本上是公法模式，这一生物资源法律效力体系对我国生物资源的保护起到了重要的促进作用。但是，我国的生物资源法律体系还不完善，一是包括生物资源知识在内的传统知识保护专项法律空白；二是生物多样性及其相关知识的私法规定严重欠缺，这种状况已无法应对生物资源面临的新形势。专门法的缺失很大程度上使生物多样性及其相关知识保护无法可依；私法的缺失使基于生物资源这一特殊的商品而产生的法律关系的权利义务主体缺失，进而导致开发和利用动力不足，保护不力，也给“生物海盗”带来可乘之机。在本书所涉及的议题范围内更加需要后期立法对海岸带海洋生物多样性保护和相关知识产权保护进行立法。在这方面，本书建议借鉴菲律宾的立法经验，建立内部统一、体系严密、公法和私法相呼应，管制法与权利法相统一的生物多样性及其相关知识保护法律体系：

（1）完善《海洋环境保护法》。我国《海洋环境保护法》修订后，进一步加强了海洋生物多样性的立法保护，对我国海洋生物多样性的保护工作起到了重要的监管作用。但是，由于认识上的一些原因，其中的法律规定仅仅基于传统海洋环境保护的立法宗旨而没有进一步地深入发展，没有站在海洋生物多样性和传统文化多样性的高度进行审视，没有从“大海洋生态保护”的角度对我国现有海洋生物资源进行综合立法保护，可以说我国目前的《海洋环境保护法》存在的问题还很多：一是这些法律规范只是强调对海洋生态环境有形客体的物理保护，没有涉及海洋生物多样性的知识保护；二是一些法律规定侧重调整开发利用海洋生物资源，而忽视了海洋生物多样性保护。因此，必须站在同一的海洋生物多样性及其相关知识产权保护法律体系的高度，基于海洋生物多样性和传统文化多样性的立法宗旨，对整个海洋生物多样性保护的法律规范进行重新清理，修改和废止与现实情况不相适应的部分，理顺和完善整个环境保护法律体系，从而进一步加强海洋生物多样性保护立法工作。

（2）建立海洋生物多样性和文化多样性专门法。在我国，海洋生物多样性及文化多样性专门立法目前还是空白，而进行专项立法已经成为世界各国的普遍共识且很多海洋大国已付诸行动，在此方面的专项立法已取得很大成效。因此，我国也应该尽快建立起完整的涉及海洋生物多样性和文化多样性的专门法及其配套法，如《生物多样性保护法》《传统知识保护法》和《传统资源权法》或《传统知识产权法》及其实施细则等，它们将与宪法、环境资源法等共同组成我国海洋生物多样性及文化多样性的法律效力体系。《生物多样性保护法》和《传统知识保护法》是包括海洋生物多样性及其相关知识在内的管理法；《传统资源权法》或《传统知识产权法》是包括海洋生物多样性及其相关知识在内的权利法（私法）。通过加快前二者及其实施细则在以下方面的立法，如海洋生物多样性及其相关知识在内的传统资源的范畴、保护目标、获取的条件、程序、权利和义务、开发和利用规范（包括惠益分享制度）、可持续发展保证、国家管理部门及其职责、社区保护机构及其职责、知识产权申请信息披露、激励措施和法律责任等，可以从全局上统一调控包括海洋生物多样性和相关知识在内的各项立法，也可以在我国公法领域建立生物多样性及其相关知识登记制度、事先知情同意制度、信息披露制度、惠益分享制度、研究协定制度和行政责任联动制度。通过加快后二者在国家、社区或原住民基于包括海洋生物多样性及其相关知识在内的传统资源的保存、收集、交换、开发、利用和保护的事实而享有的民事权利和义务等方面的立法，可以促进传统资源及其知识产权制度在我国的建立。

3. 日本立法分析及对我国的启示①

日本作为岛国，其海洋生态环境更易受到海洋外来物种入侵的威胁。针对这一问题，日本政府为预防外来物种对本国生态系统造成不利影响而对引入、饲养、种植、储存、运输海洋外来物种等行为作了立法规定。2004 年颁行《外来物种入侵法》，此后又于 2004 年 10 月颁行《预防外来入侵物种对生态系统造成不利影响的基本政策》（以下简称《基本政策》），二者共同构成了目前日本海洋生物多样性保护立法的基础。《外来物种入侵法》可以说是对现有法律法规体系的一个有效补充，将之前没有纳入法律法规管理的外来物种纳入管理体系之中。根据该法规定，外来物种分为三大类：第一类是对生态系统具有已知威胁或潜在威胁的外来入侵物种（IAS），这一类相当于 GISP（Global Invasive Species Program）提出的“黑色目录”，对于这一类物种是监视和防除的重点，是坚决禁止在规定许可范围之外进口的。第二类是未划定的外来入侵物种（UAS），这一类相当于 GISP 提出的“灰色目录”，是指到目前为止还没有确定其入侵威胁性，但随着国际社会对这些物种研究的深入开展，通过进一步的科研证明 UAS 如果具有危险性，则划为 IAS，如果不具有危险

① 王运生、肖启明、万方浩、谢丙炎：《日本〈外来入侵物种法〉及对我国外来物种管理立法和科研的启示》，载《植物保护》2007 年第 1 期。

性，则划为第三类。第三类是除前面两类外的外来入侵物种，相当于 GISP 的“白色目录”，属于可放行的外来物种，但同时法律中前瞻性地作出规定，有些白色目录中的外来入侵物种在新的科学证据支撑下有可能移入黑色目录中去，所以说这三个目录的内容是随科学研究的深入，证明其有无入侵威胁性而变化的。但是不管哪一类，进口时都必须提供附录许可文件。《基本政策》是基于《外来物种入侵法》制定的策略性文件，是对后者的扩充和解释。《基本政策》对如何选择 IAS 和 UAS，外来物种入侵饲养机构的设施条件要求，防治外来物种入侵过程中需注意的问题，如何进行公众意识教育等方面作了较详细的规定和说明。

由此可见，日本对于我国海洋外来物种入侵管理及海洋生物多样性保护立法的启示主要体现在以下几个方面：

（1）成立国家级海洋外来物种入侵管理委员会及专家委员会，统筹海洋外来物种入侵管理工作。海洋外来物种入侵管理问题涉及多个部门利益，建议由国务院牵头，联合与海洋外来物种入侵相关的多个部门建立一个国家级的、跨部门的、可代表政府行使相应权力的海洋外来物种入侵管理委员会，由该委员会组织协调各部门工作，起草相关法律。建立一个由法律授权的包括多学科专家的海洋外来物种入侵专家委员会，从科学研究的角度为海洋外来物种入侵进行科学管理提供理论依据和技术支撑，主要包括相关科研项目的设立和监督，制定和修改海洋外来物种入侵管理名录，向海洋外来物种入侵管理委员会提供科学的管理措施方案等多方面的工作。

（2）对现有法律法规体系进行系统评估，加强海洋外来物种入侵管理立法工作。鉴于外来物种涉及的种类非常多，日本政府对于一些已经在各法律法规中涉及的外来物种入侵的防御管理基本上还是采用之前的防御体系，不纳入新颁布的《外来物种入侵法》的管理范围，这种补漏的方法值得我们采用。建议我国加紧对现有相应法律法规体系进行全面评估，完善现有海洋外来物种入侵的各种相关立法，找出我国现存法律体系中管理海洋外来物种入侵的盲区，增设或加强防范海洋外来物种入侵的内容，责成管理部门联合科学和法律界人士共同参与制定相关法律。对于具有较好管理经验的海洋外来物种入侵实践活动，在制定海洋外来物种入侵国家管理政策时可暂时将这部分管理工作内容划归原管理部门监管，集中有限的财力物力解决现有法律体系未能包括的海洋外来物种入侵的管理体系建设，这样有利于做到有的放矢，加快立法进程。

（3）加强对海洋外来物种的科学研究，特别是加强海洋外来物种入侵环境风险评估系统建设。按照相关国际公约规定，对外来物种管理所采取的措施必须有科学依据，所以加强海洋外来物种的科学研究是十分必要的。对于已经局部发生的海洋外来物种入侵要加强其生物学研究，比较其定殖、扩散特点与原发地的异同，积累海洋外来物种的基础生物学数据。但由于海洋外来物种的特殊性，大多数情况下不能或不便在本土进行科学试验，因此强化风险分析（Risk Analysis，RA）和环境影响评估（Environmental Impact Assessment，EIA）系统建设显得尤为重要。

（4）建立国家级、一站式的海洋外来物种入侵数据库和数据交换所，促进信息交流。目前很多国家和国际组织纷纷建立了或正在建立包括海洋外来物种入侵在内的外来物种入侵相关信息数据库，如全球入侵物种计划 GISP 的全球入侵物种专家组建立了“全球入侵物种数据库”，全球入侵物种信息网络草案（Draft Invasive Species Profile Schema for the Global Invasive Species Information Network，GISIN）拟建立全球性的入侵物种信息网络数据库标准，以方便数据库之间进行数据交换和整合。我国也建立了多个地方性的有害生物物种数据库，如中国外来入侵物种数据库（http：//www. chinaias. cn）等。但是由于建立的目的和方法不一致，各数据库之间未能进行数据交换和整合，应当根据 GISIN 拟定的数据标准对现有外来物种数据库进行改造，力求建立国家级的、一站式的海洋外来物种入侵数据库和数据交换所，促进信息交流。

4. 我国立法分析及今后发展预想

通过上文对我国法律、法规的考察和分析，可以发现目前我国包括海洋外来物种在内的外来物种入侵立法虽然有了很大发展，制定了许多法律、法规和规章，但其不足和局限性也十分明显。其主要问题表现在以下几个方面：

（1）立法目的缺乏对海洋生态环境的关注。综观防范海洋外来物种入侵的相关法律、法规，不难发现其立法目的主要是基于生产安全、人体健康以及对外经济贸易的考虑，而较少甚至没有涉及海洋生物多样性、海洋生态安全和可持续发展等，如《进出境动植物检疫法》的立法目的是防止传染病、寄生虫病和植物危险性病、虫、杂草以及其他有害生物传入、传出国境，保护农林牧渔业生产和人体健康，促进对外经济贸易的发展。这些法规和条例一般都在第一条开宗明义地表明了其立法目的。显而易见，我国现有相关法律法规的立法目的相对滞后，难以保护我国海洋生物多样性、维护海洋生态平衡、保障海洋生态安全以及促进人类社会和海洋环境的可持续发展。

（2）法规体系不健全。健全完善的法规体系应当是综合性的基本法、各主要方面的单行法、针对具体问题的法规和规章，相互配合，相互补充，形成一个完整协调的系统。我国的海洋外来物种入侵立法还远未达到这一点。

①外来物种入侵立法缺少综合性的基本法

包括海洋外来物种入侵规制的“外来物种入侵基本法”是牵头性的法律，它可以确立外来物种入侵防治的基本制度、基本原则、调整范围、主要措施等，为海洋外来物种入侵立法提供基本依据。而我国目前没有颁布这一法律，相关海洋外来物种入侵规制的规定散见于各环境资源法和检疫法中。

②缺少海洋外来物种入侵单行法

我国的外来物种入侵既包括动植物入侵也包括微生物入侵，而每一个方面在入侵方式、危害、管理措施和方法上都有很大不同。为了有利于管理，必须针对每一个方面的特点进行相应立法，这就需要制定防治海洋外来物种入侵的单行法。可惜目前这方面的法律、法规也存在缺位的问题。

③地方性的外来物种入侵立法不配套

外来物种入侵立法除国家的立法外，还应有地方性的立法相配合，才能形成完整的法规体系。然而目前只有个别地方制定了地方性法规、地方规章，这就使得外来物种入侵法律体系缺少了很重要的一个组成部分。

④防治外来物种入侵立法的效力层次较低

我国目前有关外来物种入侵的立法大都是由国务院各部门单独或联合颁发的规章或规范性文件，并且多以“通知”的形式下达，而没有规格较高的规制外来物种入侵的法律和行政法规，这在一定程度上影响了立法的严肃性、稳定性和强制性。随着我国整个法治体系的不断健全和完善，这种低规格立法的效力越来越受到影响，不利于海洋外来物种入侵防治工作的有效开展。

（3）管理制度不完善。现行法律中关于海洋外来物种入侵的规定多是一些附带性规定，涉及的仅是入侵物种防治工作的一小部分，所确立的现行管理制度不健全，相互割裂，不成体系，各项制度之间缺乏协调，适用范围不够明确统一、内容规定较原则，缺乏配套法规，缺乏可操作性。在一定意义上这也是海洋外来物种能够成功入侵的主要原因之一。①

① 王晓辉：《防治外来物种入侵立法研究》，中国政法大学 2006 年硕士学位论文，第 30～32 页。

①许可证制度存在的缺陷

许可制度作为一项重要的行政管理制度，其适用的范围很广，几乎涉及每一个领域，外来物种防治领域亦不例外。我国的《进出境动植物检疫法》规定了物种引进的审批程序，对抵御外来物种入侵发挥了重要的作用，但现有的审批制度主要着重于防治病虫害，范围较窄；审批程序较为烦琐；审批机制缺乏必要的科技支撑，所以限制了其作用的发挥。而现有的许可证制度主要适用于外来物种的有意引进，它存在一个可能难以弥补的缺陷就是：对于因无意引进而造成的物种入侵问题作用非常小。

②名录制度存在的缺陷

名录制度通常采用三级名录（黑色名录、白色名录、灰色名录），但是这三种名录各有利弊：执行黑色名录仅能防范已确知会产生入侵问题的物种，而对于那些有较低入侵可能的物种及目前还无法知道入侵危险程度的物种则难以防范；执行白色名录制度虽然可以最大限度地防范物种入侵，但也可能阻止部分不会产生入侵的有用物种的引进，从而影响到渔业、农林、养殖及畜牧等产业的发展；严格执行灰色名录，对评估的技术和资金要求可能极高。

我国目前防范外来物种入侵过分依赖黑名单，只有当某一物种上了黑名单才会受限制，然而列入黑名单，则该物种可能已形成入侵事实。此外，我国也已经确定了一些进出口检疫物种名录或名单，如《进境植物检疫危险性病、虫、杂草名录》《全国植物检疫对象和应施检疫的植物、植物产品名单》《禁止携带、邮寄进境的动物、动物产品和其他检疫物名录》等，但从保护海洋生物多样性角度来衡量，这些名录名单还远不够完善。

③外来物种检验检疫制度存在的缺陷

有关国际条约和国内法律、法规都规定了针对动植物及其产品的检验检疫措施，这些法律文件虽然客观上起到了保护海洋生态环境和海洋生物多样性的作用，但都是为了保护人类和动植物的生命健康免受流行病和疾病的侵害，并不是为了维护海洋生态安全及海洋生物多样性保护而进行的立法。

④报告制度存在的缺陷

我国当前在检疫方面已经有一些早期预警体系，但是这些体系仅应用于数量极其有限的检疫物种，且各体系之间缺乏沟通，对环境和生态的潜在影响和变化则不能进行有效监测。这种预警体系效率低下，无法对海洋外来物种入侵进行全面、系统的预警。另外，建立预警制度时，不能忽视加强国际合作，原产国相应物种的防治方法、生态特点、天敌生物等信息对防治工作有着重要作用，海洋入侵物种在一个国家出现的信息可为其他沿岸国家提供早期预报。

⑤应急制度存在的缺陷

我国目前的各级环境保护部门应对突发重特大环境事件的处置能力明显不足，应急信息的报告和反馈工作不力，环境应急监测能力建设严重不足。在我国的生态破坏防治与自然资源保护的单行法律中，专门创设突发事件应急处理规定的只有《森林法》和《草原法》，即便是这两部法律，也仅创设了火灾和虫灾应急处理规定。对于海洋外来物种入侵这类突发事件的处理在发达国家已经引起了足够重视，也得到我国立法的相当重视。因此，应该完善相应的法律法规，构建完善的应急制度。

⑥责任追究制度存在的缺陷

我国有关防治海洋外来物种入侵的法律、法规在对违法行为的追究方面存在着明显不足：

首先，从法律责任形式来看，我国所有有关防止和控制海洋外来物种入侵的法律法规几乎都仅规定了行政责任和刑事责任两种法律制裁形式，而和公众合法权益关系更为密切的民事责任却鲜有规定。

其次，就行政责任而言，虽然法律对行政相对人所应承担的责任形式作了详细规定，但是缺乏配套性规定，可操作性差。并且对行政主体的责任规定略显单薄，过于笼统。就刑事责任而言，相关规定很少，主要是针对行为人采用的非法手段和行政主体的职务犯罪。

再次，从海洋外来物种引进的途径来看，有关法律责任的规定也存在很大的缺陷。尤其是对无意引进方面的法律责任，目前这方面的规定几乎还是空白。

最后，关于海洋外来物种入侵的许多法律规范如《进出境动物和动物产品风险分析管理规定》和《国际航行船舶出入境检验检疫管理办法》等没有规定法律责任。

由此可以看出，由于我国目前有关生物多样性保护的立法还处于起步阶段，海洋生物多样性保护法律体系的构建较之而言面临的具体问题更加细化，还有较长的路要走，很多方面的工作都有待协调。在《生物多样性公约》缔约国第四届大会上，海洋和海岸带综合管理被列为五个关键项目计划中的第一个。综合管理的含义，在于通过合理的战略规划，充分考量生态系统的整体性，运用政策、法律、科学技术等多种手段分工合作，达到可持续发展的目的。因此，必须厘清法律作为具有协调、管理和保障作用的手段，在综合管理模式下的定位，以整体性的视角，构建综合性的、适应性的、基于生态系统保护这一目标的法律体系，建立一种管理机构与法规之间的协调机制。同时，在法律体系内部，应当加强各部门法之间的相互协调，明确权责，应当改变以往机械的行政管理模式和评价体系，将海洋物种安全、遗传资源、海洋生态平衡纳入法律的保护范围。如前文所述，我国现行法律中涉及生物多样性保护的规定较为零散，因此有必要制定一部《生物多样性保护法》。该法应当体现综合管理的理念，注重生态系统的整体保护，将生物资源（包括海洋资源）的开发、管理、利用、保护等方面结合起来，明确各部门的权责分配的协调合作机制，实现海洋生物资源的可持续发展，主要体现在以下几个方面①：

（1）海洋生物多样性保护法律体系的构成。法律体系的构建，应当包括纵向的层级以及横向的分类。海洋生物多样性保护的法律体系应以综合性的“生态保护法”为第一层级，统领整个体系的框架，而在下一层级具体的法律保护层面，应当涵盖四个主要领域：生物安全②、海洋生态系统保护③、海洋物种保护④和遗传资

① 周龙：《论海洋生物多样性的法律保护》，载《人民论坛》2016年第2期（中）。

② 生物安全是由生物技术发展而给人类带来的安全问题。当代生物技术，特别是转基因技术的大量应用，引起了人们的广泛争议。在海洋生物多样性领域，生物安全主要体现在水产养殖、海洋生物制药等方面。对海洋生物安全法律制度构建，应当以保障海洋生态系统安全，防止生物技术对人类造成负面影响，鼓励海洋生物科技发展为目的，以风险防范、全程控制、损害预防为原则，完善风险评估、科研管理、信息披露、损害赔偿等法律制度。在管理上逐步由分散管理过渡到单一部门牵头、多部门合作的协同管理模式。

③ 海洋生态系统保护相关法律主要包括海洋保护区、自然保护区、风景名胜区等方面的立法，由于海洋生态系统的综合性和复杂性，有学者提出应建立分阶层的海洋生态法体系：第一层次是整体性、综合性的《海洋生态法》；第二层次由四类法律部门组成：海洋资源、海洋生命支持子系统、所有生物成分、特殊的海洋生态系统；第三层次是有选择地针对海洋生态系统的子系统及各种具体生物成分和非生物成分进行立法保护。

④ 海洋物种保护相关法律主要包含野生动植物保护、渔业资源及海水养殖业管理和外来物种入侵等几个方面。目前，我国海洋的渔业资源和海底植物资源受到了很大程度的破坏，而外来物种的入侵也日益频繁和加剧，严重影响了我国的海洋环境和农业生产，造成了严重的经济损失。与之相对应的是，我国的野生动植物保护法律相当不完善，因此，对《野生动物保护法》的修改势在必行，并制定与之同样位阶的《野生植物保护法》，同时扩大保护范围，以全面保护原则代替重点保护原则，应充分认识到海洋动植物资源的重要性，对红树林等重点海洋生物资源可以专门立法加以保护，对我国渔业及养殖业相关法律制度进行完善，采用设立渔业权，制定养殖业及捕捞业管理办法或规章，制定渔业水域规划办法，制定渔船渔港管理办法等手段，以预防原则为基础，构建早期预警和快速反应机制，建立跨部门的专门机构进行管理。

源保护①。

对重点领域的专门立法除了以上所述的四类主要部分之外，对于一些重要的、专门性的领域，需要进行专门立法，或是依靠别的法律加以补充。

（2）对海洋生物多样性五大威胁来源的法律应对。海洋生物多样性面临的5个主要威胁分别为：人类的过度捕捞、海洋污染、海洋生态环境改变、海洋外来物种入侵、全球气候变化。目前，我国法律的重点仍然着眼于人类捕捞和海洋环境污染这两个环节。但随着未来社会的发展和全球环境的变化，如填海造地、建造港口堤坝、围海养殖等人类活动，以及全球性气候变暖、海洋外来物种入侵等问题，必将对海洋生物多样性带来严重影响。以填海造地为例，我国目前许多地方都在进行填海造地的工程，以满足土地资源的需求，但是填海造地对海洋与海岸带生态系统带来了极大影响，海洋系统的许多功能，如营养储存和循环、净化陆源污染物、保护岸线、调节全球水动力和气候等被破坏，同时造成海洋泥沙淤积、海洋环境质量下降、渔业资源受损以及海岸带生物多样性的减少等严重生态问题。而填海造地的相关法律目前还不完善，如不加以规制，未来对海洋生物多样性造成的破坏将无法估量。

气候变化未来可能成为海洋生物多样性的头号威胁。气候变化和生物多样性变化是全球变化中最重要的两个因素。《联合国气候变化框架公约》指出，海洋是气候系统的一个基本组成部分，在气候

---

①　生物遗传资源是指基因资源。近些年来，由于人为破坏和其他国家的窃取，我国的遗传资源流失严重，许多本属于我国的动植物遗传资源，被美国等国家申请专利，严重影响了我国生物技术的科研、生产和进出口。目前，我国在这一领域缺乏相应的法律法规。鉴于我国遗传资源比较丰富，处于资源提供者的地位，且海洋问题关乎国家战略，因此，对海洋遗传资源应当采用以公法管制为主的模式，同时制定便利遗传资源取得的法规、分享利用遗传资源产生惠益的法规和保护遗传资源知识产权的专利制度。

系统中具有根本性作用，不仅直接影响气候，而且也受到气候变化的影响。气候变化对海洋物种分布以及活动的影响已经在过去的几十年里得到了证明，未来也必将对海洋物种及其生态系统带来巨大改变。为了适应气候变化，必须从法律和政策层面作出应对，通过海洋物种异地保护、海洋保护区规划设计、海洋生态系统适应性管理、海洋生态补偿和气候灾害防御等措施，减少因气候变化而带来的不利影响。

（3）对重点对象的针对性法律保护。海岸带、红树林、滨海湿地、滩涂、重点渔业资源等客体是海洋生物多样性的重要构成部分和支撑因素。对于这些资源，应当重点保护，必要时可专门立法。

第六章　海岸带海洋生物多样性损害案例分析

"阿莫科·卡迪兹"案、"埃克森·瓦尔迪兹"案、"威望号"案、"塔斯曼海"案、康菲溢油事故等案例凸显出海难事故对海洋生物、海洋系统等方面的长期危害性、恢复成本高等问题，也凸显出生态环境损害赔偿制度尽快完善的必要性，这些都促使各国针对海难事故造成的后果进行相关立法，从而在一定程度上促进了海岸带海洋生物多样性立法的发展步伐。

第一节　"阿莫科·卡迪兹"案

1978 年，超级油轮"阿莫科·卡迪兹"号①失事，造成严重污染。"阿莫科·卡迪兹"号（Amoco Cadiz）油轮泄漏事故在整个欧洲都引起了极大的震动，被称为是 20 世纪最有影响的海上污染事故之一。

1978 年 3 月 16 日，Amoco 公司的 Cadiz 号超级油轮在英吉利海峡距法国西北部布列塔尼（Brittany）海岸约 25 千米的海上遭遇风暴触礁并很快断裂，使所载 22 万吨石油和 4000 余吨燃油全部泄入海

---

① "阿莫科·卡迪兹"号是美国石油公司运输公司的油船，总吨位 223690 吨，1973 年由西班牙阿斯蒂勒罗斯公司设计建造，登记港是利比里亚的蒙罗维亚，主要营业地点是百慕大。该船舵机经过美国船检局检验，认为符合所适用的国际规则的要求。

中，这对海岸带沿岸的海洋生物造成了空前危害，数百万的海洋动物被冲到岸上。原联邦德国布克西尔航运和救助公司的“太平洋”号拖船几次营救都因风浪太大而未果。在事后调查中发现，由于油轮船长帕斯卡尔·巴达利“不可原谅的延误”，致使失事船只没有得到及时的救援，导致估计上岸油量达 6—6.5 万吨，约占总溢油量的 30%，其余的 70% 分散在水体和沉积物中。此次溢油是 1967 年“托利·堪庸”号的两倍，使法国西北和北部岸线近 400 千米海岸带水域受到污染并为此遭受了重大的经济损失。同时由于大量石油泄漏进入海洋，造成了有史以来溢油事故导致的最严重的大批海洋生物死亡，并造成了约 2 万只鸟类死亡，事故还给当地的渔业、旅游业和餐饮业造成了严重的打击。

由于事故造成后果的严重性，欧洲 13 个国家在很短的时间内起草并签署了有关港口监控制度的“巴黎备忘录”，通过增强港口国政府对船舶的监控，以期减少由于船旗国政府疏于监管而导致的船舶溢油事故的发生，促进海上航行安全、保护海洋环境。事故发生至今，已有 27 个国家加入了巴黎备忘录，并且在国际海事组织的积极推动下，此类区域性合作协议几乎覆盖了全球所有沿海国家。

同时，这次事故造成的油污损害赔偿问题涉及法国、美国石油公司集团的标准石油公司、国际石油公司、运输公司和油船公司、西班牙阿斯蒂勒罗斯造船公司、原联邦德国布克西尔航运和救助公司，引起一系列诉讼官司。经美国伊利诺斯州地方法院审理，法院判决美国石油公司集团的标准石油公司、国际石油公司及运输公司对溢油造成的污染损害负有责任。造成的经济损失共达 11.73 亿法郎，约为 28100 万美元。这一污染案虽然是油船污染史上最惨痛的一次教训，但是在案件审理过程中，各国针对油污损害赔偿问题涉及的方方面面进行了深入的探讨和磋商，对于评价计算油污损害的现有方法、研制新的方法、制订减轻溢油损害的应急计划具有重要的意义。

第二节　“埃克森·瓦尔迪兹”案

1989 年 3 月 24 日，埃克森·瓦尔迪兹号油轮为躲避冰山驶离航道，随后因船长及船员的指挥、操作失误，导致埃克森·瓦尔迪兹号油轮在阿拉斯加威廉王子湾触礁，11 个油舱中破裂 8 个，导致 1100 万加仑原油泄漏至原生态水域中，原油污染了 2250 多千米长的海岸线，造成了美国历史上深海地平线钻平台漏油事故之前最大的环境灾难。根据世界自然基金会（WWF）的数据，石油泄漏后短短几天，就有约 25 万只海鸟、4000 只海獭、250 只秃头鹰、20 只虎鲸死亡。

灾难发生后，埃克森公司立刻进行补救，第一时间设置隔油栅把漏油的瓦尔迪兹号围住并雇用 13000 多人参与清污。随后在多处鱼类孵化地和鲑鱼溪设置隔油栅，还经过批准进行了分散剂和燃烧油污试验。美国环保局还进行了微生物分解油污试点。军方也动用了飞机运输隔油栅、撇油船、拖船等协助清理油污。

然而清洗海滩并没有收到多大效果，埃克森公司宣布曾经原始的区域已经大部分恢复，而实际上那里的海洋生物在事故发生后仍不断死亡。美国政府设立的监测机构——埃克森·瓦尔迪兹号漏油事故理事会推断，污染地区的石油每年将减少不到 4%。按照这个速率，这些油污要完全消失需数十年甚至可能要数百年。漏油事故发生后，威廉王子湾成了环境研究最集中的地区。

但是，科学家研究得越多，对不同的物种是如何受漏油事件影响的就越难以理解，因为自然变化增加了计算漏油对环境影响的难度。1989 年威廉王子湾的鲱鱼的产卵量约为 12 万吨，漏油事故发生时正好是鲱鱼的产卵期，结果鱼群惨遭重创。漏油后 4 年的 1993 年锐减到 1.6 万吨，阿拉斯加渔猎局为保证鲱鱼繁衍生息的基本种群数量，设定了一个临界值，如果产卵量不到 2.2 万吨就禁止商业捕鱼。从1996年到1998年，鲱鱼基本种群量回升到临界值以上，所有的鲱鱼渔场开放。但1999年鲱鱼产卵量再次降到临界值以下，自此商业渔场就没有再开放过。鲱鱼渔场曾为科尔多瓦渔民提供一半的收入。威廉王子湾科学中心的R. J. 科普查克（R. J. Kopchak）说自漏油事故以来，该地区鲱鱼业的损失就有大约4亿美元。

科学家还不能了解鲱鱼尚未恢复的原因。但根据他们的报告可知，这已影响到了以小鱼为食的海鸟以及哺乳动物的数量——食物链以其他隐蔽的方式放大了漏油事故的影响。调查人员估计威廉王子湾100万只海鸟在事故之初就有10万—30万只死亡。经过事故发生后近15年的持续跟踪研究，科学家们终于找到原油泄漏对海洋生物造成持续性危害的罪魁祸首——多环芳烃或PAHs。该元素大量存在于原油之中并能持续对海洋生物胚胎的长成造成长期危害，大幅提升海洋生物的死亡率。这一发现为现在的海洋生物多样性保护工作提供了有力的技术层面上的支持。

同时，事故发生后，灾难带来的最积极的结果莫过于油轮安全性的改善。美国国内公用无线电台正通过一系列的报道，剖析该灾难所引发的持续性的社会和经济影响，以及由此出台的政策、法规和跟进的科学研究。1990年，美国国会通过了“石油污染法案”，要求到2010年在美国水域逐步淘汰单壳油轮。法案还设立了一个责任基金，完善漏油事故应急预案，建立一套市民监督委员会机制，通过承运商来监督安全要求。现在从公海进出瓦尔迪兹港要有熟悉当地航道、暗礁和水域状况的拖船引导。在瓦尔迪兹这样的地方还成立了漏洞事故应急反应团队，反应团队通过预制的装备可以轻松处理小型的漏油事故。曾经没能及时发现埃克森·瓦尔迪兹号偏离航线的海岸护卫队现在拥有先进的卫星追踪系统为海上运输护航。

在世界范围内，重大油轮事故的发生频率已经大幅降低，安全保障专家认为油轮的安全性已经提高了很多。对双壳船的要求刺激了船舶工业的现代化进程，使轮船更加安全。一些石油公司现在使用的油轮已经远远超出法定的基本要求，具有冗余的动力和操作系统可以使故障率降到最低，从整体而言，瓦尔迪兹号漏油事故推动了油轮安全标准的提升。

此外，埃克森·瓦尔迪兹号漏油也是世界上最昂贵的海洋事故之一。1991 年，埃克森公司与阿拉斯加州和美国联邦政府达成了一项协议，支付了差不多 10 亿美元用于栖息地恢复和重建项目。在此之前，埃克森公司已经支付了超过 20 亿美元的清污成本，还另外付给 1.1 万名渔民和土地所有者 5.07 亿美元作为对他们业务损失的补偿。在支付了一共 38 亿美元清洁费用和损害补偿之后，埃克森公司坚持认为其尽到了应有的职责。但是，这一举动远远没有达到环境恢复的预期效果。阿拉斯加从罐头厂工人到当地普通居民受漏油影响的各界人士一共大约 3.2 万人提起了集体诉讼，1994 年，法院判决埃克森公司支付 50 亿美元惩罚性损害赔偿（这相当于它一年的总利润）。埃克森公司施行拖延战术并雇用律师团进行诉讼。2006 年，美联邦上诉法院将赔偿金额消减至 25 亿美元。埃克森公司继续上诉到最高法院，辩称惩罚性赔偿金额太高，这对原告来说无异于一笔飞来横财。最高法院于 2009 年 6 月以 5∶3① 判定惩罚性赔偿不应高于实际损失，创建了一项新的海洋法判例，这实际上把埃克森公司的额外赔偿金额限制在了 5.07 亿美元。②

---

① 美国最高法院是由 9 名大法官投票表决的，有 1 个因持有埃克森的股票而回避了。

② 相比之下，埃克森公司在上诉的 14 年间支付给 CEO 的薪水就有 6.83 亿美元，因此，5.07 亿美元的惩罚性赔偿实际上并不能对埃克森这类大型跨国公司造成很强的震慑力。

该事故还极大促进了美国油污立法。作为世界上最大的石油进口国，美国时刻面临着巨大的船舶油污污染事故风险，为此，美国在油污立法方面投入了相当多的时间和精力。美国国会花了近20年的时间讨论是否批准1969年《国际油污损害民事责任公约》(CLC1969）和1971年《设立国际油污损害赔偿基金公约》（Fund 1971)。然而，美国并没有选择像大多数国家一样加入CLC1969及其议定书和Fund 1971，而是独自建立了国内船舶油污污染防治法律体系，成为世界上船东责任限制最高、基金补偿最多的国家。在该事故发生后，若按照CLC1984年议定书规定的计算方法，赔偿数额仅为6000万美元，远远不能弥补事故造成的实际损失。因此，美国彻底放弃了加入CLC的计划，并于1989年迅速通过了历经长达15年讨论的《1990年油污法》，为美国后期处理油污损害赔偿案件提供了很大助益。

第三节 “威望号”案

随着国际公约的广泛采纳和各国国内对船舶溢油污染防治的重视，溢油事故的发生数量、年均溢油量和超过700吨的大型溢油事故的发生数量已经明显减少，但是油污的强大破坏性和海洋环境的脆弱都要求人们始终不可掉以轻心。2002年11月13日，悬挂巴哈马旗的“威望”号油轮承载着7.7万吨重燃料油从拉特维亚驶往直布罗陀海峡。在经过大西洋比斯开湾的西班牙海域时遇到8级风暴，导致油轮失去控制搁浅并出现船体撕裂，燃油泄漏一发不可收拾。但当时西班牙当局不允许“威望”号油轮进入避难港。在随后的11月15日、11月19日、11月20日，由于多种原因，此次事故造成大约63000吨的油类泄漏。事故对西班牙的生态环境、旅游业、渔业和水产养殖业都造成了巨大的破坏。① 西班牙政府动用大批设备，清除海面油污，全力抢救岸边的海鲜产品。生态灾难发生后，西班牙首相阿斯纳尔下令有关部门对事故展开调查。据调查报告所知，“威望”号沉船是20世纪70年代日本生产的单壳油轮。② 20世纪90年代，国际航运组织已要求各国航运公司报废单壳油轮。但船主们对此置若罔闻。事故发生后，日本强调“威望”号是1976年投入运营的，应当在1999年到期报废。而希腊这家运输公司明知有漏油现象仍然多拉快跑，最终闯下大祸。希腊政府则认为，“威望”号悬挂的巴哈马国旗，应该算巴哈马船舶。③ 事故发生后，西班牙和欧盟纷纷指责拉脱维亚和英国违反海上运输安全规定，如拉脱维亚将原油装船后轻易放行，罪责难逃。英国明知该船超期服役，却同意它运输燃油。因此，西班牙政府向有关责任方提出了20亿欧元的索赔。

与双壳船相比，老式的单壳船更加脆弱，因此一旦发生海上船舶碰撞或遭遇恶劣天气，船身破裂的概率很大，由此造成的污染也比双壳船更加严重。考虑到这一点，在“威望号”事故发生后，为了防止类似的单壳油轮重大污染事故再次发生，国际海事组织于

---

① 这次“威望”号沉船泄漏燃油事故发生在加利西亚海岸。此海域盛产各种鸟类及海绵，渔业资源极其丰富，珊瑚丛生，风光优美，是海鸟和其他海洋生物重要的停留地及迁移地。每年有无数游客来此观光旅游。沿岸有4万多渔民在此以打鱼为生，还有3万多人从事旅游、餐饮、运输业等，还有无数的海洋生物、海底生物等。这次泄漏的燃油比原油更具毒性。泄漏的燃油形成油膜，会使海洋生物因缺氧而窒息死亡。海鸟等动物粘上油污，失去保暖和飞翔能力，因而饥寒交加、悲惨死亡。燃油的有毒物质经过食物链，最终将危及人类健康。据生态专家确定，这次灾难是世界上最严重的漏油事件，500千米长的海岸线与183处海滩遭到污染肯定会蔓延，葡萄牙海域的生物也难逃劫难。

② 多年来，单壳油轮的事故发生率是双壳油轮的10倍。“威望”号是10年来沉没的第4艘。

③ 巴哈马是南美洲的小国，很多油轮都在该国登记注册，该国只管发“营业执照”，不管安全检查。

2003年12月修订了《防止船舶污染国际公约》（MARPOL）的相关附则条款，大幅度缩短了单壳油轮的淘汰年限，并对单壳油轮的使用进行了严格限制。

同时，“威望”号出事后，西班牙和法国根据联合国海洋法精神，决定从2002年11月27日开始，严格限制任何载有石油原油、燃料油等易造成海洋污染的危险货物的船只，严格限制船龄在15年以上的单壳船只通过两国的领海。2002年11月底，欧盟15国交通部长开会一致同意，2006年后禁止成员国运输公司用单壳油轮营运，并不准委托单壳油轮运油；对不顾安全在成员国海域造成生态灾难的船主及船上人员严惩不贷。

第四节 “塔斯曼海”案

2002年发生于渤海湾的“塔斯曼海”轮溢油赔偿案是我国司法实践史上的海洋生态环境损害国家索赔第一案。该案中，我国国家机关第一次以代表国家的身份成为海洋生态环境损害索赔的当事人，该案也开创了我国法律实践史上第一次就海上溢油事故导致生态损害的司法判决。2002年11月23日，“塔斯曼海”轮（马耳他籍油轮）在渤海湾曹妃甸海域与“顺凯1号”（系大连旅顺顺达船务公司所有）货轮相撞，事故导致“塔斯曼海”油轮所载的两百多吨文莱轻质原油泄漏入海，污染了天津海域及附近的唐山海域。事故发生后，天津市海洋局经国家海洋局的授权，代表国家向天津海事法院提起海洋生态环境污染损害索赔之诉。2004年12月30日，天津海事法院对该案作出一审判决，判令事故责任方伦敦汽船船东互保协会与英费尼特航运公司对原告方天津市海洋局进行海洋生态损失连带赔偿约996万元人民币，其中包含对本次溢油事故所进行的调查费用、评估费用、生物修复研究经费以及监测费用合计约245万元。在前后历时近7年的审判与调解下，直到2009年，该案在最高人民法院的调解下才作出终审判决，判令两被告连带赔偿1513.42万元人民币，而天津市海洋局仅获得了300多万元人民币的和解补偿，连已经投入的调查、评估、鉴定和诉讼费用都未能收回。虽然该案得到了全国公众舆论的上下一致称赞，但国家海洋局环境保护司仍然将“塔斯曼海”轮溢油赔偿案无奈地形容为“这是一个不成功的案例”。①

本案从最初的大张旗鼓到最后的草草了结，充分暴露了我国海洋生态损害索赔中的问题。在本案中，首先，被告依据《海洋环境保护法》的规定对原告的诉讼资格提出了质疑，根据该法，原国家海洋局作为国家海洋行政主管部门是本案中的诉讼主体，天津市海洋局作为地方政府部门无法在立法上找到起诉的依据，认为本案中的原告起诉资格不成立。② 其次，对赔偿的范围也出现了很大的分歧，其中国家海洋局北海监测中心通过进行调查取证和海洋生态环境污损监测，获取了8个航次近万组监测数据，分析确定了溢油前后海洋环境变化及造成的海洋生态环境损失情况，通过生态环境损失评估，完成了《“塔斯曼海”轮原油泄漏对海洋生态环境污染损害评估报告》。但是被告对该报告却并不予认可。后天津海事法院在征得原告和被告一致同意后，指定由具有最高人民法院认可的鉴定资质的山东海事司法鉴定中心对案件涉及的专业技术问题进行鉴定，又出具了《“塔斯曼海”轮溢油事故生态损失与修复评估鉴定报告》。这其中反映出的问题在于：由于缺乏法律的明确规定，原、被告双方对赔偿范围的认定分歧较大，我国现行司法实践中的评估鉴定机构往往隶属于或依赖于行政索赔主体，由于这种行政关系的干

---

① 宫晴晴：《海洋生态环境损害国家索赔制度初探》，华东政法大学2012年硕士学位论文，第27页。

② 这其中便涉及行政机关具体索赔主体的确定问题，鉴于法律无直接详细的明文规定，最后天津市海洋局通过得到国家海洋局的书面授权才得以使诉讼程序进行。

扰导致所作出的评估鉴定结论很难做到公平公正，因此也丧失了权威性和中立性无法为被告所信服，耽误诉讼程序的进行。①

第五节　康菲溢油事故

蓬莱 19－3 油田坐落于山东半岛北部渤海湾中，是由美国康菲石油公司的全资子公司康菲中国石油与中海油合作开发的特大型整装油田，该油田地质构造复杂、断层发达、浅层构造破碎、存在不饱和多套油水系统，这种地层特质，需要借助注水方式来开发原油，而作业者康菲公司无视该油田的地质特性，违规采用统一注水的方式，导致油层断裂，原油泄漏。此次溢油事件，对渤海湾的海洋生态环境造成了巨大的污染，自 2011 年 6 月 4 日油田海面发现油膜开始至 2011 年 11 月 7 日，C 平台附近仍然有油花溢出。在近半年的时间内，渤海 6200 平方千米的海域受到原油污染，870 平方千米的海洋水质由一类降至劣四类，经监测数据显示，蓬莱 19－3 油田附近的海水石油类平均浓度超过了历史值的 40 倍，最高浓度达到历史值的 86 倍，事故最后对渤海海洋生态环境造成了严重的生态损害。事故发生后责任方康菲公司对溢油清理不积极，没有主动向公众道歉和披露相关泄露信息，海洋生态利益遭到了严重漠视。虽然由国家海洋局代表国家向康菲提起不设上限的海洋生态损害索赔诉讼，但这同时也凸显了我国海洋生态损害索赔法律制度的不完善，无法起到事先预警作用，无法给肇事者足够的威慑力，事发后也不能快速启动索赔程序。2012 年 4 月 27 日，国家海洋局宣布在有关部门密切配合和大力支持下提出赔偿要求，渤海溢油事故海洋生态损害索赔成功，康菲公司出资 10.9 亿元，赔偿本次溢油事故对海洋生态造成

① 杨健萍：《我国海洋生态损害索赔法律问题研究》，天津大学 2012 年硕士学位论文，第 11～12 页。

的损失，该资金将用于渤海生态建设与环境保护、渤海入海石油类污染物减排、受损海洋生境修复、溢油对生态影响监测和研究等。①

本次索赔的法律问题主要体现在：（1）根据国务院要求由国家海洋局成立调查组，表明在案件索赔的启动上，依据的是上级行政领导而非法律法规。索赔主体应该是案件发生后可以立即依法确定的，而不是通过上级行政机关的指示或授权；（2）海洋生态损害评估结论是由国家海洋局主导、联合科研院所和众多专家作出的，并非由独立的第三方评估鉴定机构作出，其中立性、可信服性程度降低；②（3）国家海洋局并未将相关监测数据和评估报告公布，不能保证索赔程序和结果公开公正，同样也不能保证责任方承担了相应的责任。因此从法律层面而言，本次索赔并非成功案例。如果再有生态损害事故发生，权益受侵害人和国家及相关机构仍然会处于被动的地位，因为没有具体法律的规制，肇事者便会肆无忌惮、缺少警惕性，海洋生态利益仍然处于岌岌可危的境地。

① 本次赔偿不是通过司法程序解决的，退一步讲，就算本次索赔成功，也不能保证下一次生态损害事故发生后同样可以获得圆满的解决。

② 评估结论和报告是确定赔偿额的关键证据，应该摆脱行政干扰。

第七章　海岸带海洋生物多样性保护侧重点理论分析

综合以上几个章节所述内容，本章欲从我国立法现状和相关立法亟待完善的几方面问题这两个角度对海岸带综合管理、海洋生物多样性保护、遗传资源惠益分享、海洋资源生态行政补偿制度、海岸带环境信息公开、海洋生态损害赔偿、海岸带环境监测等几方面进行阐述。

第一节　海岸带综合管理[①]

一、国内海岸带管理立法现状

目前我国对海岸带区域进行调整的法律法规多是从本部门的利益出发，为了满足自身专项管理需要而颁布的，缺乏对其他行业或海洋生态利益的综合考虑。而涉及海岸带管理的各部门因其职责不同，着眼点不同，管理的目标和对象也不同，造成管理中缺乏必要的合作与联系，出现“重叠”或“真空”管辖，忽略了海岸带的特殊性和整体性。下面主要就海岸带管理法律方面存在的问题进行分析讨论[②]：

① 黄康宁、黄硕琳：《我国海岸带综合管理法律问题探讨》，载《广东农业科学》2010 年第 4 期。

② 赵明利、伍业锋、施平：《从“综合”角度看我国海岸带综合管理存在的问题》，载《海洋开发与管理》2005 年第 4 期。

1. 缺少专门的海岸带综合管理法

有法可依、执法必严是海岸带综合管理成功实施的关键，因此，一部完善的《海岸带管理法》对于我国海岸带海洋生物多样性保护工作尤为重要。尽管我国涉及海岸带管理的法律法规众多，但是到目前为止还没有颁布专门的《海岸带管理法》，这也是现行立法的缺憾之一。其实，我国海岸带管理立法任务起步较早，早在 1979 年，国务院和中央军委就批准了进行海岸带管理立法；1983 年，全国海岸带管理法起草小组开始《海岸带管理法》的起草，1985 年改为《海岸带管理体例》，前后经数次修稿，历时近 10 年，最终以失败告终；20 世纪 90 年代我国再次起草《海岸带滩涂资源管理条例》，出台两次修改稿，但最终也没有解决问题。① 其原因在于，我国当时的各涉海部门认为，已经颁行的众多涉海法律都包含了对海岸带区域的管辖，再颁布专门的《海岸带管理法》，势必会与其他部门法的调整范围重叠，在管辖权和适用范围上产生争议与冲突。

2. 相关法律之间的争议与冲突

（1）《渔业法》等与《海岸带管理法》中有关调整内容的界定。我国《渔业法》主要是为了“加强渔业资源的保护、增殖、开发和合理利用”，调整在我国内水、滩涂、领海、专属经济区以及管辖的一切其他海域内所从事的养殖和捕捞水生动物、水生植物等渔业生产活动，属于行业管理法。我国目前拟颁布的《海岸带管理法》，涉及海岸带综合管理的各个方面，包括资源、环境、交通、旅游等，属于综合性法律。根据特别法优于一般法的原则以及《渔业法》的规定，海岸带区域的渔业资源管理应由《渔业法》来调整。但是，《渔业法》所调整的只是从本行业角度出发，而非综合角度。因此，在“大海洋”理念下，为能够从综合角度考虑海岸带生态环境和资

① 鹿守本：《海岸带管理模式研究》，载《海洋开发与管理》2001 年第 1 期。

源利用的可持续发展，制定《海岸带管理法》显得尤为重要。而在该法制定过程中，面临的首要问题是确定《海岸带管理法》所调整的渔业资源管理的范围，使其不与《渔业法》调整的范围相重叠，并可以达到海岸带综合管理的效果。类似的问题也存在于《野生动物保护法》《环境保护法》等部门法与《海岸带管理法》的冲突和协调之中。

（2）其他部门法与《海岸带管理法》中的各项许可优先性。《渔业法》规定，国家对养殖和捕捞实行养殖许可证和捕捞许可证制度；《港口法》规定，从事港口经营，应当向港口行政管理部门书面申请取得港口经营许可证，并依法办理工商登记；《海域使用管理法》规定，海域使用申请经依法批准后，国务院批准用海的，由国务院海洋行政主管部门登记造册，向海域使用申请人颁发海域使用权证书。由于各专项法律调整的关系不同，因此在海岸带区域从事相关的渔业养殖和捕捞、港口经营以及海域使用等活动时，就必须同时遵守上述法律以及拟颁布的《海岸带管理法》的程序和规定。在活动许可时，除应经上述法律规定的机关批准之外，还应取得海岸带综合管理机构的许可。面对众多活动的许可权，许可的优先性以及许可的具体程序，还需要进一步研究，并在海岸带综合管理的法律条文中明确规定。2016 年 11 月 21 日，国务院办公厅印发《控制污染物排放许可制实施方案》，明确要求率先在火电、造纸企业开展排污许可证核发工作，2017 年年底前，在全国范围内完成“大气十条”和“水十条”确定的重点行业企业排污许可证核发工作，要求在 2017 年 6 月底前火电行业和造纸行业率先完成排污许可证核发工作。由此可见，我国已经加快排污许可证的相关立法与国际接轨工作，随着立法力度的加强，相信海岸带区域排污许可证及相关许可证的立法工作也将尽快提上议事日程。

3. 执法装备和效率

海岸带区域政策和法律的有效实施必须强调法律制定、法律执行以及对违法情况的追究等方面。其中，执法被认为是影响海岸带综合管理计划有效执行的重要问题之一。目前，很多学者已就我国执法队伍现状分析并提出了相关问题，归纳起来，这些问题主要包括四个方面：（1）海洋法律法规不健全；（2）海洋执法部门繁多，职能重叠，执法分散；（3）执法装备不完善；（4）执法人员素质有待提高，执法方式和程序存在缺陷。而在海岸带综合管理中，由于涉及的行政管理部门和海洋法律众多，且受各不同行业利益驱使，上述问题和矛盾将会更加突出。

二、我国海岸带综合管理立法亟待完善的几方面问题

对于我国海岸带综合管理中出现的主要问题，本书建议从以下几方面着手进行相关立法和协调：

1. 以“完善我国海岸带综合管理的协调机制”为前提

我国海岸带综合管理实施的仍是分行业、分部门的分散管理，政出多门，各部门之间协调困难，容易发生职能交叉、重复和利益冲突。事实上，我国至今还没能颁布实施《海岸带管理法》，其主要原因就是各行政管理部门在海岸带区域的管辖权无法得到平衡。① 因此，建立完善的海岸带综合管理协调机制，不仅可以加强各部门之间的合作与交流，平衡各部门在海岸带综合管理中的管辖权，也可以解决海岸带综合管理立法及与其他部门法之间适用范围设定问题。国内很多学者都对此问题进行了分析，提出了相关建议。但考虑到我国现有的海洋行政管理机构、管理体制以及资金、技术等问题，本书认为，在这些建议中，比较实际可行的有两种。（1）借鉴美国经验，成立我国海岸带综合管理联席会。美国于 1979 年成立了由联邦主要海洋机构负责人组成的海洋领导小组，该小组定期召开会议，

---

① 董跃：《我国海岸带管理立法建设途径刍议》，载《海洋开发与管理》2008 年第 11 期。

在海岸带综合管理和协调上起到了重要的作用。结合我国海岸线漫长，沿海省市较多以及我国海岸带综合管理体制等情况，建议成立海岸带综合管理联席会，成员可由分管海洋工作的领导、相关科研工作者、社会团体、公众代表等组成。联席会召开定期及不定期会议，交流信息，对海岸带综合管理阶段性工作以及出现的问题与矛盾及时进行协调。（2）在国家、省市、县海洋行政管理部门内部设立海岸带综合管理办公室，专门负责海岸带综合管理的相关工作。通过定期和不定期会议等方式，该办公室能够更加快捷高效地处理海岸带区域环境损害事故和海岸带生物多样性损害等突发事件所带来的侵害性后果。

2. 以“制定详细明确的海岸带综合利用规划”为基础

我国目前还没有一个从中央到地方的有关海岸带利用的详细的综合性的规划。但是可喜的是，山东省于2007年9月25日发布实施了《山东省海岸带规划》，该规划是我国第一个以省为单元，以城乡建设空间管制为主编制的海岸带规划。海岸带综合利用规划是海岸带开发利用的法律基础，因此，本书建议我国在考虑制定环境保护规划、海洋功能区划、土地规划、城市规划等规划时，也制定全国性的、综合性的海岸带综合利用规划。规划中，应明确海岸带综合利用规划的发展定位、规划目标、管制及发展政策等。对面临的突出问题和特殊地区，应加以特殊规定，并就相关问题进行听证，鼓励公众积极参与。同时，规划的制定和实施，除了参考国外成功的经验，还可结合各省市的海岸带特色，发挥地区规划的辐射和带动作用。

3. 以“处理好与各行业法律之间的冲突问题”为重点，使地方涉海法律法规和拟颁布的《海岸带管理法》相互促进

建议统一各涉海部门的认识，在借鉴各国海岸带管理法的经验前提下，结合我国地方省市法规，对我国海岸带综合管理的相关情况作出原则性规定。根据上文对海岸带管理模式的分析可以看出，我国目前还不适合建立集中管理型模式，因此充分发挥地方性海岸

带立法的灵活性，以这些省、市的海岸带立法经验为契机，宣传立法经验，做到以地方立法促进国家，再以国家的立法带动地方，形成海岸带综合管理立法的声势和气氛，推进海岸带管理的立法进程显得更加具有现实性。

第二节　海洋生物多样性保护[①]

自人类认识海洋以来，海洋就因其所蕴含的丰富的自然资源而受到人类越来越多的关注与重视、开发与利用。随着社会经济发展和人口增长，海洋资源生存环境面临着前所未有的压力，我国作为一个海洋与人口大国，在开发与利用海洋的过程中，矛盾显得尤为突出。其中最主要的表现就是相关法律问题的增多。尤其是近年来，我国海岸带区域生态环境持续恶化，海洋生物多样性严重衰退的同时却没有一部完整、综合的规范海岸带生物资源养护、管理、开发和利用活动的法律法规。从现有的涉及海洋生物多样性保护的法律法规来看，整体上显得零散而缺乏规范性。这在一定程度上造成了我国海洋生物多样性养护管理的混乱状态，也在客观上促使我国相关机构尽快将海洋生物多样性保护的立法问题提上议事日程。因此，研究我国海洋生物多样性保护的立法构建问题对加强我国当前海岸带综合管理立法工作，促进我国海洋经济乃至整个社会主义经济的发展具有理论与实践的双重意义。

传统的立法模式上有一种“急用先立”模式，这是一种应急性立法模式。海洋生物多样性立法虽然不属于此模式，但是其面临的严峻的立法形势使其立法模式有过之而无不及。

---

① 许浩、陈栋：《我国海洋生物资源养护的立法初探》，载《中国渔业经济》2011 年第 6 期。

一、国内海洋生物多样性保护现状

尽管我国的海洋生物资源种类极其丰富，但仍存在缺乏世界性海洋生物分布种类、单位生物量不高等问题。究其原因就在于中国沿海及近海中，除中国台湾地区东部濒临太平洋外，其他海区都是半封闭的陆缘海，没有强大海流通过。因而，相对于其他渔业大国，中国的海岸带海洋生物资源量只能算是中等偏下水平。此外，尽管我国近些年对海洋生物资源养护较为重视，也采取了一定的养护措施，但却并没有从根本上改变我国粗犷式的海洋经济发展模式，对海洋生物资源仍以传统的掠夺式的开发与利用为主，大部分海洋生物资源缺乏合理规范的管理，加之长期以来“重陆轻海”的思想与政策偏移，导致相关海洋可持续发展的法律政策及经济支持较少，我国的海洋生物多样性正面临日益退化甚至是枯竭的危险。例如，南海是我国面积最大，物种最丰富的领海区域。自 1981 年起，南海每年渔获产量均呈上升趋势。但增产背后的真实原因是捕捞渔船数量增加、渔船功率增大，以及采用一些极具破坏性的渔具渔法，如电、炸、毒鱼等手段。如南海沿岸的粤桂琼三省区渔船数量就从 1979 年的不足 7000 艘增加到 7. 8 万艘。同时，过度捕捞所造成的渔业单产与渔获质量下降的趋势也极为明显，许多经济鱼种数量大幅下跌，有些甚至濒临绝迹。值得一提的是，海洋环境污染正日益成为海洋生物资源衰退的又一重要根源。如前所述，海洋生物资源的更新需要一定的生态条件，而当海洋环境的污染程度破坏了这个条件时，海洋生物资源将从可再生资源变为不可再生资源。

二、国内海洋生物多样性保护立法现状

2006 年 2 月 14 日，国务院颁布了《中国水生生物资源养护行动纲要》（以下简称《纲要》），这是我国第一个专门意义上的指导水生生物资源养护工作的纲领性文件和行动指南，同时也是我国水生

生物资源养护工作迈向法治化的一项重大举措。《纲要》的颁布与实施为水生生物资源养护工作提供了理论与实践依据，为我国进一步制定相关法律法规打下了坚实的基础。但是，这部《纲要》的意义仅在于为水生生物资源养护工作提供了总体的目标与行动参考，还远没达到当前我国海洋生物多样性保护立法工作所设定的要求。如果海洋生物资源多样性的养护建设不能上升到立法水平，其作用与影响都是极其有限的，对于我国海洋生物资源多样性保护的长远发展也是极为不利的。《纲要》的颁布从侧面说明了我国在海洋生物资源多样性保护立法上的空白，也表明在海洋生物资源多样性的保护上我国还存在着诸多立法缺陷。

目前现行的水生生物资源养护的法律体系是由宪法、法律、法规、规章等从中央到地方的一系列规范性法律文件构成的，数量众多，并且多表现为对单项资源的规定，相互之间缺乏很好的协调和配合。还没有一个法律效力高于各单项法律、统一的水生生物资源的综合性立法。具体到海洋生物资源多样性保护立法上来，其立法工作更为薄弱。近年来，我国的海洋立法工作多集中于海洋环境保护、海域使用及海岛管理等领域，对海洋生物资源多样性保护立法尚未引起足够重视。

三、我国海洋生物多样性保护立法亟待完善的几方面问题

我国海洋生物多样性的养护起步较晚，认识不足，与发达的海洋国家存在着较大差距，这从客观上要求我们必须正视自己的不足，加快海洋生物多样性养护的立法进程，以期能够规范海洋生物资源的开发与利用，加快实现海洋经济的可持续发展。而从主观上来说，国际养护法律法规的发展为我国海洋生物多样性养护的立法构建提供了可资借鉴的范例与法理支持。我国应主动吸收发达海洋国家在海洋生物多样性养护方面的理论与实践经验，从而不仅为我国海洋生物多样性养护的立法铺平道路，也为我国海洋资源与经济全球化

的发展打下坚实的基础。

海洋生物资源是重要的国家资源，也必将是未来相当长时间内的热点问题。2013 年国务院批准的《国家海洋事业发展“十二五”规划》其中就涵盖了海洋环境与资源的保护。随着人们对海洋问题认识的不断深入，法律也必须不断地进行自我革新和完善，以适应对海洋综合管理的需求。构建良好的海洋生物多样性保护法律体系，在对海洋科学充分认识的基础之上，将视野由狭隘的环境污染防治和自然资源保护扩展到维持海洋生态系统平衡和国家及后代人利益的层面，充分发挥法律的管理、协调和激励作用，保障我国海洋生态事业的发展，以科学的海洋生物多样性评价标准作为法律和政府绩效的考察因素。我国海洋科学和军事实力正在高速发展中，然而作为软实力的法律还远远不足，很多领域存在空白，为此，需要克服法律的滞后性，完善海洋生物多样性立法。综观当前我国海洋生物多样性保护立法问题，主要需要从以下几方面进行统筹安排：

1. 加强法律法规建设，调控开发与保护的关系

我国目前对于典型海洋生态系统和生境遭受破坏严重的原因，可以归纳为：（1）对海岸带区域生态系统的价值和服务功能的认识不到位问题；（2）对违法行为没有适用的、完善的法律处罚条款；（3）受眼前利益驱动，海岸带区域开发秩序难以规范和控制，基本上没有将典型海洋生态系统和生境纳入总体海洋环境影响评价之中。由于典型海洋生态系统和生境基本处于海岸带区域，缺少适用的法律法规作为依据，各项管理和保护措施难以推进。

2. 加强海洋生态保护区建设立法

对于生态保护区的建设，国家已有相应的法律法规。但是，海洋生态保护区的建设却面临着沿海地方政府不支持、开发与保护冲突严重、经费缺乏、监测和科研能力差、监督管理难以维持等一系列问题，使其建设难以推进。海洋生态保护区建设进度缓慢与其起步晚、数量少有关，虽然随着中共中央办公厅、国务院办公厅印发

的《关于划定并严守生态保护红线的若干意见》（以下简称《意见》）的出台，我国国家生态安全底线的防护工作、国土空间用途管制取得了一定的成效，但是，海洋生态保护区的发展还需要国家增强宏观调控力度，强化地方的观念转变和全社会公众意识的提高。目前，我国海洋生态保护区建设比较少，而且对保护区的监管能力十分薄弱。建设海洋生态保护区，在海岸带区域所面临的压力比陆地大得多。同时，保护区与周边社区的关系、地方政府的观念、土地和使用证问题、保护面积与周边社会经济环境、与产业的矛盾、生态旅游与生态保护问题等也在困扰着海洋生态保护区的建设与发展。从《意见》的相关规定可以看出，生态红线涵盖自然界山、水、林、田、湖等多种生态类型，而这些生态要素分属不同职能部门监管。从国土空间的各种建设开发规划来看，生态红线的划定涉及政府或由有关部门制定发布的主体功能区划、生态功能区划、土地利用总体规划、城乡规划等相关内容。生态红线范围还会不可避免地与现有的自然保护区、风景名胜区、重要湿地等交叉重叠，因此，随着《意见》的出台，如何合理统筹制定海洋生态保护区建设立法已经需要各级政府提上议事日程。在生态保护红线的划定上要考虑生态功能保障基线、环境质量安全底线、自然资源利用上线中的各项指标要求。其中，生态功能保障基线是禁止在保护区域建设开发的红线；环境质量安全底线是保护范围内污染物排放总量控制红线和环境风险管理红线；自然资源利用上线是包括水资源、能源、土地资源等自然资源利用不能突破的红线。面对如此错综复杂且具有基础性、交叉性及相互关联性的系统工程，各级部门在加强海洋生态保护区建设立法时应站在全局、战略的高度审视生态保护红线的丰富内涵，真正把生态保护红线所涉及的方方面面内容统筹整合好，确立保护优先原则，处理好生态保护红线和相关部门专项红线的关系，为海洋生态保护区建设立法掌握总体方向并进行具体立法工作的细致指导。

第三节　遗传资源惠益分享

一、国内遗传资源惠益分享立法现状①

2004 年年底，由原国家环保总局牵头，包括农业部、科技部、外交部等多个部门参加的“关于建立生物遗传资源获取与惠益分享法律制度的调研工作”正式启动。从 2006 年 2 月起，原国家环保总局牵头组织召开了多次关于制定《生物物种资源保护管理条例》的专家讨论会。2007 年 10 月，原国家环保总局对其发布的《全国生物物种资源保护与利用规划纲要》进行通报，该规划纲要将建立生物遗传资源获取与惠益分享法规制度体系列为优先行动。2010 年，国务院发布的《中国生物多样性保护战略与行动计划（2010—2030 年）》《全国生态功能区划》《关于加强自然保护区管理有关问题的通知》三个文件对于未来相当长一段时间我国的生物多样性保护、加强遗传资源的获取与惠益分享机制的立法建设具有深远的意义。其中《中国生物多样性保护战略与行动计划（2010—2030 年）》明确提出：研究促进自然保护区周边社区环境友好产业发展政策，探索促进生物资源保护与可持续利用的激励政策。研究制定加强生物遗传资源获取与惠益共享、传统知识保护、生物安全和外来物种入侵等管理的法规、制度。完善生物多样性保护和生物资源管理协作机制，充分发挥中国履行《生物多样性公约》工作协调组和生物物种资源保护部际联席会议的作用。

如本书第四章所述，随着《生物多样性公约关于获取遗传资源和公正和公平分享其利用所产生惠益的名古屋议定书》（以下简称

① 王敬敬：《生物遗传资源获取与惠益分享的立法问题研究》，北京林业大学 2014 年硕士学位论文，第 25～26 页。

《名古屋议定书》）的生效，我国有关遗传资源的法律法规的规定以及组织机构的设置与《名古屋议定书》的要求还存在很大的差距。因此，对比《名古屋议定书》的具体要求，我国目前针对存在的问题进行了多层次、多部门、多领域的管理，已经初步形成了对遗传资源保护、管理和利用的法律框架。但是，上述法律框架依然存有诸多不足，如法律体系混乱、管理制度不明确、部分领域的法律制度缺失等。具体而言，这些缺陷主要表现在以下几个方面：

（一）关于遗传资源获取和惠益分享的法律框架不健全、存在结构性漏洞

1. 从整体上来看，目前缺乏一部综合性的关于遗传资源管理的法律，而不应局限于遗传资源获取和惠益分享问题。

2. 现行法律主要针对动物和植物等生物资源，并未对遗传资源进行明确定义和表述。

3. 国家部委的管理办法主要强调的是珍贵动植物资源的管理，但是现实情况却是一些具有科研价值的海洋生物遗传资源和普通遗传资源未得到有效保护，如不强调遗传资源的保护范围，那么对于此种行为的惠益共享也难以实现。

4. 植物和动物资源未能完全覆盖，有很多资源保护工作还处于法律真空地带。将遗传资源细分为多种类型虽然可以加强各部分的管理，但是却脱离了综合性的管理要求，不利于体系化的形成。

（二）关于遗传资源获取和惠益分享的管理措施缺乏具体性和可操作性

目前针对遗传资源管理的法律规定较为原则性，今后的实践工作中要在一些需要调控的细节上加以明确，如遗传资源的管理领域一般划分为获取和惠益分享，在获取方面，法律仅规定需要得到有关部门的审批，但是就审批的内容、时限、时效、申请审批主体等问题都未

提及。此外，遗传资源的利用目的多样化，如不加以区分将不利于后续惠益共享方案的制订和实施，针对这个问题，目前我国法律缺乏类似规定。《生物多样性公约》中明确提出的两项重要制度——事先知情同意制度和共同商定条件制度在我国现行制度中规定不明确。

（三）关于遗传资源获取和惠益分享的管理体制不明，各分管部门权限不明确

我国各部门目前对遗传资源实行分割管理，主要包括农业部门、林业部门和海洋主管部门，分别对种畜禽、农作物、植物以及海洋渔业资源进行分化管理。国家立法尚未明确管制遗传资源获取和惠益分享的主管部门及分工管理部门，因此难以形成统一的协调管理机制，导致“多头管制”和“无头管制”的现象并存。

综上，我国目前还没有关于遗传资源获取和惠益分享的专门法律（专门针对海洋生物遗传资源获取和惠益分享的法律规定更是少之又少）、主管牵头部门、统一的制度和法定程序，现行的管理体制较为混乱，即使能够在短期内解决一些问题，但绝不是长久之计，多部法律并行管理、多个政府部门争相管理的局面已经不适应当今遗传资源地位日益上升的局面，也不利于我国在遗传资源方面乃至海洋生物遗传资源方面的经济利益的实现。

二、我国遗传资源惠益分享亟待完善的几方面问题[①]

对照《生物多样性公约》和《名古屋议定书》对缔约国义务的相关要求，针对我国目前的实际情况，我国要加强海洋生物遗传资源获取和惠益分享的立法、法律制度和国家能力建设，主要体现在以下几个方面：（见表11）法律法规建设立法是建立健全海洋生物

---

① 王敬敬：《生物遗传资源获取与惠益分享的立法问题研究》，北京林业大学2014年硕士学位论文，第26~28页。

遗传资源获取和惠益分享制度体系的首要前提，当务之急是要尽快完成《名古屋议定书》的国内立法转换，明确相关立法模式（综合立法还是单行立法）和立法等级（法律还是法规）等，对现有法律体系的完善涵盖到宪法、环境保护基本法、海洋生物多样性保护的行政法规和部门规章、地方性保护法规和规章等。同时还要对现有的相关法律制度，如所有权制度、环境影响评价制度、进出口管理制度等进行充实和完善。

表 11　《名古屋议定书》对缔约国提出的要求、我国现状和需完善的方面

《名古屋议定书》对缔约国提出的要求	我国现状	需完善的方面
要求完成《名古屋议定书》的国内立法转换，建立相关法律体系。	已经建立了所有权制度和采集制度，已有相关法律法规调整生物资源，但是针对生物遗传资源获取和惠益共享还缺少专门性立法。	明确相关立法模式（综合的还是单行的）和立法等级（法律还是法规），建立事先知情同意和共同商定条件为核心的制度体系，并对现有法律体系进行修改完善。
要求明确国家主管当局。	为履行《生物多样性公约》，国家水平上统一协调履约行动，成立了相关部委参加的国家履约协调组，但并没有针对遗传资源获取方面的具体事务性的组织管理活动。	明确生物遗传资源获取和惠益分享方面的主管部门，明确相关管理权限和职能。并进一步协调与现有体制的关系。
要求加强非政府组织建设和公众参与。	非政府组织数量少，公众在这方面的参与意识和程度还不高。	加强宣传机构和队伍建设，拓展宣传教育模式，鼓励支持非政府组织和公众参与。
要求加强自身研究能力以增加本国遗传资源价值的能力。	在发展中国家处于上游水平，但与发达国家还有一定差距。	在国家和地方水平上，重点建设一批农业、林业、环保、海洋、中医药、生物科学等领域的科研和技术推广机构，以提升生物多样性保护和遗传资源获取和惠益分享的管理、监测、信息等领域的技术支撑能力。

续表

《名古屋议定书》对缔约国提出的要求	我国现状	需完善的方面
要求各缔约方应指定一个关于获取和惠益分享的国家联络点，提供相关信息。	已经建立信息管理和保护备存制度，但目前生物遗传资源本底和分布的信息系统尚不健全，数据分散，信息内容单一，互相联系不多，而且功能较少，网络的查询和交流功能较差。	协调和完善全国性的信息网络，完善和建立信息管理机构，并建立信息管理协调机构和技术咨询机构，制定信息管理政策，保障信息网络的正常运转。
加强国际合作，提高谈判共同商定条件的能力。	已经建立了经常性的对外交流机制，但层次和水平还有待提升。	在技术合作、人员培训和科技信息交流、相关国际合作项目执行能力等领域，积极开拓合作渠道。
增进获取和惠益分享活动对保护生物多样性和可持续利用其组成部分的贡献。	初步建立了合作和交易制度，但现有制度较侧重对生物资源的保护性管理，缺少对开发性保护的引导。	进一步协调相关法律制度和政策，在有规划、有步骤的前提下，鼓励遗传资源开发促进生物多样性的持续有效保护。
设立检查点以实现对遗传资源利用是否遵守共同商定条件的监测。	尚未明确。	在出入境、知识产权受理等环节设立检查点。

（一）我国遗传资源的获取、进出口等活动无法可依

现行立法仅提到了国内单位和人员利用遗传资源的问题，而未明确提到外国科研机构、私营部门等获取遗传资源的问题。由于我国尚无明确与完善的规范海洋生物遗传资源的获取的实质性和程序性法律规定，如有关事先知情同意、共同商定条件以及获取程序的规定，导致我国海洋生物遗传资源的获取、进出口等活动无法接受法律调整和规范，事实上处于一种无序和失控的状况，这种状况直接导致了我国海洋生物遗传资源的不断流失。

（二）遗传资源的惠益分享制度不明确

《生物多样性公约》第 15 条为缔约国创设了遗传资源的获取和惠益分享方面的义务。我国是《生物多样性公约》的缔约国，必须采取实际行动和措施履行《生物多样性公约》在其实质性规定中所确立的各项义务。但现行立法没有明确海洋生物遗传资源的利用者与提供者如何分享惠益的重要问题。此外，在其他配套措施机构建设方面主要存在以下几点问题：

1. 国家层面的履约机构建设

为履行《生物多样性公约》，从国家水平上统一协调履约行动，我国成立了相关部委参加的国家履约协调组，这一机构主要在对外谈判和协调统一国家立场方面发挥作用，本身并没有具体事务性的组织管理活动。

但是《名古屋议定书》要求缔约国明确生物遗传资源获取和惠益分享方面的主管部门，并“适用的国家立法、行政或政策措施，负责准予获取或在适用的情况下颁发获取要求已经满足的书面证明，并负责就获得事先知情同意和达成共同商定条件的适用程序和要求提供咨询意见”，因此，我国当务之急要办的事情是重新设计履约模式，并明确相关管理机构的权限职能。

（1）在地方层面上，进行地方海洋生物多样性和资源获取、惠益分享管理机构的建设（特别是在生物多样性丰富地区），还要加强市、县级海洋生物多样性保护机构的建设。

（2）加强非政府组织（NGO）建设。NGO 是联系科学、决策和公众之间的桥梁，因此，加强 NGO 建设，对于提高和促进公众海洋生物多样性意识、监督政府及各企事业单位执行海洋生物多样性保护法规等方面会日益发挥其良性作用。

（3）加强科研机构建设。要在国家和地方水平上，重点建设一批农林、环保、海洋、药业、生物科学等领域的科研和技术推广机构，以提升海洋生物多样性保护、管理、监测、信息等领域的技术支撑能力。

2. 人力资源建设

（1）专业人才需求。主要指在海洋生物多样性的监测、保护和持续利用方面能够承担基础科学和理论研究以及从事相关专业教学的专门人才，包括生物分类学家、环境经济学家、自然地理学家等。

（2）技术人员需求。主要指从事海洋生物多样性保护和持续利用的应用科学研究和技术推广的人员，尤其是渔业、海洋和环保等方面的技术人员。

（3）管理人才需求。主要是指具有一定海洋生物多样性专业知识，又受到良好的政治、经济、法律和行政学训练的高级管理人才，包括国家和地方在环保、渔业等行业行政管理岗位上的工作人员。

3. 制度和政策体系建设

（1）国家战略建设。要把海洋生物遗传资源获取和惠益共享作为海洋生物多样性保护的一项重要内容，在目标、政策、行动、管理和国际交流方面作出完整的阐述。

（2）制度体系建设。现有相关制度还缺乏对《名古屋议定书》的相关回应，因此要在完善原有制度的同时，补充建立事先知情同意、共同商定条件和惠益分享等基本制度。

（3）配套政策体系建设。国家要从总体水平上对海洋生物遗传资源的获取和开发进程进行必要的调整和控制，配套生态补偿、重点专项扶持、税费减免、国内外合作补助等政策。

4. 信息管理建设

根据《名古屋议定书》的要求，各缔约方应指定一个关于获取和惠益分享的国家联络点，提供相关信息。因此信息管理能力建设主要包括以下三方面的内容：

（1）信息管理体系建设。目前海洋生物遗传资源数量和分布的信息系统还不健全，数据分散，信息内容单一，互相联系不多，且功能较少，网络查询和交流功能较差。因此要协调和完善全国性的信息网络，完善和建立信息管理机构，并建立信息管理协调机构和技术咨询机构，制定信息管理政策，保障信息网络的正常运转。

（2）信息设施建设。包括采集、处理、储存和发布海洋生物数据等设施的能力建设。

（3）信息系统建设。通过收集处理和发布相关数据信息，将各个位点数据库进行整合，满足海洋生物遗传资源获取方对信息的需求。

第四节　推进海洋资源生态行政补偿制度立法

一、国内海洋资源生态行政补偿立法现状①

海洋资源生态行政补偿是指个体实施保护海洋生态行为，包括海洋生物多样性保护行为，无论是积极的行为还是消极的不作为限制自身的权利而造成的既得利益的丧失或者是预期利益的损失，都由政府代表国家作为补偿主体，对行为个体给予经济补偿的一种生态保护激励机制。海洋生态行政补偿是建立在环境公平原则、公共需求和环境基本权利保护理论、政府环境法治理论、政府职责本位理论，以及服务型政府的建设和发展基础上的，目的在于通过对海洋生物多样性保护起积极作用的个体给予经济补偿，从而激励个体积极参与并实现海洋生态保护，实现人与自然和谐发展的立法目的。

就当前的海洋资源生态行政补偿立法而言，其标准的划定和资金来源是广受关注的一个热点问题。补偿是受益一方对受损一方给予的一种利益平衡，取决于受益一方所获利益的多少和受损一方所受损失的大小。在补偿标准制定上，应当综合考虑受损方的损失和

① 王晓强：《我国生物多样性保护法律制度研究》，中国海洋大学2010年硕士学位论文，第49~51页。

受益方的获利，在此基础上做出衡量予以相应补偿。海洋资源生态行政补偿是国家对于海洋生物多样性保护受损主体进行的经济支付。由于受制于多种因素的影响，从受损一方的损失弥补程度来看，与一般的标准相比，海洋资源生态行政补偿标准的划定存在很大困难。一方面，海洋生物多样性保护受损主体的经济损失不易计算，特别是由于发展权受限而造成的间接经济损失很难统计；另一方面，海洋生物多样性保护的受益主体的受益往往是非物质性的，无法进行经济量化。此外，海洋生物多样性保护的受损主体与受益主体经常会出现交叉，即同时既是受损主体又是受益主体。海洋资源生态行政补偿的标准有时还会受国家财政实力、个人、企业和地方受益主体的支付意愿影响。但是，作为一种利益驱动机制，海洋资源生态行政补偿标准具有明显的激励取向。当补偿标准低于或者等于损失时，明显不利于机制效用的发挥。只有当补偿标准高于损失时，这种行政补偿机制才会发挥其显著的激励功能。因此，本书认为海洋资源生态行政补偿标准应当高于海洋生物多样性保护受损一方的经济损失。

同时，海洋资源生态行政补偿能否落实的最终关键在于资金是否能够到位。以公权力为基础的补偿资金是由国家财政支付，然而国家财政收入来源于国家征收的各种税费，由于财政收入有限而用途广泛，结果往往难以保障海洋资源生态行政补偿的资金需求，国家需要通过不断拓宽经费来源，鼓励社会资金的进入，来保障其资金的到位，使其落到实处。对于海洋资源生态行政补偿资金的来源，本书认为可以做如下考虑设置生态受益税。国家进行海洋资源生态行政补偿的目的是提升或者维持海洋生物多样性，最终受益的是全体国民，所以由全体国民在能力范围内承担一定的费用是合理的，由于受益的是全体国民，所以用税的方式也比较合适。这种税可以划到生态税的目录下，作为海洋资源生态行政补偿的主要资金来源征收海洋生物多样性损失费。该费仅限于对由于海洋生物资源的正常利用，造成海洋生物多样性降低或丧失的，向开发者、利用者征收海洋生物多样性损失费，然后用于海洋生物多样性的恢复和建设国家设立海洋生物多样性保护补偿基金。还可以通过发行生态彩票，接受社会捐赠等方式从社会募集资金，作为海洋资源生态行政补偿基金，弥补国家财政在这方面资金的不足。同时国家需要通过不断地推进我国的财税体制改革，加大地方财政收入水平，使其真正具备实施海洋资源生态行政补偿的经济能力。总之，海洋资源生态行政补偿是一个新兴的课题，需要学界和政府的共同努力，任重而道远。

二、我国区域海洋资源生态行政补偿立法亟待完善的几方面问题[①]

我国区域海洋资源生态行政补偿立法虽然获得了一定的发展，但由于立法局限性，对新出现的问题无法及时做出相关规定，不能满足新形势下区域海洋资源生态行政补偿的要求，因此，区域海洋资源生态行政补偿在立法方面还处于空白状态。此外，我国现有的关于区域海洋资源生态行政补偿的立法比较散乱，还没有形成统一有序的法律体系。同时，由于区域海洋资源生态行政补偿涉及不同地区，地区之间往往在补偿标准、方式等方面存在认知偏差，在这方面立法相关内容并不完备。落实区域海洋资源生态行政补偿的相关配套制度缺乏，导致我国难以有效开展区域海洋资源生态行政补偿实践。这些都影响了区域间的协调发展，亟须相关立法给予完善。

1. 我国有关区域海洋资源生态行政补偿的立法缺失

（1）缺乏《宪法》的相关规定。《宪法》只规定了保护环境与污染防治，但是却没有明确生态补偿制度，也缺乏区域协作的规定，从而使区域海洋资源生态行政补偿缺乏必要的宪法依据。另外，《宪

---

① 摘自金珣子：《区域生态行政补偿立法研究》，中国地质大学（北京）2014年硕士学位论文，第19～25页。

法》虽然规定自然资源的国有属性，但是缺乏对区域生态产权的界定，由于产权不明晰，补偿主体的划分工作将可能引起区域间出于自身利益考虑相互推卸责任，不利于区域海洋资源生态行政补偿的实际开展。

（2）现有立法缺乏统一性和体系性。我国现有的关于区域海洋资源生态行政补偿的立法不仅数量少，而且较为零散，涵盖面不足，不足以形成统一的整体，对区域海洋资源生态行政补偿进行规范。

（3）上位法和下位法难以对接。我国区域海洋资源生态行政补偿的立法实际中，存在上位法做了相关规定，但是下位法没能及时予以细化和承接的现象。例如，《海洋环境保护法》《环境保护法》都对区域海洋资源生态行政补偿进行了相关规定，然而在行政法规和行政规章层面却没有对其进行对接。这就导致我国虽然在一些法律法规中做出了原则性规定，使补偿有了一定的法律依据，但是由于缺少具体的实施细则，没有对区域海洋资源生态行政补偿需要涉及的补偿标准、程序、方式等作出明确规定，因此在具体实践中区域海洋资源生态行政补偿往往面临一定困难，补偿难以落到实处。

（4）地方关于区域海洋资源生态行政补偿的立法不完善。区域海洋资源生态行政补偿的立法多集中于地方，由于缺乏专门区域海洋资源生态行政补偿立法的统一规定和指导，地方立法不足的同时也具有一定的随意性。由于不同地区的情况、特点各不相同，这些法律法规也很难因地制宜地适用。同时，地方区域海洋资源生态行政补偿的规定多以政府规章的形式出现，这就导致区域海洋资源生态行政补偿法律规范法律位阶不高，效力范围仅及于地方，无法在全国通用，因此难以协调统一，从而影响了区域海洋资源生态行政补偿的具体可操作性。

2. 区域海洋资源生态行政补偿的具体法律制度不完备

（1）补偿主体和受偿主体不明晰。明确区域海洋资源生态行政补偿的补偿主体和受偿主体是区域海洋资源生态行政补偿的前提条件。区域海洋资源生态行政补偿是区域利益主体间权利义务重新分配的过程。实施区域海洋资源生态行政补偿首先就要明确各个主体的权利和责任内容。目前相关规定并没有明确界定区域海洋资源生态行政补偿主体和受偿主体，这使得区域利益相关者无法根据法律确定自己的权利义务，从而导致出现“公地悲剧”等问题。

（2）补偿标准不确定。补偿标准是我国区域补偿制度实践中的难点之一，如何协调不同区域间的利益，关键在于设定合理的补偿标准。由于我国各区域间自然条件和经济发展存在着一定差异，因此区域海洋资源生态行政补偿绝对不能采用“一刀切”的形式。如果过分追求绝对公平，就有可能造成事实上的相对不公平。

为了防止地方政府滥用行政权力，恣意制定侵害其他区域生态利益的补偿标准，国家应制定具有弹性的最低补偿标准限制。否则在有些地区，容易出现补偿过低的现象，造成补偿所带来的经济效益远远低于其本身所能产生的效益。补偿应建立在对相应的生态系统生态效益、社会效益的经济评估之上，但是，评估方法的不确定性和片面性，影响着补偿标准的确定。不同区域对相关对象的评估多从自身利益考虑，采用偏向自己的评估方法，导致评估结果出现差异，并逐渐演变为地方政府与中央政府或地方政府之间利益博弈的一种手段。只有制定科学的评估方法，并依此制定合理的补偿标准，才能在实际的区域海洋资源生态行政补偿中协调好区域之间的利益关系，促进区域共同发展。

（3）补偿方式过于单一。高效适用的补偿方式可以提高补偿的效率和效益。当前我国的区域海洋资源生态行政补偿主要以中央和政府直接给予资金或事物的补偿方式为主，这种补偿方式可称之为“输血式”补偿。由于各级政府在补偿中发挥主导作用，导致补偿方式过于刚性和单一，缺乏灵活性和多样性。政府出于行政效率的考虑，多采取“一刀切”的政策。这种补偿方式导致了超补、少补等现象的发生，同时，这种补偿方式对政府体制过于依赖，某种程度上会引起时间和经济效益的双重缺失。政府体制多体现在工程建设、项目规划上，虽然短期内会出现明显效果，但却没有建立长效的补偿机制，长此以往，有可能丧失效率，甚至出现负面影响。例如，项目期限结束，生态移民有可能迁回原居住地，补偿资金可能还没得到真正合理利用，导致地方生态经济模式无法得到根本改变。

因此，政府体制不应当是我国区域海洋资源生态行政补偿方式的全部内容，而应从多方因素考虑，针对不同区域的特点，采取最适合的补偿方式，实现生态与经济的长效、协调、可持续发展。

（4）补偿资金来源不足。补偿资金是区域海洋资源生态行政补偿的重要问题，没有补偿资金，生态行政补偿制度必然成为无本之木，补偿也就形同虚设。我国现阶段经济实力发展雄厚，区域海洋资源生态行政补偿资金相对不足，主要是因为资金来源单一，没有形成完整的生态行政补偿基金筹措机制。目前区域海洋资源生态行政补偿主要来自中央及地方各级政府的财政拨款，这就使政府负担了主要的资金责任。由于各地区经济发展不平等，贫困地区政府对补偿资金的投入往往显得捉襟见肘，长此下去，只能使相关立法和保护工作出现恶性循环。

此外，由于资金监督机制不健全，资金的流通和使用缺乏透明度，致使有些区域对补偿资金不能做到专款专用，这同样也导致了区域海洋资源生态行政补偿资金的不足。

3. 区域海洋资源生态行政补偿的配套实施体制不完善

（1）补偿途径单一，市场补偿制度不成熟。生态补偿的途径有两种：一种是以政府为主导的财税转移制度，另一种是市场机制下的补偿途径。财政转移支付可以说是政府为平衡不同地区的经济发展、保障政府职能的有效行使而进行的收入再分配活动，主要分为纵向和横向的财政转移支付。当前我国区域海洋资源生态行政补偿以纵向转移为主要支付手段，横向转移支付发展缓慢。虽然以中央为主导的财政纵向转移支付是最直接的也是比较容易实施的补偿方式，同时能够节约“交易成本”，但是也存在诸多弊端。中央政府过多地承担了区域海洋资源生态行政补偿的责任，但是来自国家财政支出的补偿资金数额往往会受到当年财政预算执行情况的影响，因此有较大的随意性，资金不到位造成的资金缺口也会影响到补偿的力度和范围。我国区域海洋资源生态行政补偿的横向财政转移支付发展缓慢，在实践中没有充分发挥其应有的作用，对于中央财政支付负担过重的问题，通过横向财政转移支付可以得到有效解决，因为它利用的是地方政府的财政资金，没有增加中央财政的负担，而且资金多是从富裕地区转移到贫困地区，更有利于消除区域间发展不平等现象。

成熟的市场机制需要完善的经济制度、行政制度等予以配合，就目前我国实际情况来看，区域海洋资源生态行政补偿的市场机制尚未完整构建，政府的转移支付等“命令与控制”的措施一直是生态行政补偿的首要手段，为弥补其不足，区域之间建立生态产品和服务交易作为另一种补偿途径十分必要。现阶段内的区域间市场补偿，虽然在一定区域内适用成功，但是在区域海洋资源生态行政补偿制度中的作用，仍有待于进一步加强和完善。

（2）缺乏科学、合理的行政规划。实施区域海洋资源生态行政补偿比较成功的几个国家，在进行海洋资源生态行政补偿前，都会进行合理的、科学的行政规划。因为行政规划具有广泛的自由裁量权，这对于区域海洋资源生态行政补偿有一定的影响，如缺乏科学性的行政规划会影响行政相对人的权益。

同时，应该制定规划项目实施的相关过渡措施和补救措施。与区域海洋资源生态行政补偿连续紧密的生态保护工程通常会对所在地居民造成长期的较大影响，甚至导致生活方式的转变。为了帮助居民适应新环境，保护当事人的合法权益，也为了减轻可能由于补偿资金不足所带来的压力，应当制定一定的过渡和补救措施，保障规划的合理有效实施。

（3）缺乏区域海洋资源生态行政补偿监督机制。主要指对补偿资金的使用还没有建立统一有效的监督机制。有效监督的缺乏，引发了很多实际问题，如有些区域将补偿资金挪作他用，并未实现专款专用；此外，还存在国家投入的环境项目或给予的补偿资金中，地方政府和部门从中牟利的问题。这些问题都反映出由于缺乏监督，区域海洋资源生态行政补偿的实际补偿资金难以落实，区域海洋资源生态行政补偿在这些地区的实施并不理想。对此，应尽快建立补偿资金监管体制，保障补偿资金的顺利流通和适用。

4. 缺乏区域海洋资源生态行政补偿统一的管理体制和责任机制

（1）缺乏统一的管理协调机制。在区域海洋资源生态行政补偿中，纠纷的发生往往是因为缺乏统一的管理和协调体制，目前我国远没有形成规范的区域海洋资源生态行政补偿管理体系。现行的区域海洋资源生态行政补偿管理体制更是缺乏一定的统一性和协调性。政府作为一个特殊的行政主体，承担维护公共利益的责任，但实际上，作为区域利益的代表，政府更倾向于从本区域内的利益出发，以期最大限度地促进该区域内经济文化等事业的发展。因此，容易引发中央政府和地方政府，各地方政府之间产生利益矛盾，而矛盾主体在解决该问题时，都倾向于选择最有利于自身的方案，很少基于对方角度予以综合考量，这样在谈判时双方就容易僵持不下，形成拉锯战，不利于海洋环境保护和补偿的有效实施。具体来说：

①在跨省级区域海洋资源生态行政补偿协调管理中，由于没有明确法律规定，缺乏法律依据，从而导致中央政府没有在省级区域海洋资源生态行政补偿纠纷中发挥协调作用。另外，区域海洋资源生态行政补偿立法对省内跨区域海洋资源生态行政补偿管理规定存在缺陷，目前这些区域内主要是按照行政级别从上到下的纵向管理体制，上级政府几乎均会参与到区域海洋资源生态行政补偿中，这种强制性的行政管理也会导致不同行政区域间的横向管理和协商缺乏机制保障。

②协商谈判作为解决跨区域环境问题的一种有效方式，区域海洋资源生态行政补偿的相关法律规定却没有对协商的程序、权限等做出明确规定，这些问题的解决，也需要区域海洋资源生态行政补偿的统一管理。区域海洋资源生态行政补偿并不是常规的环境保护手段，而是直接涉及不同区域间的环境和经济利益，影响重大。而且目前相关的政策多依附于部门政策和国家政策之中，涉及多部门利益，需要建立协调机制予以综合协调。此外，还有一些区域海洋资源生态行政补偿问题需要在上级部门的主持下搭建平等的协商平台。

③《环境保护法》也明确要求对跨行政区域内的重点区域、流域间环境问题应建立联合机制予以统一协调和管理。因此，应加快完善区域海洋资源生态行政补偿协调机制，充分发挥中央政府在省级区域海洋资源生态行政补偿中的指导作用，弱化上级政府的强制性行政管理，加强地方政府区域海洋资源生态行政补偿的协商机制，组建中立科学的管理机构组织协调，建立完善统一协调的行政管理体制。

（2）缺乏明确的责任机制。区域间难以形成承担责任的有效机制，区域海洋资源生态行政补偿得以有效实施，需要实施补偿的区域明确并承担起自己的责任。但我国区域制度的现状，导致一些区域政府不愿意承担或推脱责任。在相同级别的区域政府之间，发展差异、对资源和发展机会竞争的存在决定了它们之间利益关系的排他性和竞争性，各区域政府更倾向于本区域内的利益，而忽视对其他区域的环境负外部性。但是同时，一个地方政府的地理边界是明确的，地方经济的发展和财政建设必然局限在这个明显的行政边界之内，由于海洋生态环境具有全局性和公共物品属性，当某一区域向其他区域提供生态服务时，接受服务的区域是否应该给予一定补偿，如流域间的区域海洋资源生态行政补偿，一般需要承担补偿责任的下游区域实施补偿的积极性不高，上游政府往往责任有限且补偿能力不足，由上级政府主导的补偿容易造成区域责任和义务的回避。由于区域海洋资源生态行政补偿属于内部环境保护行政行为，这就要求必须明确区域海洋资源生态行政补偿的行政责任机制，明确分配补偿主体间的权力义务，当补偿主体不履行或不完全履行应尽的补偿义务时，就应承担具体的行政责任，从而保障区域海洋资源生态行政补偿的有效实施。

第五节　海洋环境信息公开

一、海洋环境信息公开立法历程

进入21世纪，海洋对人类发展的重要性不言而喻。伴随着陆地资源的日益短缺，海岸带海洋生物资源的开发和利用过程中海洋环境信息的采集、保存、公开等问题正引起越来越广泛的关注。因此，管理好海岸带生态环境，促进海洋生物资源的养护工作，解决目前存在的海洋环境信息不对称问题是当务之急。海洋环境信息是决策的基础和前提，也是制定海岸带综合管理政策、规划、计划的基础。正如美国海岸带和海洋管理专家杰拉尔德·曼贡所说：海岸带综合管理是一种计划管理，而一项实施计划的制定最困难的是获取可靠的数据和充足的信息。如果没有足够正确的信息就不能做计划，就不能进行正确的决策。因此，获取正确的信息，既是建立海岸带管理信息系统的基础，也是正确决策的先决条件。①

海岸带海洋环境信息采集及公开制度是指海岸带管理机构采集海岸带的相关海洋环境信息，并及时广泛公开，保障公众的信息

---

① 鹿守本、艾万铸等：《海岸带综合管理——体制和运行机制研究》，海洋出版社2001年版，第114页。

知情权，促进公众参与海岸带管理，方便相关利益人进行产业调整的制度。它是公众参与原则在海岸带管理法中的具体体现。

海岸带作为一个资源丰富，开发、利用潜力大，生态系统脆弱，多方利益集中的区域管理机关应当依法将海岸带的各类海洋环境信息向社会公开并及时更新，让社会各界可以随时了解最新资料，这样一方面可以帮助公众更好地监督和参与；另一方面相关利益人可以根据最新和最可靠的消息进行投资和产业调整，同时，这也是行政诱导的方式之一。

要切实落实这一制度，就要考虑到公众及相关利益者所关心的层面和角度各有不同，为了更好地提供给不同需求者合适的信息，就要求海岸带管理信息系统公开海洋信息的广泛和多角度性，同时还要考虑及时准确性和低成本性。美国学者克拉克认为，策略计划所需要的信息是那些能加速决策过程、清晰地描述现有状态和综合方式之间的权衡、确定最明确、最少含糊的目标、承担管理海岸带综合管理计划政府部门义务的信息。①

在环境信息公开上具有里程碑意义的国际法律文件是 1998 年

---

① 1. 沿海地区和资源的用户：旅游、制造业、海上贸易、采矿、城市设施和石油工业；就业、税务、投资和税收额；2. 沿海可再生资源：按种类和按季节区分渔业活动和养殖活动及产量、红树林利用、活动和产品；3. 环境影响：对沿海资源和生态系的破坏；污染、生境丧失；物种消失、沉积和可见的退化；4. 上游效应：修筑河坝和河流改道对沿海资源的破坏；加速沉积物转移，淡水输入量减少，水文自然周期破坏，以及由于侵蚀和污染造成的海滩恢复能力的削弱；5. 社会经济状况：沿海社区的经济统计：沿海社区社会组织及其对沿海资源的依赖性；6. 关键生境：具有重要价值的生境，如红树林和其他湿地、海滩、沙丘、海草牧场、珊瑚礁、潮漫滩、河口、潟湖、贝类床、沿海物种的特别繁殖和索饵区；恢复需求；6. 重要物种：确认具有特殊意义或经济价值的沿海物种及其生境；恢复需求；7. 资源问题、重大问题、冲突：有关特殊问题状况的信息，如高度受污染的河口，为开辟水产养殖大规模砍伐红树林，珊瑚礁的破坏等；8. 自然灾害：确定自然灾害高危区，如严重受侵蚀的海滩，可能被淹的低洼地，斜坡边缘的滑坡；9. 自然保留地：对应划定的保留地或其他保护区的说明。

6 月 25 日在丹麦奥胡斯签订的《在环境问题上获得信息、公众参与决策和诉诸法律的公约》（以下简称《奥胡斯公约》）。根据《奥胡斯公约》第 2 条第 3 项的规定，环境信息是指以书面形式、影像形式、音响形式、电子形式或任何其他物质形式的信息。内容包括：（1）各种环境要素的状况，如空气和大气层、水、土壤、土地、地形地貌和自然景观、生物多样性及其组成部分，包括转基因有机体，以及这些要素的相互作用；（2）正在影响或可能影响以上（1）项范围内环境要素的各种因素，如物质、能源、噪声、辐射和包括行政措施、环境协定、政策、立法、计划和方案在内的各种活动或措施，以及环境决策中所使用的成本效益分析和其他经济分析及假设；（3）正在或可能受环境要素状况影响或通过这些要素受以上（2）项所指因素、活动或措施影响的人类健康和安全状况、人类生活条件、文化遗址和建筑结构等。

概括而言，《奥胡斯公约》将环境信息界定为如下三类：（1）环境要素状况；（2）人类（活动）对环境的影响与可能影响；（3）环境对人类的影响与可能影响。显然，相较于原先欧共体 90 /313 指令，《奥胡斯公约》明显扩充了“环境信息”概念的外延，全面性地包含了人类与环境在相互作用中所产生的信息，并将人类与环境在相互作用中可能造成的影响也涵盖在内。该定义极大地影响了后来的国际与国内环境保护立法。在《奥胡斯公约》的推动下，欧盟于 2003 年 1 月 28 日通过了《2003 年公众接近环境信息指令》（Directive 2003/4/EC），对环境信息公开制度进行了全面修正（并规定，从 2005 年 2 月 14 日起，原 1990 年 90 /313 指令将被新指令取代，该指令对于环境信息的界定，即建立在《奥胡斯公约》的基础上）。另外，英国在 2004 年制定了《环境信息条例》，取代了原有的 1992 年《环境信息条例》，对其环境信息公开制度进行了大幅修改，在对“环境信息”的界定上其和欧盟 2003 年指令保持一致。

综上，国际上对于“环境信息”的界定经历了一个从无到有、从窄到宽的发展过程。从目前世界各国立法情况看，《奥胡斯公约》对于环境信息的定义最具有代表性，应作为建构环境信息公开制度的基础。涉及本书所要讨论的问题，下一节欲从海洋环境信息不对称这一问题谈起。

二、我国海岸带综合管理中海洋环境信息不对称涉及的主要问题

海洋环境作为一种公共资源，与涉海部门及社会公众的利益息息相关。所以，能否及时准确地获得海洋环境信息，涉及政府部门、各个行业及其他相关者从事涉海活动的利益实现。然而，在海岸带综合管理中由于受“条块分割”及利益等因素的影响，海洋环境信息不对称问题十分突出。它不仅直接影响到涉海利益相关者利益的实现，而且也影响到对我国海岸带环境的保护。如何最大限度地减少和弱化这种海洋环境信息不对称，是目前海岸带综合管理中面临的一个重大课题，具体体现在以下几方面：[①]

（一）海岸带综合管理中海洋环境信息不对称的界定及表现

1. 海岸带综合管理中海洋环境信息不对称的界定

信息不对称理论认为，信息不对称是指参与者们拥有不相同或不相等的信息或不拥有能够做出满意决策所需要的相关信息，从而导致实际的不公正。本书将海岸带综合管理中的海洋环境信息不对称界定为：某些政府或政府部门拥有的海洋环境信息，不被另一些政府或政府部门或其他海洋环境利益相关者拥有或较少拥有，或者不拥有做出满意决策的相关信息，如某涉海部门除拥有公布的海洋环境污染信息外，还拥有未公布的其他海洋环境污染信息，或者拥

① 王琪、李杨：《海洋环境管理中的信息不对称及应对措施》，载《中国海洋大学学报（社科版）》2007 年第 5 期。

有能够让其他涉海利益相关者做出满意决策所需要的相关信息，这就形成了海洋环境信息的不对称。当然，对于那些涉及国家安全的保密信息应属于不公开的范围之列。因此，本书所谈到的海岸带综合管理中海洋环境信息不对称不包括那些属于国家机密的信息，而包括应该公开但是由于种种原因并未公开的信息。

2. 海岸带综合管理中海洋环境信息不对称的表现

按照信息不对称主体的不同，本书将海岸带综合管理中海洋环境信息不对称分为以下四种：

（1）涉海的中央政府与地方政府在海岸带综合管理中的海洋环境信息不对称。毋庸置疑，中央政府和地方政府都是海岸带综合管理的主体，他们在根本利益上是一致的，都是为了发展生产、提高人民的生活水平和促进社会的进步。然而，随着计划经济向市场经济的转型，地方政府的作用得到了极大的改善和提高，地方政府作为地方利益的代表，多数时候以发展本地区的经济作为第一要务。由于地方政府对本地情况更加了解，具有信息优势，所以，中央政府和地方政府之间存在着海洋环境信息不对称的现象。同样，在海岸带综合管理中，由于地方利益本位及地方保护主义的存在，地方政府便会人为对某些海洋环境污染的信息“截留”，从而导致中央政府和地方政府在海洋环境信息的获取范围和数量等方面形成不对称。

（2）涉海的各政府部门在海岸带综合管理中的海洋环境信息不对称。为了有效保护海岸带海洋环境，各涉海部门之间的合作是必不可少的。然而，从经济学的角度上讲，信息也是一种资源，对信息的占有就意味着对资源的控制。因此，各部门从自身利益的角度出发，必然希望自己占有更多的信息，以寻求自身在各部门间具有更重要的地位，进而占有更多的利益，而少占有或不占有则可能会使自己的利益受到损失。在海岸带综合管理中，由于部门众多，如海洋、环保、海事、渔政等，这些涉海部门也会从本部门利益出发，尽自己最大的努力将海洋环境信息控制在自己部门中，以作为实现利益或利益交换的“砝码”。因此，这种“信息控制”就导致了涉海各部门在海岸带综合管理中的海洋环境信息不对称。

（3）政府与企业在海岸带综合管理中的海洋环境信息不对称。海洋环境与涉海企业的关系甚为密切。企业要从海洋中取得所需的生产要素，以转化为满足人民需要的物质和精神产品。而能否及时准确地获得海洋环境信息并以此安排自己的生产，则关系到涉海企业的生存和发展。通常认为企业为了自己的利益会有意隐瞒自己的污染信息，使政府不易得到企业的污染信息。然而，由于政府具有其他经济组织所不具备的强制力，因此，政府可以通过立法等管制手段强制企业公开信息，但是政府并“不愿执行相同的标准”。① 目前，我国还没有一部完整的信息公开法，而政府是公共信息最大的制造者和占有者。所以，在海洋环境信息的公开上，政府和企业并不是对等的关系，政府处于明显的优势地位。

（4）政府与公众在海岸带综合管理中的海洋环境信息不对称。长期以来，政府都是社会一切事务的管理者，公众习惯于被看作被管理者，因而，公众的作用往往被忽视，这便形成了政府对社会事务单方面管理的现象。“有资料表明，我国绝大多数信息资源都掌握在政府手中，只有20%是公开的”②，由此可以看出，政府向社会主动提供的海洋环境信息是有限的。在海岸带综合管理中，公众同样受到有限信息的限制，不能对海洋环境的详细情况有深入的认识，难以根据海洋环境状况安排自己的生活，也难以做出满意的决策，因而影响了自身利益的实现，进而难以形成海岸带海洋环境保护的主力军。因此，政府对信息的垄断便促成了政府与公众在海岸带综合管理中的海洋环境信息不对称。

---

① ［美］斯蒂格利茨：《政府为什么干预经济》，中国物资出版社1998年版，第104页。

② 刘莹：《网络环境下图书馆的信息资源建设》，载《情报资料工作》2000年第2期。

（二）海岸带综合管理中海洋环境信息不对称的形成原因

社会中存在的诸多问题必然是由一定的原因引起的，找到引起问题的原因，才可以避免问题的出现，从而产生人们满意的结果。因此，针对海岸带综合管理中存在的海洋环境信息不对称问题，必须深刻剖析隐藏其后的原因，从而更好地解决信息不对称问题。总体来说，海岸带综合管理中观念错位、利益博弈以及管理体制不顺是引起海洋环境信息不对称的主要原因：

1. 海岸带综合管理的观念错位

观念是现实价值判断的依据，是行为的先导和准则。不同的观念影响了人们的行为方向，因而会形成不同的管理方式。观念上认识不到海洋环境信息公开的必要性，行动上必然会阻碍信息的共享和交流，从而造成信息不对称现象的发生。海岸带综合管理活动也是在一定观念的指导下进行的，因此，海岸带综合管理观念的错位，同样会形成海洋环境信息不对称的现象。

（1）“地方经济首位”意识的形成。随着计划经济向市场经济的转轨，地方政府的利益主体意识日益觉醒，其作为相对独立的利益主体地位也越来越明显，因而滋生了严重的地方本位主义。在中央政府与地方政府的博弈中，由于地方政府直接接触地方的实际工作，因而拥有信息上的优势。另外，由于地方官员的升迁、任免取决于上级政府，所以，某些地方官员为了自己的利益就会有意隐瞒对自己不利的信息，因此，中央政府和地方政府之间存在着信息不对称现象。“没有准确可靠的信息，中央机构可能犯各种各样的错误”①，从而，地方政府可以利用其信息的优势使中央政府制定的政策、制度有利于自身利益的最大化。例如，在海岸带综合管理中，

---

① ［美］埃莉诺·奥斯特罗姆：《公共事物的治理之道》，上海三联书店2000年版，第24页。

面对着给海洋环境带来严重污染，但同时给本地带来经济效益的企业，地方政府就存在对污染信息的遮盖、瞒报现象，因为这些企业除了能够给当地带来大量的财政收入，还是地方政府的政绩表现。

（2）“自我服务、内部使用”观念的影响。“我国政府信息服务体系产生于计划经济时代，其主要职能是自我服务、内部使用。”① 虽然如今政府的职能已经发生了转变，国家着力打造服务型政府，然而，由于长期以来“自我服务、内部使用”观念的影响还没有消除，政府部门往往习惯于向上级负责，而忽视了信息不足对其他政府部门、企业、公众以及其他利益相关者所带来的损失。据统计，“在现有国内的3000多个数据库中，真正流通起来并被利用的不足10%”②，由此可见，目前信息系统的建设主要还是为政府部门内部服务的。在海岸带综合管理中，由于部门众多，如环保、海洋、渔业、水利部门等，它们作为相对独立的海岸带综合管理部门也会受“自我服务、内部使用”观念的影响，从而形成海洋环境信息共享不足的问题。

（3）“政府是海岸带环境保护责任者”观念的影响。毋庸置疑，政府是海岸带环境保护的主体之一，政府在海岸带环境保护方面的方针、政策直接影响着沿岸企业、沿岸居民、渔民及其他利益相关者的行为方式，进一步影响着海洋环境。然而，由于长期以来政府都是管理者，企业、公众被看作被管理者，因而政府部门在对海岸带环境进行管理时往往忽视企业、公众的作用。同时，有些企业、公众会存在自己不会对海岸带环境产生影响的大众心理，这在某种程度上也加剧了海岸带海洋环境信息不对称的形成。此外，各涉海政府部门测定的对象不同致使数据缺乏可比性，更增加了企业、公

① 谭和平：《利益视角中的政府信息公开》，载《云南行政学院学报》2006年第1期。

② 韩启明：《网络环境下政府信息资源开发利用探讨》，载《长江论坛》2003年第3期。

众对海岸带环境污染数据的困惑。根据治理理论，海岸带环境保护的主体必然是多元的，且要形成一种互动。企业和公众如果不了解海洋环境信息，就会对政府在海洋环境方面的政策产生抵触情绪，而能否掌握足够的信息，是企业和公众在公共管理中发挥决定性作用的一个前提。

2. 海岸带综合管理体制不顺

海岸带综合管理体制是国家为了执行海岸带综合管理职能而确立的管理海洋环境事务的组织系统。所以，海岸带综合管理体制就是海岸带环境保护机构的设置问题，一个合理完善的海岸带综合管理体制是海洋环境监督的组织保障，也是确保海岸带海洋环境信息公开的有力支撑。

（1）中央与地方的管理体制缺乏宪法和法律基础。《宪法》中还没有对中央政府与地方政府的事权划分作出明确的规定，虽然这有利于中央政府充分发挥和利用其自由裁量权，但是也使得中央与地方的关系变得不稳定，处于经常变动之中。① 这种变动就会使地方政府为了自己的利益而限制信息的公开，以便中央的政策向有利于自己的方向发展。在海岸带综合管理中，地方政府有时为了本地经济发展的需要，瞒报海洋环境污染的信息，致使中央政府在制定针对海洋环境的污染物总量控制时就会给那些表面上看来污染少的地方多分可排放的污染总量指标，从而极大地破坏了海洋环境。因此，宪法和法律基础的缺乏也促使了海岸带海洋环境信息不对称的发生。

（2）从事海岸带综合管理的部门间缺乏统一的协调机制。一方面，从事海岸带综合管理的部门众多。“在大多数国家，与海洋有关的问题多半可能属于15~25个部门，这样就分散了政府责任且造成

① 颜佳华、易承志：《转型期中央与地方关系的困境及其对策》，载《湖南社会科学》2004年第6期。

重复努力。”[①] 在我国海岸带综合管理体制中，“由于现行法律法规缺乏统一的协调管理机制，部门间的配合缺少约束措施”[②]，致使相互之间缺乏技术交流和信息共享。而且，在海洋环境保护执法管理中时常存在对执法有利可图的环境管理事项争强，无利可图的事项则相互推诿扯皮。另一方面，各个部门测定的标准与指标不统一。当前，我国虽然有全国性的环境监测网，但是各个部门也有相对独立的环境监测网。“由于各自监测的侧重点和对象不同，分析的方法和评价标准也不是完全相同的，致使数据缺乏可比性。评价标准不一致导致经常出现在同一海域这个部门监测反映的数据不超标，而另一部门监测的结果却呈现超标的现象。”[③] 因此，统一协调机制的缺乏使得不同部门之间不能“互通有无”，部门之间信息渠道不畅通，导致政府部门间海洋环境信息的兼容性及整合性差。

第六节　海洋生态损害赔偿

一、国内海洋生态损害赔偿立法现状

原环境保护部生态环境损害赔偿制度改革试点调度会于 2017 年在贵州省贵阳市召开。[④] 会议指出，2017 年，生态环境损害赔偿制度改革的主要任务有 3 项：加强改革试点的协调指导，跟踪评估和督促检查，全面评估试点经验；制定生态环境损害赔偿制度方案，

① ［加］E. M. 鲍基斯：《海洋管理与联合国》，海洋出版社 1996 年版，第 144 页。

② 王琪：《海洋环境问题及其政府管理》，载《青岛海洋大学学报（社会科学版）》2002 年第 4 期。

③ 陈国强、王颖：《海岸带综合管理的若干问题》，载《海洋通报》2003 年第 3 期。

④ 福建、江西、贵州三省被确定为第一批国家生态文明试验区。

建立环境损害赔偿制度方案；建立环境损害司法鉴定机构评审国家级专家库和地方库，制定相关鉴定评估技术指南。同时，环保部通过倒排各项任务时间节点的方式，细化任务，以确保生态环境损害赔偿制度改革实施方案能在2018年顺利推出。

但是，目前我国关于海洋生态损害索赔机制的零星规定主要体现在以下几方面：1. 责任主体方面的主要依据是《海事诉讼特别程序法》和《民事诉讼法》的相关规定；2. 关于责任要件方面，主要依据《民法通则》中关于侵权责任构成要件方面的原则性规定，以及2010年7月1日起施行的《侵权责任法》中关于侵权责任的具体制度规定；3. 关于责任客体方面，主要适用《海洋环境保护法》以及1983年12月29日起施行的《海洋石油勘探开发环境保护管理条例》（以下简称《石油开发管理条例》）等相关行政法规的规定；4. 关于损害赔偿范围方面，主要根据《民法通则》和最高人民法院关于民事赔偿方面的相关司法解释等。以上是我国现阶段对海洋生态损害国家索赔方面建立的初步机制体系，虽然具有一定的现实意义，但在损害赔偿构成要件方面、举证制度方面以及索赔程序方面存在严重的漏洞，也就是说我国还没有建立起完备可行的海洋生态损害国家索赔制度。

对于现行海洋生态损害国家索赔制度构建最具基础性的两部法律是《海洋环境保护法》和《石油开发管理条例》，但是两者存在明显的冲突，即两部法律为我国的海洋生态损害国家索赔提供了两种截然不同的路径，一个是以国家为索赔主体的诉讼路径，另一个是以国家为行政主体的行政命令路径。

《海洋环境保护法》第89条第2款规定，国家海洋行政主管部门有权代表国家向责任者提出海洋生态损害索赔，即索赔的诉讼路径；而《石油开发管理条例》第26条规定，主管部门对违反《海洋环境保护法》和本条例的企业、事业单位、作业者，可以责令其限期治理，支付消除污染费用，赔偿国家损失。该条规定可以解读为，赋予我国海洋行政主管部门以行政命令的方式责令责任者赔偿国家的海洋生态环境损失的权力，把海洋生态损害索赔纳入公权力救济体制之内。当然，这两种索赔路径也具有一定的共性，即索赔的主体都是国家，索赔的目的都是修复海洋生态损害造成的损失，但是这两种路径，哪条路径更利于解决我国现行海洋生态损害国家索赔的困境呢？这是个值得深思的问题，本书将在最后一章中对此问题加以论述。

二、海洋生态损害概述

（一）海洋生态损害及法定类型①

海洋生态损害大多数是因人类的海洋开发活动所引起的，其污染源多、扩散面积广、扩散速度快、污染持续时间长、治理难度大等特点，决定了海洋生态损害国家索赔的艰巨性与复杂性。近年来，随着经济发展与科技进步，人类对海洋勘探开发的技术不断改进，对海洋资源的开发强度也不断加强，一方面满足了人类经济社会发展的能量需求，另一方面由于自然和人为原因，海洋生态环境遭受污染的事故数量也不断攀升。

《海洋环境保护法》第 94 条第 1 款规定，海洋环境污染损害，是指直接或者间接地把物质或者能量引入海洋环境，产生损害海洋生物资源、危害人体健康、妨害渔业和海上其他合法活动、损害海水使用素质和减损环境质量等有害影响。《联合国海洋法公约》第 1 条规定，海洋生态损害是指人类直接或者间接地将物质或者能量倾入海洋生态环境（包括河口湾）中，造成或者可能造成损害海洋生物资源、危害或者威胁人类健康、妨害捕鱼和其他正当用途的各种海洋开发利用活动、破坏海水质量和损害海洋生态环境自然状态等有害

① 宫晴晴：《海洋生态环境损害国家索赔制度初探》，华东政法大学 2012 年硕士学位论文，第 8 ~ 10 页。

影响。该定义比较系统地涵括了海洋生态损害的内涵及外延，它表明海洋生态损害不仅包括对海洋生态系统的破坏和由此产生的其他影响，而且包括因海洋污染给海上及沿海旅游等文化娱乐活动带来的损害，虽然这些损害无法简单地直接用海洋生态平衡理论来辨别。①

综上所述，海洋生态损害指的是，人类的各种勘探、开发活动对海洋生态环境系统的自然功能所造成的极具破坏性的影响，这种影响往往是灾难性的、修复可能性极低的，损害海洋生态系统正常功能，侵害人类当前及此后很长一段时期内的生态利益的法律事实。按照污染源不同，可以将海洋生态损害分为以下几类：

1. 陆源污染物对海洋生态环境的损害

《海洋环境保护法》第29条规定，向海域排放陆源污染物，必须严格执行国家或者地方规定的标准和有关规定。即国家或者地方政府环境保护行政主管部门，根据法律规定的海洋功能区划以及海水动力等条件设置与划分入海排污口，陆源污染物排放单位必须按照法律规定向相关主管部门申报排污种类、浓度等，严格按照申报的限度控制排放量。这些是国家根据国民经济发展的现实需要，以法律政策等形式对适当、必要的陆源污染物②排放给予的容忍限度。

当陆源污染物排放单位违反申报标准向海洋排放污染物，当企业及个人向海洋排放禁止排放类污染物以及排放的污染物未达到国家准排标准造成海洋生态环境污染时，需要承担相应的海洋生态环境污染损害赔偿责任。

2. 海岸工程建设项目对海洋生态环境的损害

主要包括新建、改建、扩建海岸工程建设项目时对海洋造成的

---

① 魏敏：《海洋法》，法律出版社1987年版，第284页。

② 其中，油类污染物、酸液污染物、碱液污染物、剧毒废液污染物、中水平以上放射性废水、含有无法分解的有机物及重金属的废水等属于禁止或者严格限制排放入海的污染物；含病原体、有机物、营养物质、含热的医疗、生活及工业污水属于需经过处理，达到国家排放标准后方可排放入海的污染物。

污染，如化学制浆造纸、化工、印染、制革、电镀、炼油及岸边冲滩拆船等严重污染海洋生态环境的工业生产项目对沿海海域造成的污染，以及海岸采挖矿砂石、岸上打井采挖海底矿石等对海洋造成的损害。

3. 海洋工程建设项目对海洋生态环境造成的损害

主要包括海洋工程项目建设使用法律禁止使用的物质材料，如易溢毒材料和含超标放射物质的材料等；海洋石油勘探开发以及运输过程中发生的溢油事故；海洋石油钻井设备排放残油、废油、未经过处理达标的含油污水、油基泥浆、含毒复合泥浆及其他含油工业垃圾等；海上试油过程中向海洋排放油及油性混合物等。

4. 倾倒废弃物对海洋生态环境造成的污染损害

指未经国家海洋行政主管部门的批准向海洋倾倒废弃物，或者未按照海洋行政主管部门制定的倾倒废弃物的类别和数量向海洋倾倒废弃物及海上焚烧废弃物、海上处置超过国家规定的豁免浓度的放射性废弃物等对海洋生态环境造成的损害。

5. 船舶及相关作业活动对海洋生态环境造成的损害

主要包括在我国海域内，船舶及相关作业单位违反法律规定将污染物、废弃物及其他有害垃圾排放入海所造成的污染损害；船舶碰撞、爆炸以及其他海难事故造成的海洋生态损害等。

以上几种海洋生态损害，因污染来源、污染物性质、发生频率、污染危害性程度及修复难易程度的不同，对海洋生态环境的威胁也不同。其中，海洋石油勘探开发及运输造成的海洋污染以及海上船舶溢油造成的污染，因原油污染物的有毒性高、难以分解、损害持续时间长、损害范围广且极易扩散等特性，对海洋生态环境最具破坏性、颠覆性，是海洋生态损害的罪魁祸首。近年来，我国各大海域受油污污染事故频发，据统计，我国沿海海域平均不到一周时间就会有一起溢油损害事件发生，根据国家海洋局统计公报中的数据显示，我国自 1998 年至 2011 年的 13 年间，发生在我国海域的船舶类溢油损害事故近千起。石油污染作为一种区别于海上常规污染的污染类型，具有突发性的特点，不受人为控制，因此溢油事故一旦发生，造成的生态损失极其严重，可以说是海洋生态环境的灾难：

1. 对海洋生态环境的损害

溢入海洋的油污对海洋生物有极大的杀伤力，它影响浮游植物的光合成速度，导致浮游动物、鱼虾、贝类、珊瑚等水生生物窒息而死。溢油事故严重破坏了海水的清洁度，当石油中的无机氮与磷等化学元素高浓度地进入海洋生态系统时，会导致海水的富营养化，从而为海水中的藻类赤潮生物提供了得天独厚的生长环境，于是产生了“赤潮”这种世界性的海洋灾难，使海洋生物物种异化，影响海洋自净能力，对海洋生物物种造成重大影响。

2. 对经济发展的影响

海上溢油事故导致的石油污染不仅直接影响到经济的发展，使海洋生物体内因积累石油中的有害物质而降低或丧失食用价值，而且对中长期旅游业和渔业等产业的影响也是不言而喻的。

（二）海洋生态损害国家索赔①

海洋生态损害索赔是指，当法律规定的各种污染海洋生态环境的事实发生，造成海洋生态环境污染，从而损害海洋所有人以及海洋用益物权人的合法权益时，海洋所有人以及海洋用益物权人有权向责任者提出索赔。其中，按照索赔主体的不同，可以将海洋生态损害索赔分为海洋生态损害国家索赔和私人养殖户索赔两种。

私人养殖户索赔，是指依法对相关海域享有使用权的养殖户，对因海洋环境污染所造成的养殖损失享有索赔权，这种索赔因为赔偿双方的民事主体属性、索赔客体的纯民事物权属性及索赔程序的

---

① 宫晴晴：《海洋生态环境损害国家索赔制度初探》，华东政法大学2012年硕士学位论文，第10~12页。

典型民事性，属于纯粹意义上的民事索赔内容，属于民法研究范畴，因此不在本书研究范畴之内，以下不再赘述。

1. 海洋生态损害国家索赔

根据《海洋环境保护法》第 89 条规定，造成海洋环境污染损害的责任者，应当排除危害，并赔偿损失；完全由于第三者的故意或者过失，造成海洋环境污染损害的，由第三者排除危害，并承担赔偿责任。对破坏海洋生态、海洋水产资源、海洋保护区，给国家造成重大损失的，由依照本法规定行使海洋环境监督管理权的部门代表国家对责任者提出损害赔偿要求。即造成海洋生态损害的，应当承担赔偿责任。

而海洋生态环境资源为国家所有，国家基于法律授权对其享有财产权利，当海洋生态环境受到污染损害时，国家可以作为索赔主体依照《物权法》第三章“物权的保护”规定的请求权以及《海洋环境保护法》第 89 条的规定，向法院请求侵权人承担排除危害、赔偿污染损害、恢复海域原状等责任。因此，当海洋生态环境受到污染损害时，国家所授权的海洋环境主管部门可以代表国家成为污染损害索赔诉讼的主体，具有索赔资格。当然，国家的这种海洋生态损害索赔权，并不排除在国家所有的海洋范围上已经设定了用益物权的使用权人的索赔权利，也不影响国家海洋行政主管部门对责任者予以警告、罚款等行政处罚。

由于国家仅具有抽象人格，海洋污染损害索赔必须由某个具体的自然人、法人或者组织向侵权人提出。关于具体代表国家行使索赔权的主体问题，鉴于各国的立法传统和海洋管理体制不同，相关国际公约没有作出统一规定，将此留给各国的国内法加以解决，美国、加拿大等国规定由公共自然资源的受托管理人负责索赔。自然资源的受托管理人，是指总统、州长等指定的代表公众负责管理自然资源的官员。这种制度安排的好处显而易见，即一个区域只有一个索赔主体，避免了机构设置重复和功能冲突。①

根据《海洋环境保护法》第89条的规定，国家海洋环境监督管理部门代表国家对责任者提出损害赔偿要求；第5条第2款中规定，国家海洋行政主管部门为相应的海洋行政主管部门。《最高人民法院第二次全国涉外商事海事审判工作会议纪要》第146条规定，《海洋环境保护法》授权海洋环境监督管理部门在授权范围内代表国家，向损害海洋生态环境的油污责任人提起索赔诉讼。

我国海洋行政主管机关作为海洋生态损害索赔的主体是毋庸置疑的。索赔的客体无论是船舶油污污染、海洋渔业资源污染，还是海洋生物群体污染等，其实都是对海洋生态环境的污染，也即无论是哪一种污染，由哪一个行政主管部门代表国家进行民事索赔，其客体都应该是因为海洋生态环境污染所产生的赔偿关系。有了主体和客体，具体的权利与义务就是基于对客体的调整而产生的主体之间的责任的承担和利益的分享，这些主、客体之间的法律关系都是有充分的法理依据的，即海洋生态损害国家索赔有着充分的法理依据。

2. 海洋生态损害国家索赔的性质

（1）海洋生态环境受损所涉及的不单单是民法上平等主体之间的利益损补，而是关系到人类可持续发展与繁荣的生态大问题，人类是生态系统的重要参与者，离开良好的生态系统的支持，人类的繁衍与发展将成为无稽之谈。因此，海洋生态损害索赔的性质不同于普通的民事索赔，它因为指示对象的特殊性而天然地具有了与民事索赔截然不同的属性。

（2）海洋生态损害的对象即海洋生态环境，而非以海洋生态环境为媒介侵害其他的法律客体。海洋生态损害所侵犯的是生态环境

① 王威：《关于海洋环境污染中国家民事索赔之研究》，载《广西社会科学》2010年第9期。

本身，它导致海洋生态功能的退化，与养殖户的鱼虾损失等经济损失应区别开来。因此，它具有非民事索赔的性质。

（3）海洋生态损害不同于普通的民事侵权，并非具体民事主体的特定权益（如生命健康、财产等）受损，而是社会公众甚至全人类的生态利益受损，而侵权责任法、民法等是私法，只调节普通民事主体之间的人身及财产权利，不予以直接引用解决海洋生态损害国家索赔。

因此，海洋生态损害国家索赔制度不同于现有的侵权赔偿制度，是一种特殊的独立的侵权索赔制度。

（三）中国海洋生态损害国家索赔主体法律规定之检讨[①]

海洋生态损害索赔主体是诉讼法范畴中的诉讼主体资格问题，指在海洋生态损害发生后，有权向生态损害责任人提出索赔的主体资格确定问题。现行《民事诉讼法》对污染海洋环境的行为规定有关机关和组织可以向法院提起诉讼，《最高人民法院关于适用〈中华人民共和国民事诉讼法〉的解释》第284条对此作出了明确规定。《海洋环境保护法》第89条第2款首次明文规定国家行政机关是海洋生态损害的索赔主体，该规定被视为中国海洋环境监督管理行政主管部门提起海洋生态索赔的法律依据。虽然《海洋环境保护法》已经明确海洋环境监督管理部门具有索赔资格，但由于中国海洋环境保护实施海洋、环保、海事、渔政等共同管理的制度，导致《海洋环境保护法》第89条第2款在确定具体索赔主体时遭遇困境，无法明确判定海洋生态损害案件的具体索赔主体，造成司法实践中对各类型海洋生态损害案件中海洋环境监督管理部门的索赔资格认定困难。

---

① 黄宗斌：《海洋生态损害国家索赔主体问题研究》，载《中国海商法研究》2013年第2期。

1. 同级不同海洋行政主管部门认定困难

中国海岸带综合管理长期以来以行政管理为主，为强化海洋行政管理中的执行、监督和控制能力，国家设置了若干从事海洋管理的国家机构，也因此出现了“五龙闹海”“九龙闹海”等混乱场面。仅根据《海洋环境保护法》第 89 条第 2 款规定的“行使海洋环境监督管理权的部门”无法明确具体是指海洋行政管理部门中的哪些部门。结合《海洋环境保护法》第 5 条的规定可以确定此处所谓的“行使海洋环境监督管理权的部门”包括国家海洋行政主管部门、国务院环境保护行政主管部门、国家海事行政主管部门、国家渔业行政主管部门、军队环境保护部门以及沿海县级以上地方人民政府行使海洋环境监督管理权的部门。但这些海洋行政主管部门是根据我国不同的海洋行政管理职能需要设立的，分别负责不同的海洋监督管理工作。究竟哪一个海洋行政管理部门可以代表国家对责任者提出索赔或者各部门具体对哪些海洋生态损害具有索赔权，法律并没有明确规定，实践中的认定方法也不一致，导致我国海洋生态损害索赔主体横向层面上确定困难。

2. 不同层级海洋行政管理部门认定困难

中国海洋行政管理部门在结构上分为多个层级，《海洋环境保护法》第 5 条第 6 款规定，沿海县级以上地方人民政府行使海洋环境监督管理权的部门的职责，由省、自治区、直辖市人民政府根据本法及国务院有关规定确定。显然，县级以上地方人民政府行使海洋环境监督管理权的部门也可依法行使海洋生态损害索赔权，而具体哪一层级的海洋行政管理机关可以代表国家对责任者提出海洋生态损害索赔，法律没有作出具体明确的规定，导致我国海洋生态损害索赔主体纵向层面上确定困难。

此外，上述这些海洋管理行政机关在业务范围上还存在交叉重叠的领域，某一领域应该确定谁是海洋生态损害索赔主体？各类型海洋生态损害案件究竟由哪一海洋行政主管部门或者由哪一层级的海洋行政管理机关来行使海洋生态损害索赔权？同一案件，两个海洋行政管理机关提起海洋生态损害索赔是否存在重复索赔问题？诸如此类问题，根据现行法律规定还难以得到明确答案。海洋行政管理机关的设置，既有综合和专业上的分工，又有管理的不同层次之分，结构体系、职能划分十分复杂，各部门之间索赔权限不同，导致实践中不同部门之间对于具有部门利益的海洋生态损害案件互相争夺索赔权，而对于不具有部门利益的海洋生态损害案件则互相推诿，置之不理。

三、我国海洋生态损害国家索赔亟待完善的几方面问题①

（一）作为索赔主体的行政机关不确定

我国《宪法》第9条明确规定水流等自然资源的所有权人是国家。《物权法》第46条进一步将海域的所有权界定为国家所有。《海域使用管理法》第3条表明在我国是由国务院代表国家行使宪法所赋予的海域所有权。由此可见，我国法律明确承认了国家对海洋资源享有所有权。

国家是在国际公法上使用的一个概念，具有抽象性，而且由很多不同部门和不同层级的机构组成。虽然国家作为海洋资源的所有权人能够提起海洋生态损害索赔诉讼，但是在国内法中国家并不能以自己的名义进行诉讼，而是需要借助于具体的行政机关代表其行使诉权。《海洋环境保护法》第89条通过立法授权的方式，从立法上赋予具有海洋环境监督管理权的行政机关代表国家对海洋生态损害的责任者提出损害赔偿要求的权利。行政机关有国家财产管理人资格属于机关法人，符合《民事诉讼法》第48条对民事诉讼当事人

---

① 杨健萍：《我国海洋生态损害索赔法律问题研究》，天津大学2012年硕士学位论文，第21~24页。

的规定，在海洋生态损害诉讼中具有保护海洋环境和生态资源的资格和职能。

根据我国《民事诉讼法》第119条的规定，原告提起诉讼必须与案件有直接的利害关系，否则无权起诉。但是随着司法实践的发展，直接利害关系理论日益受到挑战，管理权理论逐步取而代之，该理论是指即使与案件没有直接的利害关系，只要对所争议的标的物享有所有权或者管理权就可以作为当事人起诉。有海洋环境监督管理权的行政机关在其管理的自然资源受到损害时，代表国家提出索赔符合管理权理论。① 这同时表明我国海洋环境保护方面的法律发展是在解决实践环境问题的过程中逐步完善的。

在行政法学上，行政机关代表的是国家统治阶级的意志，通常经由国家权力机关授权，是依照宪法和有关组织法的规定而设立的，依法享有并运用国家行政权能，负责对国家各种行政事务进行组织、管理、监督和指挥。国家通过立法授权的方式将自然资源的监督管理权授予一定的行政机关，赋予行政机关代表国家提起民事损害索赔的权利。在海洋生态损害索赔中，行政机关的身份具有行政与民事的复合性：在进行行政管理时是行政主体，行使的是国家赋予的具有强制执行力的行政权力，与责任人之间是不平等的管理与被管理的行政法律关系；进行生态损害索赔时是民事权利主体，基于国家资源所有权和管理权向侵权责任主体行使索赔权，与责任人之间是平等的民事诉讼法律关系。虽然是同一机关，但是在两个不同性质的法律关系中，法律地位是不同的，两者并不矛盾，互不干扰。因此，当海洋资源与环境遭到污染损害时，行政机关作为具有监督管理权的部门为了维护国家海洋资源所有权，有权代表国家向污染责任人提出海洋生态损害民事索赔之诉，其索赔主体资格符合法律的规定。

---

① 张小磊：《海上船舶油污生态损害赔偿范围研究》，华东政法大学2010年硕士学位论文，第26页。

传统环境民事侵权责任是指当污染环境的行为造成民事主体的人身损害或财产损失时，索赔主体是其利益直接受到侵害的单位或个人。海洋生态损害行为所侵害的对象是不属于任何私人所有的海洋生态环境，属于国家利益和公共利益的范畴，这就决定了海洋生态侵权者所承担的责任有别于传统民事侵权法上的责任，不以特定民事主体的人身或财产损失为基础条件。

我国目前对海洋环境保护管理的体制实行海洋、环保、海事、渔业等多头管理模式，国家根据行政职能的不同，设立不同的行政机关，并将海洋资源授权给不同的部门管理，由于行政机关在机构上常常分为多个等级，不同级别的部门之间由于没有明确的权限划分，结果造成授权不清、权责不明的情况。同时，与美国《油污法》对自然资源托管人详细而具体的规定相比，我国法律对行政机关索赔主体资格的规定过于原则，导致在海洋生态损害发生时，无法确定由哪一个具体的行政机关或者哪一级机关可以代表国家向责任方提出索赔，导致我国司法实践中海洋生态损害索赔主体认定的混乱局面。多个管理部门对海洋环境都负有监督管理权，在某些事项上由于职权不清会出现同时几个行政部门监管权的重叠现象；此外，当海洋生态损害波及相邻的多个区域时，是由原发地有管辖权的机关还是这几个不同区域内有管辖权的机关分别起诉，相关规定没有明确，实践中让人无所适从。

各行业行政机关在业务范围上存在交叉重叠，各个部门间职责划分不清，很难确定哪一个行政机关是对海洋生态损害代表国家提出索赔的唯一主体，这就导致海洋生态损害事故发生后，会出现多个有权监管的部门同时代表国家就损害提出索赔或者无人索赔的局面，导致诉讼混乱，不仅会增加索赔成本，降低诉讼效率，浪费诉讼资源，而且最终会损害国家或社会公共利益。

依民事诉讼法的权利处分原则，对是否提起诉讼，权利人有决定的权利，而对负有海洋环境监督管理职责的相关管理部门来说，海洋生态损害索赔权既是其权利，同时也是法律规定其必须履行的职责，不能随意放弃索赔权或者放弃部分索赔内容，因此不能完全适用民事诉讼法律中的权利处分原则。提起海洋生态损害赔偿诉讼的行政管理部门虽然代表国家作为财产所有人，但是其与民事主体的所有权有本质的不同，不具有民事权益的完全处分权。其能否在海洋生态损害赔偿上代表国家与污染责任人达成和解，放弃部分或者全部权利，所达成的和解协议是否有必经的程序或者是否要经上级机关的批准等，目前法律都未作出明确规定。①

（二）赔偿范围不完善

赔偿范围，是指侵权损害发生时权利人可以依据法律向责任人提出的具体赔偿种类和数量。赔偿范围的大小直接关系到责任者与受害人的切身利益，在海洋生态损害诉讼中赔偿范围并不等同于海洋生态系统遭受的完全意义上的损害，而应是指人们能够凭借当前科技手段认识并经过一定评估所确定的损害。在侵权行为人造成海洋生态损害事故时，国家向责任人提出索赔损失的范围只有经法律的确认才能得到保护。普通侵权损害赔偿的范围包括直接损失和间接损失，表现为财产损害赔偿、人身损害赔偿和精神损害赔偿。而海洋生态损害赔偿具有其特殊性，主要是对国家海洋权益的侵害，危害的是大多数不特定人的公共利益，影响海洋环境质量和资源的利用。②

我国对赔偿范围的相关规定体现在最高人民法院 2005 年发布的《第二次全国涉外商事海事审判工作会议纪要》（以下简称《纪要》）上，《纪要》规定了三类油污损害赔偿，包括公民、法人或其他组织由于船舶油污造成的财产损害，为防止或减轻污染而采取的清污措

---

① 刘雯雯：《我国海洋生态损害索赔主体法律问题研究》，大连海事大学 2008 年硕士学位论文，第 33 页。

② 岳小花、密晨曦：《论国家索赔海洋生态损害的赔偿责任》，载《中国海洋大学学报（社会科学版）》2011 年第 3 期。

施费用损失及船舶油污所带来的渔业资源和海洋资源损失。下面对《纪要》存在的以下几方面问题进行简要介绍：

1.《纪要》将对海洋渔业资源造成的损害作为海洋生态损害看待，在确定索赔主体时采用海洋环境损失的概念，对损害类型的规定与索赔主体的规定存在脱节的现象。

2.《纪要》对赔偿渔业资源损失的规定主要参照《国际油污损害民事责任》公约的相关规定，但缺陷在于没有明确能否适用国务院下属机构制定的渔业损害赔偿评估标准。

3.《纪要》对赔偿范围的界定过于狭窄，这样的规定把渔业资源和海洋资源之外其他的海洋生态损害排除在外；文件还参考国际公约的规定，对油污造成的渔业资源和海洋资源损失的赔偿仅限于已经实际采取或者未来将要采取的合理复原费用，弊端在于没有包括不可恢复的环境损害的费用，无法全面救济海洋生态损害。

总之，我国目前的法律对海洋生态损害的规定较为原则，缺乏对其赔偿范围翔实、可操作性强的规定，而作出此类规定的司法文件在我国立法中位阶较低，在海洋生态损害赔偿诉讼中较易产生争议。

（三）赔偿额计算依据缺失

《渔业污染事故经济损失计算方法（GB/T 21678－2008）》虽然列举了11种具有可操作性的渔业损失量计算方法用以计算直接经济损失，能够在计算方式上更加具有合理性，但是仍然没有改变对天然渔业资源恢复费用的计算方法，仍然缺乏客观性。

对海洋生态损害的量化仅依靠法院很难精确地进行测量，还要依赖专业的评估专家和机构。具体而言，在计算海洋生态损害时，存在下列一些困难：第一，对海洋生物资源所造成的损害，是否应从短期、中期和长期等不同角度予以审视。海洋生物资源在污染的短期或中期之内可能遭受数量减少损害，但经过长时间的修复，海洋生物资源又开始进行繁殖，此时是否应将海洋生物资源数量少的损害包括在赔偿的范围之内便产生了争议；第二，有的海洋自然资源遭受的损害是不可逆转的，如某一物种由于生态损害从此灭绝，那么此时的计算便更加复杂；第三，污染造成的长期有害影响有时很难衡量；第四，如果某海域在遭受本次生态损害之前便受到了污染，如何区分前后两次污染的界限，这将直接影响赔偿数额的确定。①

海洋生态损害赔偿额的计算需要借助大量的数据和复杂的生态评估技术，需要运用经济学原理和生态环境科学等综合理论。海洋生态损害还会受到各种因素的影响，这些因素多具有不确定性和复杂性等特征。索赔人在索赔时采用抽象的数学公式和模型计算损失，会由于理论的选择差异和模型构建的区别带来计算结果的不确定性。应赔偿之损害，其大小为一事实问题，其计算法院得依主权之作用为之，法律虽为社会科学，非自然科学，计算损失大小归根结底为一法律问题而非数学问题。但于特别情形下为顾及其为社会科学并无绝对与数学原则一致之必要。②

因此，赔偿额计算依据的缺失对海洋生态损害赔偿诉讼有根本性的影响，实践中双方争议的焦点往往在于数额的高低。巨额赔偿是对肇事者最强有力的震慑，但是如果赔偿数额无法有效快速计算，则只会导致海洋生态利益遭受更大的侵害。

（四）第三方评估鉴定机构缺失

在海洋生态损害诉讼活动中，一方面，生态损害赔偿范围和赔偿数额的确定已经超出了法官自由裁量权的范围，需要借助专业的评估鉴定机构，运用海事科学理论知识和专业的评估监测手段，以厘定精确的赔偿范围和赔偿数额。另一方面，即使法律中规定了全

---

① 刘家沂：《海洋生态损害的国家索赔法律机制与国际溢油案例研究》，海洋出版社2010年版，第117页。

② 曾世雄：《损害赔偿法原理》，中国政法大学出版社2001年版，第37页。

面的生态损害赔偿范围，没有第三方评估鉴定机构，也不能保障海洋生态损害的充分赔偿。我国《海洋环境保护法》第20条第2款规定相关行政机关有义务对遭到破坏的海洋生态环境进行恢复，但量化修复的费用依赖于评估鉴定机构，即原告证明损失的多少需要直接以评估机构的报告和结论为依据。

目前我国的评估鉴定机构主要是国家环保部门及海洋部门的环境监测站及指定的海事司法鉴定中心。该机构存在于行政管理体制中，隶属于环境保护行政机关，在索赔案件中往往与原告有直接或间接的行政关系，容易受到行政权的干预和影响，因此难以形成具有权威性、中立性和客观性的评估报告和结论，鉴定结果会让人产生怀疑。独立公正的第三方评估鉴定机构的缺失，会影响诉讼程序的进行，不利于证据的认定和赔偿范围的确定。

第七节　海岸带环境监测①

一、海岸带环境监测概述

环境监测是指依法从事环境监测的机构及其工作人员，按照有关法律法规规定的程序和方法，运用物理、化学或生物等方法，对环境中各项要素及其指标或变化进行经常性的监测或长期跟踪测定的科学活动。我国的环境监测机构包括国家环境监测总站、省级站、省辖市市级中心站以及各区县级环境监测站。上述各级各类环境监测机构按照协同合作的原则，共同组成全国环境监测网，为各级政府全面报告环境质量状况提供基础数据和资料。②

海岸带环境监测是国家为加强海岸带海洋生物多样性保护工作

① 徐根平：《我国海洋环境监测法律规制》，中国海洋大学2011年硕士学位论文，第3~6页、第13~15页。

② 汪劲：《环境法学》，北京大学出版社2006年版，第242~243页。

而建立的一项具有长期性、基础性和持续性的公益性事业。它是为了准确、及时和全面掌握海岸带生态系统中各种环境要素的时空分布、变化及其规律，运用化学、生物学、物理学、沉积地质等方法在预定时间、站点和海域对包括来自系统的大气、海冰、沉积物、水体和生物体中各种环境基质按规范、标准进行长期和连续监测的活动。海岸带环境监测是海岸带海洋生物多样性保护工作的基础，同时海岸带环境监测的定义为我国海岸带海洋生物多样性保护工作的内容提供了标准。

（一）海岸带环境监测主体①

1. 海岸带环境监测管理机构

国家海洋局组织全国的海洋环境监测的工作，在《海洋环境保护法》总则里规定了国家海洋行政主管部门“组织海洋环境的调查、监测、评价和科学研究”，该法第二章第14条规定，国家海洋行政主管部门按照国家环境监测、监视规范和标准，管理国家海洋环境的调查、监测、监视，制定具体的实施办法，会同有关部门组织全国海洋环境监测网络，定期评价海洋环境质量，发布海洋巡航监视通报。依照本法规定行使海洋环境监督管理权的部门分别负责所辖水域的监测、监视。其他有关部门根据全国海洋环境监测网的分工，分别负责对入海河口、主要排污口的监测。

2. 海岸带环境监测业务机构

除了监督管理机构外，还承担海岸带环境监测日常业务的是监测业务技术机构。目前，我国海洋环境监测业务体系主要由国家和地方组成，其中国家层面的海洋环境监测业务系统主要由四级监测

① 由于本书所涉及的海岸带环境监测主体主要是依据相关法律法规针对全国范围内的海域进行环境监测所进行的分类，所以这部分内容的阐述中有些地方以“海洋环境监测”取代“海岸带环境监测”。

业务机构组成：

一级业务机构是国家海洋环境监测中心（大连），其主要职责是全面负责与海洋环境监测相关的技术管理、业务指导、监测研究及评价服务等；

二级业务机构是各海区的环境监测的业务主体，包括南海（广州）、东海（上海）、北海（青岛）三个环境监测中心，它们负责各自相关海区环境监测的技术管理和数据采集、评价服务；

三级业务机构是在宁波、大连等地设置的十余个海洋环境监测中心站，其主要任务是具体实施本海域的环境监测工作；

四级业务机构是基层海洋环境监测站。

除了在国家层面的海洋环境监测业务机构外，沿海地方的海洋环境监测业务系统包括：省级海洋环境监测中心、市级海洋环境站和县一级海洋环境监测站，分别对应于国家海洋环境监测业务层面的海区监测中心、海洋环境监测中心站和海洋环境监测站。这样在国家和地方都有相应的海洋环境监测业务机构，可以全面覆盖海洋环境监测的各个领域，扩大其监测范围。

（二）海岸带环境监测的主要任务及其意义

1. 海岸带环境监测的任务

海岸带环境监测的目的是及时、准确、可靠、全面地反映海岸带环境质量和污染源的现状和发展趋势，为海岸带环境保护和综合管理、海洋资源开发利用、海洋生物多样性保护提供科学依据。为了强化海岸带综合管理，掌握大量第一手资料是十分必要的，因此必须加强资料的分析工作，建立管理和决策信息系统，提高管理决策的水平和能力。① 海岸带环境监测的主要任务包括：（1）对海岸

---

① 鹿守本、艾万铸等：《海岸带综合管理——体制和运行机制研究》，海洋出版社2001年版，第51页。

带环境中的各项要素进行经常性监测，及时准确系统地掌握和评价海岸带环境质量状况及发展趋势；（2）掌握海岸带环境污染来源及其影响范围、危害和变化趋势。对有违反海岸带综合管理相关法律法规重大可能性的项目进行监视性监测；（3）积累海岸带环境本底资料，为研究和掌握海岸带环境容量，实施环境污染总量控制和目标管理提供依据。为政府部门执行各项海岸带管理法律、法规、标准，全面开展海岸带管理工作、相关利益人作出决策和公众进行监督提供准确、可靠的监测数据和资料；（4）为制定和执行海岸带环境法规、标准及海岸带环境规划、污染综合整治对策提供数据资料；（5）开展海岸带环境监测技术服务，为经济建设、环境建设和海洋资源开发利用、海洋生物多样性保护提供科学依据。

2. 海岸带环境监测的意义

海岸带环境监测是海岸带环境管理的重要组成部分，也是海岸带海洋生物多样性保护的基础性工作。具体表现为：（1）及时准确的海洋环境质量信息是确定海岸带综合管理目标、进行海岸带环境决策的重要依据，这些信息的取得依靠海岸带环境监测，否则很难实现科学的目标管理；（2）海岸带综合管理制度贯彻执行要依靠环境监测，否则制度和措施将流于形式；（3）评价海岸带综合管理和污染治理效果必须依靠海岸带环境监测，否则很难提高科学管理的水平。因此，海岸带环境监测是海岸带综合管理的重要支柱。

（三）海岸带环境监测相关制度介绍

1. 海洋环境监测网的管理制度

全国海洋环境监测网成立于 1984 年 5 月，在原国家海洋局的领导下，由沿海省市、国务院相关工作部门等参加的全国性的海洋环境监测的业务协作组织，是环境监测网中的国家二级网。

全国海洋环境监测网由国家海洋环境监测中心负责管理，同时进行技术、信息的管理。全国海洋环境监测网实行分工负责制，原国家海洋局、水行政部门、海事行政部门、渔业行政部门和沿海省市环境保护部门各自负责其所属领域的海洋环境监测工作。

2. 环境监测报告制度

海岸带环境监测重要内容之一就是环境监测报告的管理，其设立的目的是实现海岸带环境监测数据、资料管理规范化，促使收集信息高效、有针对性地进行传递，提高海岸带综合管理与海洋生物多样性保护的质量。原国家海洋局所属的海洋环境监测机构、各流域近岸海域专业监测网和地方沿海环境保护部门具体承担所属辖区的环境监测报告的编制，并依照要求报告。在环境监测报告的管理方面，各类监测数据、资料及汇总形成的报告、成果属于国家，其中对于涉及保密范围的监测数据、资料必须严格按照国家保密规定进行管理。环境监测系统内部向外部单位提供监测报告、监测数据和资料时，应当履行审批手续。属于有偿服务性监测、国际合作项目监测，环境监测站在提交环境监测报告时，必须附有该报告的使用范围，同时报同级环境保护主管部门备案。凡有偿提供监测报告，应按照地方财政部门的收费标准收取费用。

3. 环境监测质量保证制度

环境监测质量管理工作是海岸带环境监测工作的重要组成部分，是指在环境监测的全过程中为保证环境监测数据和信息的准确性、精密性和完整性而实施的相关活动和措施。质量保证是海岸带环境监测工作中的技术基础性工作。各级环境监测站应做好环境监测质量保证的管理工作，以保证环境监测数据资料的准确、可靠。环境监测质量的提高也需要环境监测人员素质的提高。因此要对环境监测人员实行合格证制度，经考核认证，持证上岗。同时，质量保证工作实行分级管理。国家层面有国家的环境监测质量保证管理小组，省级环境保护行政主管部门，负责组织省环境监测质量保证管理小组，其他具备条件的地、市环境保护行政主管部门可组织环境监测质量保证管理小组，同时应当明确各级质量保证工作内容、基本要求和相应的环境监测质量报告制度，为了使环境监测机构认真落实质量保证制度，应当明确各级质量保证机构的职责，对违反制度进行责任追究。

二、我国海岸带环境监测亟待完善的几方面问题

我国目前的海岸带环境监测工作与海洋大国相比，还存在不少差距，主要表现为海岸带环境监测管理体制的多方利益冲突、海洋环境业务体系中重要制度的法律化不完善、海岸带环境监测科技政策力度不够等问题。

（一）海岸带环境监测相关重要制度的法律不健全

1. 全国海洋环境监测网的运行机制有待完善

全国海洋环境监测网的基本任务是对我国所辖海域的入海污染源实行连续监测，同时掌握污染的状况及其变化趋势，在此基础上为海洋环境保护和海洋科研活动提供基础的技术资料。但我国目前全国海网的运行出现了以下问题：（1）由于国家对海洋事业的投资有限，我国目前对海岸带环境监测的资金投入比例较低。这样就导致海岸带环境监测工作面临经费困难、仪器设备陈旧、人员不整等问题。这些现象在一定程度上限制了海洋环境监测系统作用的发挥。（2）海岸带环境管理机构重叠，各沿海部门都有自己的环境监测网、站的层级分布，使得全国海洋环境监测网的存在没有重要意义。正是由于全国海洋环境监测网运行机制的不健全，导致该网络不能起到数据及时更新和统一协调进行海岸带环境监测的作用，这样必然会阻碍海岸带环境监测工作的正常发展。

2. 海岸带环境监测资料共同分享机制的不完善

如上文所述，我国目前海岸带环境监测管理部门过多，因此在海岸带环境监测业务方面出现多部门主体参与的现象。虽然这样能够收集大量的数据和信息，但由于法律上没有明确所收集资料的公

开范围和使用方式，同时因为监测数据收益性而带来的各部门的利益之争，导致各部门不肯将监测数据转交或共享，从而使得花费大量人力、物力取得的监测资料闲置起来，不能充分发挥这些监测数据在海岸带海洋生物多样性保护工作中的作用。共享机制的不完善，极大地降低了监测数据和信息的利用率，无法满足海岸带环境决策和管理的需要，影响海岸带综合管理工作的顺利进行。

3. 海岸带环境监测资料的归档机制不健全

海岸带环境监测资料是国家海洋信息系统不可或缺的部分，但我国目前海岸带环境监测资料的归档管理没有完全覆盖现有的收集资料的类型，如卫星资料、航空遥感、海洋生态监控资料等。同时资料的投送和汇集协调机制等相关问题也未能有效地协调解决。因此，应当着手解决新资料的归档问题，使得海岸带环境信息得到及时更新，保持海洋环境监测数据的时间性和准确性，以便为海岸带综合管理和海洋生物多样性保护决策提供最新、最准确的技术支持。

（二）海岸带环境监测科技政策的问题

1. 海岸带环境科技创新能力不足

海岸带环境监测工作需要准确而全面的数据支持，要实现这个目标，关键是靠海洋高新技术的支持。当前我国海洋科技创新能力与国际先进水平差距仍然较大，这一方面与我国环境保护科技投入不足、市场机制的发展不完善有关，另一方面与当前的创新体制和海岸带环境监测运行机制不完善有关。

2. 海岸带环境科研管理体制有待改进，科学资源配置有待优化

在我国海洋环境科技发展进程中，由于不注重硬件资源与人才的整合，海洋科技研究机构重叠，造成我国海洋环境科技力量分属若干部门，弱化了资源的利用效率，不能使现有资源发挥最大功用；另外，由于海岸带环境科技管理体制分散，限制了现有的海洋科研

力量与科研投入，同时也造成我国海洋科研活动存在低水平、重复化建设以及发展不协调等问题。

3. 基础研究与应用研究脱节

由于现有海岸带科技管理体制的衔接不紧密，海洋环境科技基础研究与应用研究出现脱节。海洋环境科技基础研究的部门与应用研究部门间没有形成紧密联系，各自为实现独立的科研目标与任务而工作，因而没有注意到基础研究与应用研究、技术开发和技术产业化之间需要紧密联系的管理体制，这样就直接导致基础研究与应用研究脱节。出现该类问题的另一个原因是知识面的局限：科技人员只懂得自己的专业，缺乏学科交叉能力；管理人员只懂自己管辖的工作，对科技产业链条的其他环节不了解。一个良好的社会科技体系应当是基础研究促进应用技术发展，技术进步反过来推动基础研究的发展。在这方面，我国应学习德国和美国的成功经验，从国家层面上促进科技服务于社会宗旨的实现。

4. 海岸带环境监测技术设备核心技术难以突破

海岸带环境监测包括常规监测、定点监测、应急监测等，监测内容包括基本参数、水体中重要的理化参数、营养盐类、有毒有害物质和放射性核数、沉积物中有关物理参数等。这些要素都暗含着对技术和设备的要求。因此，海岸带环境监测技术设备的科学性与先进性直接影响着海岸带环境监测数据的真实有效性。但我国海洋环境监测技术及设备却面临核心技术难以自主掌握的困境，如海啸和海洋灾害预报预警系统技术、近海环境自动监测系统技术、海洋立体监测和信息服务系统技术、海洋遥感技术、海洋资料浮标技术、深远海空间观测站的设立等技术、技术水平远远落后于海洋大国，使我国海洋环境监测方面的成果有限，在制定全球性的海洋政策时没有话语权。

第八章　我国海岸带管理对海洋生物多样性保护立法设想

《海洋环境保护法》特别强调了对特殊海洋生态系统的保护，其中第 21 条第 1 款规定，要求建立海洋自然保护区或者海洋特别保护区以保护海洋自然生态；第 24 条第 2 款要求开发利用海洋资源者，应根据海洋功能区划合理布局，不得造成海洋生态环境破坏；第 25 条要求引进海洋动植物物种的，应进行科学论证，避免对海洋生态系统造成危害；第 26 条要求开发海岛及周围海域的资源，应采取严格的生态保护措施，不得造成海岛地形、岸滩、植被以及海岛周围海域生态环境的破坏。此外，如上文所述，海岸带环境污染近年来日趋严重，学界专家已从污染原因角度出发对海洋生态损害案件进行分类（如图 1），政府相关部门对此予以高度重视，不断推出污染防治措施和海洋生态修复措施，以期能够促进我国海岸带海洋生物多样性保护立法进程。本章针对前文所述问题和论证，提出立法设想，希望对本书所涉议题有较大助益。

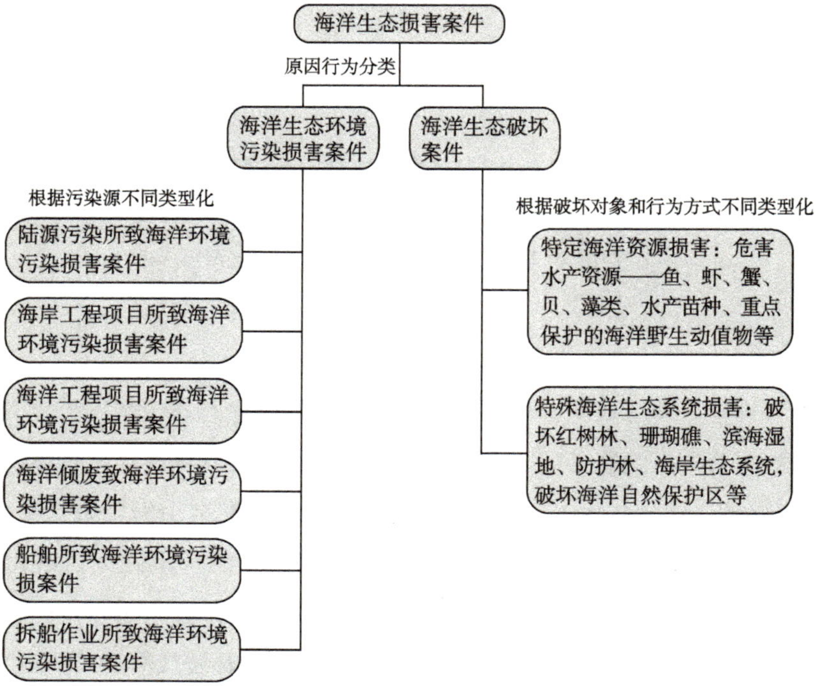

图 1　海洋生态损害案件类型化图

第一节　我国海岸带综合管理立法设想

海岸带管理具有鲜明的区域性，结合在海岸带管理地方立法过程中出现的问题可以发现，解决海岸带管理诸多复杂问题的出路之一在于先着眼于地方立法建设，再通过地方性海岸带管理的示范与推广，使地方立法相互融合，并归纳出相关的经验，为今后我国制定海岸带管理的综合立法奠定基础。

因此，在论及“我国海岸带综合管理立法”这个问题时，本书从海岸带地方立法的立法体例、立法条件及立法技术等方面着手，对该问题进行论述。

一、立法体例问题[①]

所谓立法体例就是指所要制定的规范性文件的体裁。主要包括两种形式：一是形式上分章节，内容上对规范性文件详加表述（以下简称具体式）；二是形式上不分章节或分章节，内容上对规范性文件进行抽象表述（以下简称概括式）。在已出台或将要出台的国家海岸带立法中，当年暂时拟定的《海岸带管理条例》（草案）仅 18 条，未分章节，表述上比较抽象，是概括式体例的代表。立法体例虽然只是一个“形式”，但却反映了立法者对于立法对象的重视程度和认识深度。草案采取概括式体例，究其原因是当时对于海岸带综合管理的认识还不够深入，对于一些问题无法把握，不能将其列入海岸带管理法治的范畴之中。此外，由于一些问题过于具体化、地方化，作为国家层面上的法律法规必须有概括性，才能给下位法以具体规定的空间。而《青岛市海岸带规划管理规定》则采取章、节、条、款的形式详细规定了海岸带管理的各个方面和各种问题，是具体式体例的典型。这种立法体例的选择，恰好说明地方立法制定得具体、详细，通过地方性立法来推动国家立法是我国可以参考的选择之一。究其原因，主要是地方较之中央在立法上可以采取更具前沿性、试验性的步骤，如青岛构建相应法律体系的做法。此外，地方立法可以更好地总结本地区的具体问题并加以解决，当地方立法逐渐成熟后，就可以在这些问题的基础上再归纳国家层面的法规需要解决的问题。

二、立法条件问题[②]

我国海岸线十分漫长，需要进行海岸带综合管理的地区非常

---

① 董跃：《我国海岸带管理立法建设途径刍议》，载《海洋开发与管理》2008 年第 11 期。

② 董跃：《我国海岸带管理立法建设途径刍议》，载《海洋开发与管理》2008 年第 11 期。

多，而对海岸带综合管理进行单独立法的却只有少数沿海省市。造成这种局面的原因很复杂，其中一个原因就是许多地区是以一个法律框架来解决这一问题，如厦门。此外，省市的不同特质也是原因之一，如青岛市是典型的利用海洋来发展的城市，可以说海岸带的规划管理意味着对其生命线的呵护，因此青岛市十分重视这一问题；江苏省的情况也大致相仿，只是两者的区域级别不一，且对海洋的利用方向也有所不同。还有一个重要原因就是当地法律界尤其是法学界的支持，青岛市有很多海洋研究机构，海洋法专家们为青岛市的海洋管理立法提供了一个得天独厚的理论平台；江苏省的立法活动，也得到一些高校及当地涉海研究机关和公司的大力支持。

从这一点看，沿海发达地区拥有许多优越的立法条件，较之从国家层面考虑立法，其难度要低得多。因此，本书建议不妨考虑先在地方大力开展海岸带综合管理的立法，最后再以这个过程为依据，遴选人才，聚集力量，争取列入国家的法律法规拟订计划之中。

以往经验表明，海岸带综合管理在每个发展周期中都遵循重要的研究方法来解决问题，即制定和实施政策、策略和行动计划，监测进展情况以及评价影响。在最初的发展周期里，海岸带综合管理首先解决一些紧急问题；在随后的周期中，海岸带综合管理的地理范围及计划的规模都会扩大，更新的和更复杂的问题将进一步纳入研究范围，基本上都经历一个示范—巩固—推广—扩大的发展过程。立法也是如此，推动海岸带综合管理立法较为合适的方法是先大力进行地方立法建设，然后在海岸带综合管理立法推广扩大的过程中，与其他地区的立法进行冲突—融合—精炼—归纳的运转过程，在获得足够的经验之后，再纳入国家级的立法计划中去。

三、立法技术问题[①]

法治现代化既是相关法律理念和法律制度的现代化，也是立法技术的现代化。在立法、执法、司法等法治环节中，立法可谓首要环节。立法质量将直接影响到法治目标的实现与否。探讨我国海岸带综合管理立法问题，在制度层面必须着重考虑的就是立法技术问题。应该说，当前我国在海洋行政、海洋管理和海洋法治中存在的种种问题，实际上无不与前文所述的我国实际上是松散式管理模式，有待先从地方性海岸带综合管理立法中着手，实现半集中管理模式之后再推进集中管理模式的发展有关。也就是说，我国在论及海岸带综合管理立法这个问题时，必须着力提高我国地方性海岸带综合管理法规的立法技术，从而使我国地方海洋立法科学化，实现海洋法治。因此，本书对我国当前地方性海岸带综合管理立法在立法技术方面的现状和存在的问题进行分析，并提出了相应解决对策。

1. 地方性海岸带综合管理立法及其立法技术

地方性海岸带综合管理立法是指有立法权的地方国家机关，依照宪法和法律的规定或者授权，根据本地区的政治、经济和文化生活的特点，制定、修改和废止在本地区海岸带区域内适用的海洋或涉海地方性法规和规章的活动。地方性海岸带综合管理立法作为各国海洋法律体系的重要部分，正日益受到广泛关注和重视，其对各国经济发展的核心地带——海岸带区域的整体发展正发挥着越来越重要的规范、调整和保障作用。

我国海洋、地理、自然及气候条件决定了我国海岸带综合管理立法必须重视地方性立法，充分发挥地方性立法在国家法治建设中的地位和作用。可以说，中国地方性海岸带综合管理立法在客观上

---

① 王建廷：《我国地方海洋立法技术分析》，载《海洋环境科学》2009年第1期。

主要起源于不同海域的自然环境的较大差异和经济、社会发展的不平衡，以及国家环境立法的不足。在主观上主要基于国家对立法权的划分和追求经济、社会和环境协调发展，并在公正平等的前提下保护具有地缘特征的自然环境的需求。地方性海岸带综合管理立法是我国法律体系的重要组成部分，它对发挥地方的积极性和主动性，健全完善社会主义市场经济体系，坚持以人为本，促进和保障地方各项海洋事业全面、协调、可持续发展发挥了重要作用。

立法技术是现代立法学的重要内容。我国法学界普遍认为立法技术有广义和狭义两种理解，从广义上说，和立法技术有关的一切规则都属于立法技术的范围；从狭义上说，立法技术是关于法律的内部结构和外部结构的形式、法律的修改和废止的方法、法律的文体、法律系统化的方法等方面的规则。对法律概念的理解不能脱离社会实践，要和我国法治建设相结合来把握其基本内涵。本书使用立法技术这一概念，用以研究我国地方性海岸带综合管理立法，研究为保障我国地方性海岸带综合管理立法的科学与完善，所应遵循的各项原则、方法与技巧。本书认为，立法技术就是在法律的立改废过程中所应遵循的为保障所立之法科学、严谨和完善所遵循的原则、规则、方法和技巧的总体。这是对立法技术从广义上的理解，应特别注意以下三个方面：一是对立法技术仅作狭义理解是不合适的，对立法技术的理解不能仅仅停留在法律规范的构建、法律语言和文字结构的编排——这种狭义的“方法”或“手段”认识上。如果仅仅理解成一种方法、一种技术手段，也就使立法技术沦为一种泛泛而言的“文字技术”，从而使其失去了特定的立法学上的法律意义。二是立法技术无论是从理论还是实践上来看，都涵盖了从立法预测、立法决策、草案制定、法案通过一直到法的完善、法的监督的整个立法运行过程，是从动态与静态相结合的角度对立法过程的考查和研究，这也正是其特定法学价值之所在。三是立法技术的提高与完善是保障、服务和从属于法的质量与价值的，其对保障立法的民主、科学和完善均具有重要意义，是实现现代法治“良法之治”的基本内涵。

2. 我国地方性海岸带综合管理立法技术分析

《联合国海洋法》生效以来，我国在逐步完善国家层面海洋法规的基础上，也完成了地方性海岸带综合管理立法从无到有、由少到多的发展过程，地方性海岸带综合管理立法已成为当前海岸带区域地方立法的重要内容。据不完全统计，沿海省市地方性海岸带综合管理立法和涉海法规立法范围涉及海洋环境保护、海洋生物多样性保护、海洋自然保护区建设、海域使用、海洋工程、海岸工程、海洋渔业管理、海洋经济、滨海旅游、海岛、渔港渔船、辅助渔船、休闲渔船等涉及海洋开发、利用、养护和管理等各个方面，如广东省人大及其常务委员会近年就先后制定了《广东省近岸海域环境功能区划》《广东省海域使用管理条例》《广东省海域使用金征收使用管理暂行办法》《广东省港口管理条例》《广东省海洋与渔业基本建设项目管理试行办法》等一批地方性海岸带综合管理立法。

从立法技术的角度来看，首先应该肯定，我国地方性海岸带综合管理立法在与上位法国家级法规的保持一致、形成地方海洋法规体系、构建海洋养护、管理、开发和利用法律规范、地方性海岸带综合管理立法的特色化与地方化等方面都取得了较好的成绩。这也是当前地方性海岸带综合管理立法发挥其应有的规范、保障和促进作用的基础。但同时，当前地方性海岸带综合管理立法在立法技术上还存在以下几方面问题：

（1）在与相应上位法即国家海洋法规关系的处理上，各地海岸带综合管理立法存在处理混乱、不统一的问题。例如，各地制定的实施性海岸带综合管理法规的立法目的和原则，是否需要重复上位法？从法理上讲，地方实施性海岸带综合管理法规除所依据的法律、行政法规的立法目的和原则外，不应再有其他的目的和原则。地方实施性立法应当严格按照其所依据的国家法律法规的立法目的和原则，对具体条文进行补充和细化。但有些地方的实施性海岸带综合管理法规对所依据的法律、行政法规的立法目的和原则任意增删，这就违背了社会主义法制相统一的原则。例如，《海洋环境保护法》第1条规定："为了保护和改善海洋环境，保护海洋资源，防治污染损害，维护生态平衡，保障人体健康，促进经济和社会的可持续发展，制定本法。"而福建、浙江等省的《海洋环境保护条例》第1条规定基本都是："为保护和改善海洋环境，保护海洋资源，防治污染损害，维护生态平衡，保障人体健康，促进经济和社会的可持续发展，根据《中华人民共和国海洋环境保护法》等其他有关法律、法规，结合本省实际，制定本条例。"普遍对上位法做了变动和增加，并且这种现象在海域使用管理法、保护区法等法规中普遍存在。

（2）各地海岸带综合管理法规在形式、名称和调整范围上存在混乱、不一致的问题。法的质量问题同法的形式、名称和调整范围有明显的关联。如果一国不同级别、不同层次的立法主体所采取的法的形式、法的名称没有区别，它们制定的法在调整范围方面没有清晰的界限，则该国法的形式体系和法的部门体系即法的体系便是紊乱的。虽然我国《立法法》对地方法规的形式、名称并未作出全面明确而具体的规定，但地方法规在法的形式、名称使用上必须清晰而明确，这是法律所具有的规范性、权威性和严肃性的必然要求。但在实践中，各地海岸带综合管理法规在名称使用上表现得相当混乱。例如，宁波市人大常委会制定了《宁波市无居民海岛管理条例》，而厦门市人大常委会则制定的是《厦门市无居民海岛保护与利用管理办法》。在立法体系和调整范围上各地也表现得相当不一致，如在渔港渔船管理法规上，广东省制定了《广东省渔业辅助船管理暂行办法》《广东省港口管理条例》；辽宁省制定了《辽宁省渔船管理条例》《辽宁省渔港管理条例》；而浙江省制定的是《浙江省渔船渔港管理条例》。地方性海岸带综合管理法规在形式、名称和调整范围上的混乱与不一致，是与我国海洋法治建设的要求不相符的。

（3）某些地方性海岸带综合管理法规的内容存在体系、法规结构不完整的问题。法是由若干部分构成的统一整体，立法质量是与法的结构的完善程度分不开的。地方性海岸带综合管理法规作为我国法律体系的组成部分，应当具备一般法律所应有的主要内容：立法目的、依据、权利、义务、法律责任和附则等内容。法律责任的设定，应当与相应的行为规范相对应，如地方性海岸带综合管理法规作为技术性、专业性很强的法规，附则是不应该少的，作为法律的重要组成部分，附则对保障法的实施具有重要意义和作用。法规附则应该包括：名词术语的定义、适用范围的参照、补充规定等，并放在最后部分。而目前各地海岸带综合管理法规中普遍缺少“附则”部分，未能充分发挥“附则”所应有的法律意义和作用。

3. 提高地方性海岸带综合管理法规立法技术的对策研究

为保证地方性海岸带综合管理立法的科学性、合法性和协调性，提高立法质量，形成完整、规范、协调的法规体系和宽严适度的法律责任。本书认为从立法技术的角度，在地方性海岸带综合管理立法方面应着重解决好如下几方面问题，以克服和避免当前在立法技术上存在的问题：

（1）加强地方政府和学界对地方性海岸带综合管理立法技术的理论研究。造成地方性海岸带综合管理立法中存在诸多问题和混乱的根本原因就是法学理论界对地方性海岸带综合管理立法的理论，尤其是立法技术理论研究的严重缺失。在理论界，无论是从国际海洋法还是从国内海洋法的角度来看，海洋法律体系都基本被分为三个层次：国际海洋法一般分为国际海洋法、区域海洋法和国家海洋法三个层次；国内海洋法同样也可以分为国家海洋法、区域性海洋法规和地方性海洋法规三个组成部分。如何正确理解和把握这三个层次法律之间的联系与区别、各个层次海洋立法所应遵循的立法原则和宗旨的处理、各个层次海洋立法体系和调整范围的划分、各自的具体法规的调整对象及适用范围的明确等，这些问题在地方政府和学界进行地方性海岸带综合管理立法时都应该深入理解和把握，避免地方性海岸带综合管理立法出现缺乏全局性、相互重叠，甚至是相互矛盾冲突的现象。大力加强海洋法（海岸带综合管理立法）基本理论研究，探讨地方性海岸带综合管理立法在立法技术方面所涉及的各种理论问题，无疑将对我们制定海洋“良法”，实现海洋法治，构建和谐海洋提供极大助益。

（2）形成地方性海岸带综合管理立法机制，提升法规质量是地方性立法的生命。如何真正做到民主和科学立法，确保制定的法规“法理正确、法意明确、法条准确”，能够经得起实践的检验，是地方性海岸带综合管理立法工件的重中之重。在当前行政体制之下，海洋事务分散到海洋、环保、渔政、海关、公安边防、海军等多个部门，地方性海岸带综合管理立法工作不可能也不应该由某一部门单独完成，而应该形成一个在政府法制部门或地方人大之下的专门的海岸带综合管理立法工作组或委员会，形成一个由各涉海地方职能部门参与的地方性海岸带综合管理立法机制，以行使国家赋予的地方性海洋立法权。同时，在地方性海岸带综合管理立法中要注意形成较为完善的一系列立法制度，如公开征集立法建议制度、法规草案公布制度、立法听证制度、立法评估制度、专家学者参与制度、多元立法制度等，以提高立法工作的科学化、规范化和专业化水平。

（3）形成完整科学的地方性海岸带综合管理立法预测和立法规划。在立法准备阶段，必须首先了解当地社会经济发展对法律的客观需要以及立法的可行性等方面的情况，也就是立法预测。立法规划又称立法计划，是指各级立法机关对经过预测的立法项目进行通盘考虑、总体设计，对今后一段时间内立法任务的安排。为了建立完善的地方性海岸带综合管理法规体系，科学的立法预测以及由此形成的整体性的海岸带综合管理立法规划是我们保障各个层次海岸带综合管理立法科学性、严肃性的重要因素，也是地方性海岸带综合管理立法工作的首要环节。目前，各地在立法预测与立法规划方面，还缺乏整体的通盘考虑和安排，立法的应急性和随意性都比较强。因此，本书建议从以下两方面补充这方面工作：①组织有关学者、专家和相关行政部门开展地方性海岸带综合管理立法的调查研究，研究本地海洋经济和社会发展需要，为形成科学系统化的立法规划提供条件和基础；②形成科学合理的立法规划。地方性海岸带综合管理立法规划的主要内容就是提出在一定时期内，海岸带综合管理立法工作的目标、方向、任务、具体立法项目和进度安排及完成立法规划的措施和保障等。通过立法规划可以对地方性海岸带综合管理立法工作进行整体部署和安排，避免其立法活动的盲目和无序。当然，各级海岸带综合管理立法规划的形成，必须在国家整体立法政策的指导下进行，使其不违背国家立法政策的精神、原则和要求，并与当地海洋经济发展形势和海洋资源生态环境发展紧密结合。

（4）加强前期立法调研工作。我国地方性海岸带综合管理立法的前期立法调研工作并不细致，不仅是缺乏深入系统的前期理论准备，在前期的立法调查研究、与相关部门的沟通协调和后期的法规起草等工作中都普遍存在多方面的问题。本书认为，前期调研工作主要包括四个方面：①地方海洋立法往往涉及多部上位法和相关法规，因此弄清哪些政策法规与本法规有关，特别是存在哪些抵触，再加以全面搜集整理以便后期予以协调衔接显得尤为重要；②详细了解当地经济社会发展的实际，明确地方海洋立法所要针对和解决的主要问题，从而提高立法的针对性和可操作性；③要研究和总结国内外各部门各地区已有的地方性海岸带综合管理立法经验，从正反两方面借鉴相关的法规制度、标准和措施，进行系统的比较研究，以提供有说服力的理论和经验；④由于我国当前地方性海岸带综合管理工作涉及部门众多，做好与相关部门在立法前的沟通协调也非常重要。以上都是前期立法调研应当进行的，但在当前被普遍忽视的重要内容。

(5) 强化地方性海岸带综合管理立法起草工作。法案起草是海岸带综合管理立法过程中必经的最重要环节，它对立法质量起着决定性作用，海岸带综合管理立法的所有技术性工作都是围绕法案的起草而展开的。当前我国地方性海岸带综合管理立法过程中对立法的起草普遍重视不够，多是由行政主管部门或是执法部门自行组织起草并提出相关议案，由各地人大起草的法案数量比较少。这方面的问题相对来讲是比较容易解决和避免的。为此本书认为在法案起草方面应从以下四个方面改进和完善：①要在明确立法目的、指导思想和充分深入调查研究的基础上，设计法案的整体框架和结构，拟定法案提纲，从整体上设计法案的规范、结构和逻辑，并明确重点问题所在。同时，对专业性、技术性问题进行研究，形成技术性解决方案；②在明确需要采取的法律制度和措施的前提下，形成法案雏形；③改进法规的起草机制。实现立法科学化、民主化，必须改变单一起草模式，拓宽法规草案的起草渠道，向多主体、多渠道转变，建立开放的、多元的法规起草制度。如果涉及几个部门职责的法规，应由政府法制部门或人大牵头，由有关政府部门参加，成立专门的起草班子进行起草；对一些理论性、专业性强的法规可以委托专家学者和科研机构进行起草；④起草过程中要有明确的分工、进度和步骤，从而拿出一份符合立法意图的高质量的法规草案。

(6) 提高地方性海岸带综合管理立法的公众参与，尤其是专家参与的程度。在立法的开放度和公众参与方面，我国与发达国家之间还存在一定差距。要提高我国地方性海岸带综合管理立法的开放度，本书认为主要从以下三方面来实施：①向公众开放，提高公众在立法中的参与程度。公众参与可以通过预期参与（如参与开发建设项目的可行性论证）、过程参与（召开定期的信息发布会以保证公众知情权的实现）、末端参与（“三同时”和限期治理项目验收时的公众参与）来进行。②保证专家参与立法。专家参与立法已成为当前世界各国立法的普遍做法。专家参与立法最大的好处是其法学理论功底扎实，执业经验丰富，熟悉国家法律法规、规章、司法解释等法律体系，熟悉社会矛盾的法律关系，对立法缺陷具有更强的洞察力。同时，他们接触面广，与行业部门没有错综复杂的纠葛，起草的法规稿、提出的法规草案修改意见，具有全局意识，能够兼顾各方利益，法律法规的公平公正能得到较好的保证。③如上文所述，海岸带海洋生物资源中一项重要的资源就是渔业资源，因其自身游动性等特点，很难将其局限于特定国家的海岸带区域内进行定点保护，所以履行《联合国海洋法公约》等相关国际条约对缔约国的要求和国际义务，加强海洋环境保护国际合作，积极参加区域性海洋行动计划，调整完善现行海洋环境法律体系，将为我国地方性海岸带综合管理立法工作带来很大助益。

第二节　海岸带综合管理中海洋生物多样性保护立法设想①

一、海洋生物多样性保护的立法主体

所谓立法主体是指有权制定、认可、修改、废除法律的国家机关。它既包括专门行使立法权或主要行使立法权的立法机关，也包括制定宪法的制宪机关，还包括制定行政法规和规章的国家机关及制定地方法规的地方国家机关。本书对海洋生物多样性保护的立法主体进行特别说明的原因在于其立法构建不只是单单制定一部综合性的法律法规，而是一个立法体系的构建。我们在注意海洋生物多样性立法构建的综合性的同时也要注意其体系的完整性，只有各立

① 许治、陈株：《我国海洋生物资源养护的立法初探》，载《中国渔业经济》2011年第6期。

法主体共同协调发挥其职能才可能最终形成完整的体系构建。在海洋生物多样性立法构建中，立法主体的作用十分重要，它们之间职能协调发挥的全面与否直接决定了海洋生物多样性立法体系的构建。而如何让这种作用得到最大限度的发挥已经成为当前立法工作中面临的首要问题。本书认为各立法主体应各司其职，构建一个以宪法为基础，以国家海洋生物多样性基本法为核心内容，以行政法规、部门规章和地方性法规为补充的多层次、多角度、相互联系、相互配合、相互补充、相互制约、协调一致的符合海洋生物多样性保护客观规律的立法体系。

二、海洋生物多样性保护的立法客体

立法客体指的是立法对象，在海洋生物多样性保护的立法构建中，立法主体虽然众多，但立法客体却只有一个，那就是海洋生物资源。众所周知，任何一个法律的构建都离不开立法客体，这是一个法律存在的基础。对立法客体的认知全面与否直接关系到法律的准确度与可信度。而海洋生物资源作为自然资源的一种，在独特的海洋生境和人类活动的影响下形成了一些固有的属性，即海洋生物资源特性。这些特性揭示了海洋生物资源的基本问题和矛盾。因此，我们应对海洋生物资源的特性有一个全面深入的认识，这对完善海洋生物多样性保护立法有重要意义。

（一）海洋生物多样性

我国的海岸线漫长、海域辽阔、生态环境复杂多样，海洋生物资源也较为丰富，这构成了我国海洋生物多样性的基础。而从生物多样性的内涵来看，海洋生物多样性主要表现在物种多样性、遗传多样性和生态系统多样性这三个层次上。首先是物种多样性，我国海洋国土面积十分辽阔，其中所蕴含的海洋生物资源种类也极其丰富，从目前已有记载来看，中国海域内的海洋生物达 20278 种，其中鱼类 3032 种、螺贝类 1923 种、蟹类 734 种、虾类 546 种、藻类 790 种、主要经济种类达 200 多种。其次是遗传多样性，如此丰富的海洋生物资源种类所包含的生物遗传基因也是多样的。从渤海至南海，我国海域跨越了热带、亚热带和温带三个气候带，这就使我国不仅拥有大量的暖水性物种，还有丰富的温水性物种，加之一些中国特有的海洋生物物种，进一步构成了我国海洋生物资源的遗传多样性。最后是生态系统多样性。自北向南，我国拥有渤海、黄海、东海、南海四大海域，其所处纬度位置各不相同。因此，四大海域所拥有的海洋生态系统也存在着差别，目前我国已知的海洋生态系统包括黄渤海生态系统、东海生态系统、南海生态系统以及黑潮生态系统等。同时，因为不同物种、不同生态系统要求的养护措施不同，因此海洋生物的多样性也决定了养护的多样性。而这种差异性是需要表现在立法上的，即法律应该区别性地表现出对不同物种的养护手段与力度。例如，红树林属于海洋生物资源的一种，对它的养护既不能同于动物如鱼类的养护，也不能同于一般海洋植物的养护，因为它属于濒危物种。

（二）海洋生物可更新性

海洋生物资源属于可再生资源。天然状态下，它们通过自身的繁殖保持物种数量的稳定。正常情况下，海洋生物资源因其可更新性能在一定时期内维持资源总量的相对稳定，人类合理开发利用导致的海洋生物数量减少也能够通过自然或人工的繁殖得以恢复。海洋生物资源的可更新性是养护立法的根本前提，如果海洋生物资源像石油、矿产资源一样是非可再生资源，就无从谈及养护了。但这种可更新性是有限的，因为海洋生物资源的更新需要一定的生态条件，当这种条件被破坏时，其更新就会产生停滞甚至是退化，而这也是海洋生物多样性保护立法需要特别注意的问题。

（三）海洋生物流动性

众所周知，海水是流动的，在海洋中存在着间期性的洋流，同时海洋本身不同于陆地，没有天然屏障，各物种的洄游迁徙较为频繁，有些物种的活动会呈现规律性的变化。这往往使同一海域在不同时期的海洋生物资源的种类、数量和质量产生不断变化。流动性带来的海洋生物资源的变化必然会引起立法上对海洋生物多样性保护立法规定的不同，如禁渔区和禁渔期的规定就是最好的例子。法律在对这两个概念进行界定时，必须充分考虑海洋生物资源的流动性，才能制定出合理的条款。

此外，海洋生物资源还具有价值性、不均衡性等特点，这些特点都反映了海洋生物资源的自然特性与社会特性，也都不同程度地对海洋生物多样性保护立法构建产生了影响。而这也是我们深入认识海洋生物资源特性的根本目的所在。

三、海洋生物多样性保护的立法内容

海洋生物多样性保护立法构建指的是一个法律体系的构建。虽然在这个法律体系中，每部法律都有其特定的存在意义，即特定的法律内容，但可以预见的是它们都应该围绕一个共同的核心内容——保护。它们都是从保护的概念分析出发，并以此来架构海洋生物多样性保护的立法内容。保护的核心内容包含三个要素，即保养、修复、预防。而这也是海洋生物多样性保护立法构建中所应表达的核心内容。

（一）海洋生物资源的保养

所谓保养即保护养育，它除了包含有保护的意义之外，还增加了养育、培养的含义，这体现了海洋生物资源可持续发展的特征。目前，我国海洋生物资源保养的重点在于对现有海洋生物种群、种类与数量的稳定、保护与培养。而从我国现行的相关法律法规来看，我国的海洋生物多样性保护立法从属于生物资源养护立法，这一现状不仅与我国海洋大国的地位不相称，更与海洋生物多样性保护的要求不适应。因为海洋生物资源与内陆、淡水生物资源在养护、管理和利用方面都存在较大的差异。此外，值得一提的是，我国的生物多样性保护立法着重于生物资源的保护，而对生物资源的养育培养立法比较薄弱甚至是空白。而一些发达海洋国家在这方面就做的要比我国出色得多，如日本就有专门的《海洋生物资源养护和管理法》。还有在对一些特殊生物物种的养护上，如跨界鱼群和高洄游鱼类等渔业资源的养护与管理方面以及濒危物种资源库的建设方面等，发达海洋国家及国际上的相关法律法规就较为完善。因此，在对海洋生物多样性的保护上，我们应该注重学习他国立法在这方面的先进经验。

（二）海洋生物资源的修复

海洋生物资源的修复属于生态修复的一种，而所谓生态修复指的是对生态系统停止人为干扰，减轻负荷压力，依靠生态系统的自我调节能力与自我组织能力使其向有序方向进行演化，或者利用生态系统的自我恢复能力，辅以人工措施，使遭到破坏的生态系统逐步恢复或使生态系统向良性循环方向发展。从这个定义可以发现，生态修复指的是对已遭到破坏的生态系统的一种恢复活动。而我国海洋生物资源修复的重点是在于对已经遭到破坏的生物资源与生态环境的一种恢复。因此，海洋生物资源的修复主要包含两方面的内容：一方面是对已破坏物种种群数量与质量的恢复，另一方面是对已破坏生态环境的治理。在我国，对于淡水生态系统的生态修复研究起步较早，相关理论与实践研究也较为完善，这为我国海洋生物资源的修复立法提供了一个较好的借鉴。此外，我国在渔业资源修复方面的法律法规也较为完善，如捕捞配额许可证制度、禁渔制度等制度与措施的建立，在立法上为海洋生物资源的修复提供了有益的补充与完善。

（三）海洋生物资源多样性衰退的预防

从广义上说，整个海洋生物资源法律体系的建立都是预防的内容，因为这个法律体系建立的目的就是预防我国海洋生物资源的衰退。所以，如上文所述关于海洋生物资源的保养与修复，在某种程度上都属于预防的内容。而本书想要论述的是预防的狭义性，即一种预防机制。在海洋生物资源预防的立法方面，预防机制的建立是一个最为关键的内容。它指的是在科学资料或者模型因素不充足、不确定的情况下，对于可能发生的严重或者不可逆转的损害威胁时的一种反应模式。该机制的建立对于海洋生物资源的可持续发展具有非常重要的作用。众所周知，目前人类还不能确切了解各生态系统的承载力，尤其对于海洋生态系统的了解更是知之甚少，加上海洋自然地理、气候环境的瞬息万变及人为原因导致的各种自然变化。我国有必要制定一些特定的行动措施，以预防人类管理海洋环境和资源过程中可能造成的损害。因此，本书建议建立海洋濒危物种基因库对已经遭到破坏的海洋生物资源进行保护，而对于其他未遭到严重破坏的海洋生物物种，应建立预防机制以防止这些生物资源遭受各种未知损害。国际上许多国家都将预防机制写入相关资源立法中，这对于我国海洋生物资源的预防立法构建具有极其重要的借鉴意义。

总之，为改善我国海洋生物多样性保护现状，我国已经采取了许多相关措施，如海洋自然保护区、休渔制度、捕捞许可制度、捕捞限额制度等，以加强海洋生物资源的养护和管理。虽然这些措施在短期内对海洋生物资源不断恶化的局面有所控制，但是长远来看，并不能从根本上解决我国海洋生物多样性保护问题，因此，借鉴国外海洋生物多样性保护立法的先进经验和理念，设计出更加有效的海洋生物多样性保护制度迫在眉睫。

综上所述，本书认为我国海洋生物多样性保护立法的条件基本具备，相比之下，法律无疑是使我国摆脱当前困境最为有效的途径。为了有效执行有关国际公约，顺应全球海洋生物多样性保护的大趋势，改变国内海洋生物多样性保护不利的现状，必须加快我国海洋生物多样性保护立法进程，争取早日实现我国海洋经济乃至整个社会经济的可持续发展。

第三节　海岸带综合管理中海洋生物多样性保护立法涉及的其他问题

一、海洋功能规划之完善[①]

（一）调整区划体系

1. 调整区划分类体系，完善海洋功能区划的分类体系，统一《海洋功能区划技术导则》与《海域使用分类体系》中的分类标准和类型，使其能够更好地服务于海域使用申请审批工作。针对省级与市县级区划内容重复、层次不明的问题，建议各级区划实行不同的分类体系，市县级区划分类体系应该比省级区划分类体系更加具体详细，可以在二级类功能区的基础上再进行细化。在新一轮的区划修编工作中规定省级区划只划分一级类功能区，市县级区划划分二级类功能区。

2. 调整区划分级体系针对市、县两级区划中存在的区划内容重复、层次不明的突出问题，建议因地制宜地调整海洋功能区划的层

① 朱晓燕：《海岸工程污染海洋环境防治法律制度研究》，中国法制出版社2015年版，第222～226页。

级体系，不同的地区可以结合本地区海洋资源与环境条件、开发程度和社会需求等情况，决定是否编制县级海洋功能区划，如有的县海洋资源丰富，管理能力较强，有实行区划的必要性，则可以编制县级区划。有的县海域面积较小、海洋资源不丰富，则可以将市、县两级区划合并为一级，不单独编制县级区划。①

新一轮省级区划修编工作，将原先的四级区划调整为三级，即国家、省、市县级，将市、县合并为一级。但本书认为，市、县级区划是否应该合并，还是应该因地制宜，不能一概而论。同时，在《海域使用管理法》中应该明确规定海洋行政主管部门审核用海项目申请时，应该以哪一级别的区划为依据。另外，在调整区划层级体系的同时，也应该对各级区划进行准确的定位，明确各级区划的目标和任务。国家级海洋功能区划是在全国范围内的海域划定功能区，确定重点海域的主导功能和开发方向，具有宏观性；省级区划既是对全国海洋功能区划的细化也是市县级区划编制的依据，可以定位为中观型区划；市县级区划则是对本行政区域内的海域进行具体详细的功能划分，具有微观性。② 各级区划都应该根据各地区的实际情况，制定区划的目标、任务和管理要求。

（二）填补法律空白

1. 增加兼容功能

某一海域通常具有多种功能，除了主导功能外还具有其他功能。这些功能有的是相互冲突的，但有的是可以相互兼容、并行不悖的，强行规定某一海域只适合干什么是不合理的。因此，本书建议在《海洋功能区划技术导则》中明确每个功能区的兼容功能或排他性的

① 沈峰、傅金龙、周世峰：《海洋功能区划制度在浙江的实践与思考》，载《海洋开发与管理》2010 年第 10 期。

② 周瑞荣、许祝华、张彦彦：《系统论视角下的海洋功能区划》，载《海洋开发与管理》2009 年第 26 期。

功能。首先，明确主导功能，以引导海洋开发利用的方向。其次，给出兼容功能或者排他性功能，既能满足各种用海需求，实现海洋资源的立体开发，也能减少海域使用审批的随意性，增强了海洋功能区划的可操作性。

2. 明确符合性判定标准

明确功能区的兼容功能或排他性功能后，还应该建立一套用海项目与海洋功能区划的符合性判定标准。在新一轮省级区划的修编中，《省级海洋功能区划编制技术要求》也要求明确海洋功能区划的符合性。判断一项用海项目是否符合海洋功能区划的首要标准是看其是否符合海域的“功能”，且优先安排主导功能。如果海域的主导功能已经被开发，则可以安排与主导功能相兼容的功能；如果海域的主导功能没有被开发利用，则可以按照功能顺序安排其他功能，但是任何开发利用行为都不得妨碍日后主导功能的开发利用。①

海洋功能区划的符合性判断除了要满足功能区的基本功能或兼容功能等“功能性”要求以外，还应该综合考虑功能区的用途管制、用海方式控制、环境影响及功能区之间的相互协调等众多的因素。②

本书建议在《海洋功能区划技术导则》中明确各类功能区的符合性判定标准，同时在《海洋功能区划管理规定》中规定用海项目与海洋功能区符合性判定的具体程序。各级政府在区划的修编过程中，可以依据《海洋功能区划技术导则》和《海洋功能区划管理规定》的规定，并结合本地的实际情况，组织有关部门和专家经过科学的论证，建立海洋功能区划符合性判定标准，包括符合性判定原则和具体的操作步骤等，以便增强海域使用审批的科学性和客观性，保证海洋功能区划制度得到顺利的实施。另外，除了对海域实行用

① 国家海洋局：《省级海洋功能区划编制技术要求》，2010 年 10 月。

② 李晋、林宁等：《市级与省级海洋功能区划空间符合性分析研究》，载《海洋通报》，2009 年第 5 期。

途管制，还应该加强用海方式的管制，在满足海域功能性要求以外，还应该明确开发方式和开发程度，限制粗放型开发利用行为，提高海洋资源的利用效率。

3. 完善公众参与机制

《海域使用管理法》并没有就公众参与海洋功能区划作出任何规定，在《海洋功能区划管理规定》中明确指出在区划的编制和修改过程中建立公众参与机制，还规定区划编制完成后应该及时公示，广泛征求公众的意见。《海洋功能区划技术导则》中规定海洋功能区划的成果通过政府部门审议、专家论证、公众听证和社会公示等方式进行审核。虽有上述原则性的规定，但由于缺少具体的可操作程序，公众参与并没有得到有效的实施。我国目前海洋功能区划的参与主体主要是政府相关部门和区划方面的专家学者，社会公众尤其是长期生活在海边的当地群众很少能够参与到海洋功能区划的过程中，导致了养殖区被用海建设项目占有，养殖区的面积大范围减少等现象的出现。

一项制度最根本的保障不是制定各种强制性措施，而是公众对这种制度的深刻理解和衷心支持。① 让公众积极参与到区划的过程中，有利于海洋功能区划制度顺利实施：（1）公众参与区划的编制能够提高区划的科学性。长期生活在沿海地区的公众对当地的情况比较了解，能为功能区的划分提供有利的信息，提高区划的科学性；（2）作为一种监督方式，公众参与机制可以有效地避免政府决策的随意性；（3）公众参与海洋功能区划中，可以使区划反映大多数人的意志，可以更好平衡各种利益关系，增加公众对区划的认同和信任，从而有利于区划的顺利实施。②

---

① 吕忠梅：《环境法新视野》，中国政法大学出版社2000年版，第135页。

② 任一平、李升等：《我国海洋功能区划中的公众参与及其效果评价》，载《中国海洋大学学报》2009年第1期。

为了保证公众参与机制能够贯穿到海洋功能区划的全过程中，现提出以下建议：(1) 在区划资料收集阶段。可以通过问卷调查、现场询问、开设专线电话等方式征求当地群众的意见；(2) 在区划的编制过程中，可以选派群众代表参与其中；(3) 在对区划成果进行审核时，可以采取听证、社会公示等方式争取公众的意见；(4) 在区划的实施过程中，应加强群众的监督，可以设立专门的举报电话，鼓励公众对不符合区划的用海行为向有关部门举报；(5) 扩大海洋功能区划成果的获得途径。通过公告、网络等公布经批准的海洋功能区划，方便用海单位、利益相关人及其他公众获得有关资料。

4. 完善实施细则。实施海洋功能区划制度已是有法可依，要做到有法必依、违法必究，还需要完善相关的实施细则。[①] 统一各种标准体系，提高海洋功能区划的科学性；各级政府和海洋行政主管部门应该根据本地区的实际情况制定出具体的实施细则；各行业和部门也应该尽快完善与海洋功能区划制度相配套的管理法规，如尽快制定排污口设置管理办法，与《海洋环境保护法》相衔接。通过制定配套的实施细则，提高海洋功能区划的可操作性，发挥海洋功能区划的预期作用。

二、遗传资源惠益分享之完善[②]

整体来看，中国属于提供遗传资源及相关传统知识的发展中国家，在《名古屋议定书》谈判过程中，发展中国家争取的利益及权利将惠及中国；同时，中国海洋生物技术正在迅速发展，近年来从国外获取遗传资源的数量也在逐年增多，发达国家争取到的利益也

---

① 管华诗、王曙光：《海洋管理概论》，中国海洋大学出版社 2003 年版，第 87 页。

② 王敬敬：《生物遗传资源获取与惠益分享的立法问题研究》，北京林业大学 2014 年硕士学位论文，第 36～43 页。

将有利于中国。《名古屋议定书》将会促进中国遗传资源的保护与开发利用。但是，对照《名古屋议定书》在遗传资源获取和惠益分享方面对缔约国提出的要求，我国在法律制度、管理体制及相关国家能力建设方面还存在很大的差距，本书欲从以下几方面提出立法建议：

（一）加强立法，弥补空白

尽快制定以海洋生物遗传资源获取和惠益分享管理为重点内容的行政法规，同时对现有相关法律法规进行必要修改。我国已经制定了大量与遗传资源有关的法律法规，这些法律法规为我国对遗传资源获取与惠益分享的公法管制构建了一个初步的框架，但是这种框架相对于《名古屋议定书》对缔约国的要求还比较粗浅，有必要对现有的法律框架进行必要的调整和完善。一方面，现有法律法规在调整对象上，还没有清晰地区分“海洋生物资源”和“海洋生物遗传资源”的概念，也没有涉及由海洋生物资源所产生的衍生物；另一方面，现有法律法规制定时间较早，总体上其规制内容还是着眼于海洋生物资源的管理，而有关海洋生物遗传资源获取、开发利用及随后的惠益分享等方面的内容则比较匮乏。①

因此，本书建议建立健全以事先知情同意、共同商定条件和惠益分享为主要内容的海洋生物遗传资源获取和惠益分享法律制度基本框架，一方面要充分体现《名古屋议定书》明确规定的相关法律制度；另一方面要结合我国实际情况，对《名古屋议定书》中模糊处理但切实关系我国利益的一些薄弱环节，通过国内法转换予以明确或强化处理；最后要充分考虑我国目前参加的其他相关国际公约或协定所确立的我国应遵守的准则和应履行的义务。

---

① 薛达元：《〈生物多样性公约〉新里程碑：〈名古屋议定书〉（上）》，载《环境保护》2010 年第 23 期。

（二）采用专项立法模式

建立海洋生物遗传资源的获取和惠益分享法律制度是我国目前海洋环境立法中的一个重要课题，如何确定立法模式、规范海洋生物遗传资源的获取途径及惠益分享条件和内容是难点。综观《生物多样性公约》生效以来各国的立法实践可以看出，已经有五十多个国家和地区根据《生物多样性公约》确立的原则与框架已经或者正在制定遗传资源获取与惠益分享制度方面的立法。所有这些立法，可以划分为既有法律修订模式、综合性立法模式、专门立法模式及超国家立法模式等四种类型。从目前的情形看，采用遗传资源的获取和惠益分享专门立法模式的国家仅有菲律宾，但是这种立法模式逐渐获得了很多国家的认同。制定专门性的立法规范海洋生物遗传资源的获取和惠益分享，我国目前可以借鉴采取他国这种立法模式——可以不涉及有关海洋生物多样性保护的其他领域问题，只提供解决海洋生物遗传资源获取和惠益分享所面临问题的法律制度原则，具有针对性，既贴近我国该领域的研究现实，也可以促进海洋生物遗传资源保护的长远发展。

（三）立法层级和立法目标

在立法层级问题上，以国务院行政法规最为合适。与部门规章相比，行政法规效力层次更高、更具权威性，也可以避免各部门通过部门规章的方式引发新的职责划分冲突。与法律相比，专项行政法规具有立法难度相对较小、立法成本相对低廉、立法程序更加便捷等优势。

我国既是一个海洋生物资源丰富的遗传资源提供国，也是海洋生物技术发展相对较快的遗传资源利用国，因此在确定立法目标时，要同时兼顾这两种状况和立场，重点促进以下目标：一是保护和科学、可持续地利用我国的海洋生物遗传资源，贯彻和履行《生物多样性公约》的核心价值观；二是规范海洋生物遗传资源的获取，给获取活动以法律程序上的保障；三是保证各利益攸关方能够公平、合理地分享基于利用海洋生物遗传资源所产生的惠益；四是促进我国海洋生物遗传资源相关技术、产业的健康发展。

（四）明确适用范围

1. 遗传资源获取制度所调整的对象

《名古屋议定书》直接引用了《生物多样性公约》的规定：既包括遗传资源、衍生物，也包括利用这种生物遗传资源和衍生物进行商业开发后获得的利益。我国对海洋生物遗传资源获取的规定也可以参照《名古屋议定书》的规定加以确定。

2. 法律适用主体

主体既包括国内外企业、科研院校、研发机构和个人等私主体，也包括相关管理机构。

3. 法律适用行为

在我国领域内从事海洋生物遗传资源的管理、获取与惠益分享、出口与出境等活动，既包括学术性研究行为，也包括商业性的开发行为，但是在两种行为的申请与审批方面，要区别对待。同时要明确，没有依据相关规定而获取海洋生物资源用于商业研究、开发和利用，其海洋生物遗传资源获取行为无效，所取得的相关成果和知识产权不受法律保护。

（五）设立管理机构

目前世界各国针对生物遗传资源获取和惠益分享的管理实践来看，管理体制大体可以分为以下三种类型：一是不改变原有的政府行政体系，选定其中一个部门负责；二是在原有的政府行政体系外新设专门机构，归口行使有关遗传资源获取和惠益分享的职责；三是在不改变相关行政部门分工的前提下，设立专门的协调机构，沟通协调相关事宜的处理。但是单纯复制以上三类模式都不符合我国的实际国情，本书建议采取“归口受理、分部门审核、委员会最后批准”的模式，在维持各部门现行管理职权与分工的基础上，建立正式的、常设的跨部门管理机构，各部门让渡其部分行政职权给予该管理机构。具体而言，国家成立生物遗传资源获取和惠益分享管理委员会并下设执行办公室，统一受理国内海洋生物遗传资源获取的申请，执行办公室受理申请后，对申请作形式上的初步审查，再按照现有海洋生物遗传资源的管辖权限，交由各相关行政部门负责对申请进行审核。审核后，如不予同意的，相关行政部门将意见反馈执行办公室，由执行办公室将审核情况直接通报申请人；如对申请审核通过的，则由执行办公室召集专家咨询委员会会议，对该审核结果进行评审，如评审不予通过，则由执行办公室将拒绝批准的结果通报申请人；如复审通过的，则由执行办公室报请管理委员会予以批准。如申请人对管理委员会审批结果不服的，可以申请行政复议，或者向人民法院起诉。

（六）明晰获取程序

1. 立法应当对“获取”进行明确的定义

《名古屋议定书》忽略了对“获取”的界定，这使各个国家对于获取行为的理解基于自身利益的考量而出现细微差异。对于“获取”的通常理解是“为了商业和非商业目的而收集和利用生物、生物化学物和遗传资源及其相关传统知识的活动”。[①] 但根据各国实践经验表明，资源一旦输出了，则很难控制使用者对其的利用方式，更不能保证商业目的和非商业目的的准确区分和检测利用，所以定

---

① Costa Rica：Biodiversity Law，No. 7788. Article 7. 1；Andean Community：Decision 391 on Access on Genetic Resources，Article 1；Australia：Environmental Protection and Biodiversity Reservation Regulations 2000. Article 8A. 03.

义里也不建议明确区分。必要时，可以采用列举的形式，将一些利用行为进行列举说明，区别对待不同利用行为。①

2. 国家在获取过程中所担任的角色问题也应当给予明确

目前多数海洋生物遗传资源丰富的发展中国家看法和做法趋同，即采取国家直接介入进行规范的获取审批和谈判形式。但也应该看到国家直接介入不可避免的一些弊端，如由于官僚主义导致获取程序烦琐，效率低下，加大了交易成本。根据他国经验做法，不要求每一次获取的审批和共同商定都由政府直接参与，政府可以作为第三方对谈判进行指导，如澳大利亚官方利用法律咨询和培训的形式，对当地遗传资源所有人进行技能培训。

（七）设立事先知情同意制度②

根据《名古屋议定书》的规定，事先知情同意具有双重属性，其既可以作为遗传资源获取和惠益分享所要达成的具体目标，也可将其作为一项实际可操作性较强的程序制度。国内外公民、法人和其他组织获取我国海洋生物遗传资源，按照管理权限，必须向不同级别的管理委员会执行办公室提出书面申请，并提供相应的申请材料。在制定事先知情同意制度时，要重点把握以下两个方面：

---

① Santiago Carrizosa, Stephen B. Brush, Brian D. Wright, et al, Accessing Biodiversity and Sharing the Benefits: Lessons from Implementing the Convention on Biological Diversity, International Union for Conversation of Nature and Natural Resources, 2004, p. 37.

② 事先知情同意应具备三个要素：事先，即在生物开发活动开始之前的合理期限内寻求知情同意；知情，获取申请者应当提供足以使相关主体作出同意决定的信息；同意，相关主体应以规定格式就获得与惠益分享安排进行明确、肯定的授权。国内外公民、法人和其他组织获取我国生物遗传资源，按照管理权限，必须向相关管理机构提出书面申请，并提供相应的申请材料。该制度同时包含了获取生物遗传资源的许可证制度的内容，即国家对意在我国开展生物遗传资源获取活动的申请的批准，都必须以许可证的形式予以明示。需要在许可证上载明的项目，包括遗传资源的获取人、适用用途、有效期间和适用范围等。

1. 事先知情同意的程序切忌过于烦琐

如印度由于遭受“生物剽窃”而造成了不可估量的损失，其现行的遗传资源获取制度相当严苛，需要历经 3 年才能得到许可，因此很多公司通常会避开印度这一“国家管理迷宫”。

2. 程序确定、明晰、透明

法律上的确定性、明晰性、透明性对于海洋生物遗传资源的获取程序至关重要，因为它们可以便利海洋生物遗传资源的获取和利用，有利于达成与《生物多样性公约》目标之一的共同商定条件。

（八）设立共同商定和惠益分享制度

海洋生物遗传资源的获取与惠益分享是一项技术性很强、极其复杂的工作，涉及国家立法、行政和政策措施，牵涉不同部门的职责，提供者与使用者满足事先知情同意（和共同商定条件）的情况下，达成协议。国家应当制定共同商定条件下的部门或跨部门的示范性合同文本，并根据实际情况予以更新，鼓励申请人和利益相关方在制定合同时参考使用。鼓励海洋生物遗传资源的提供者与使用者使用示范性的合同文本。国家对海洋生物遗传资源获取的惠益分享合同进行审查，确保各项惠益在合同各方中进行公平与合理的分配。国务院环境保护行政主管部门制定并发布海洋生物遗传资源惠益分享的指南，惠益分享方案应在个案基础上根据该指南确定。

对于惠益分享，在立法时应当注意把握两个关键问题：一是利益分享的主体，《名古屋议定书》中专门提到了地方社区和土著作为利益相关者应当有权分享惠益，因此我国关于海洋生物遗传资源获取与惠益分享的立法应当立足于我国国情，承认国内村集体和少数民族依法享有获取惠益的权利，这不仅是保护海洋生物多样性的必然，也是体现公平、合理的必然。二是惠益分享的形式问题，《名古屋议定书》操作性条款第 4 条将《波恩准则》中有关惠益分享的两种方式——货币和非货币性惠益由“软性”规则变为“硬性”规则，但大多数国家往往只关注也许永远都不能实现的特许费的谈判，而对可能推动当地能力建设的非货币惠益却重视不够。用于分享的惠益应包括货币形式的惠益和非货币形式的惠益，也应包括短期、中期和长期的惠益。惠益的数额应由合同各方根据获取的参数、利用范围、可持续性、影响和预期成果水平等因素协商后共同约定。惠益应能确保海洋生物多样性的保护与可持续利用。针对出于纯粹科研目的而进行的遗传资源获取行为，各国应该设定专门的“绿色通道”，简化相关程序。

（九）执法与监督

《名古屋议定书》要求遗传资源的使用方在多个环节设立检查点，特别是在国家专利局设立检查点，以监督和跟踪监测缔约方在处理专利申请和其他相关事务时是否遵守了事先知情同意和共同商定条件制度。但以欧盟为代表的发达国家以实施困难为由，反对在国家专利局等环节设立检查点，只同意在国家主管当局设立一个检查点。因此，这一制度在《名古屋议定书》中没有得到充分体现，需要在国内法规范中予以强化。在立法中，本书建议设立多个检查点，以实现对海洋生物遗传资源获取后使用用途的全面有效检测，这些检查点包括国家主管当局、专利审查机构、出版机构、产品市场、公共资金的项目审批机构等。指定的检查点要收集或酌情接收关于事先知情同意、海洋生物遗传资源的来源、共同商定条件的订立和/或酌情包括海洋生物遗传资源的利用情况信息。

同时，国际公认的书面证明材料①应该被作为获得主管当局事先知情同意的唯一证据，用以说明其所利用的海洋生物遗传资源已依

① 国际公认的符合规定的证明材料在不涉及机密时至少应包括发证机关、颁发日期、被授予事先知情同意的主体、证书同意的遗传资源信息、遗传资源使用用途等信息。

照国内法的有关规定获得事先同意，并且获取方和提供方基于共同商定条件的基本制度就惠益分享问题达成一致。

三、海洋资源生态行政补偿之完善

（一）确定海洋资源生态行政补偿主体①

从法律权利和义务的角度上说，补偿主体是资金投入、政策实施、进行补偿的主导方，补偿对象是基于公共利益牺牲个人利益，即为了保护海洋资源和海洋生态环境付出特别代价的相对方。海洋资源生态行政补偿的利益相关者几乎包括所有的经济活动主体，因此，海洋资源生态行政补偿利益相关主体的界定比陆源生态行政补偿主体的界定复杂得多，范围也更加宽泛，如一旦发生海上溢油事故，除了污染事故发生的区域，附近的区域也会受到海流的影响，而且污染会不断衍生，进而涉及整个海域，造成大面积的海洋污染，扰乱整个海洋产业的正常秩序。另外，利益相关者还可进一步分为直接意义上的主体和间接意义上的主体。间接意义相关者的利益损失往往容易被忽略，如出于维护某一海域的生态平衡考虑，政府在该海域建立海洋资源保护区，迫使原先在该海域从事养殖业的居民停止操作或是转向其他行业。虽然这是基于公共利益的需要，公民有义务作出让步，但公民终究为此负担了很大的成本，影响很大。不管从公平的角度还是从我国国家性质的角度来看，政府都应该对付出特定代价的公民予以相应的补偿。作为国家海洋生态资源所有权的代理者和管理者的政府，理所当然成为主要的直接利益相关者。结合海洋生态系统服务价值也可以界定出海洋资源生态行政补偿的

① 朱晓燕：《海岸工程污染海洋环境防治法律制度研究》，中国法制出版社2015年版，第283～284页。这里的补偿对象也是属于补偿主体的范围，实际上为补偿受体，为便于识别，这里暂时与补偿主体区分开来。

主体和对象。海洋生态系统服务有四大功能：物质功能、调节功能、文化功能、支持功能。① 因此，可以通过分析各个服务功能的变化对利益相关者的影响来确定其利益的增加和损失，再根据利益增损关系来界定补偿主体和对象。②

海洋资源生态行政补偿意义上的受益方，涵盖了直接或间接影响海洋生态系统服务功能的群体；海洋资源生态行政补偿的对象应该为海洋生态环境价值支付方和海洋资源利益的受损方，这些特别牺牲性群体也是广泛意义上的受损方，不仅包括原本享有海洋生态系统服务功能利益的群体，也包括为修复和改善海洋生态环境做出特殊贡献的群体。海洋生态环境和海洋资源具有天然的公共品的属性，难免会出现“搭便车”的现象，为避免“公地悲剧”的再次出现，需要政府适当介入，政府介入的合理方式为宏观调控，而且政府本身也有成为补偿主体的优势，如政府具有公信力、举证便利、有稳定资金等。当然，针对那些涉及海域范围比较小的资源开发利用，能通过市场竞争机制来实施补偿的，也就是具有私法性质的生态补偿，政府应当起次要作用，体现“弱干预性”。因此，根据我国具体情况分析，海洋资源生态行政补偿主体有各级地方政府、企业以及一定的社会组织和个人。

（二）确定海洋资源生态行政补偿方式③

目前对于海洋生态补偿应当多样化开展的主张基本得到了学术界的广泛认同，海洋生态行政补偿也应如此，主要包括以下几种：

---

① 张朝晖、叶属峰、朱明远：《典型海洋生态系统服务及价值评估》，海洋出版社 2008 年版，第 46 页。

② 丘君等：《渤海区域生态补偿机制的研究》，载《中国人口、资源与环境》2008 年第 2 期。

③ 朱晓燕：《海岸工程污染海洋环境防治法律制度研究》，中国法制出版社 2015 年版，第 286 页。

1. 资金补偿

这是国家第二次收入分配的主要表现形式，也是海洋资源生态行政补偿最主要和直接补偿方式，也是最容易接受和需要的补偿方式，如发放补偿金和补贴，减免税收或退税，财政转移支付、赠款、设立保护海洋生态资源的专项资金和发行国债、借助国内外基金等。

2. 实物补偿

主要是给予如与劳动力等生产要素和生活要素相关类的补偿，目的是改善补偿对象的生活条件，增强生产能力。

3. 智力补偿

这是体现海洋资源生态行政补偿可持续发展理念的另一种表现方式，向补偿对象提供智力服务、免费的市场信息咨询和无偿传授相关的技术等，对受偿地区或群体的技术人员和管理人员进行培训。

4. 政策补偿

这主要起着保障的作用，由政府通过制定给予各项优先权和优惠待遇的政策，使受偿者享有更多的权利和发展机会，如政府加大对海洋生态资源可持续利用的新型产业（生态旅游、生态养殖等）投入力度。受偿者可以抓住机遇，善用优惠政策，调整提升自我发展的能力。①

5. 生境补偿

这是特别针对海洋环境而言的，是指根据海域的生境开发价值和功能进行补偿，主要表现为生境项目补偿，修复改善措施补偿、增值优化资源补偿等。

从以上各种类别的补偿方式可以看出，资金补偿和实物补偿最直接，效率最快；智力补偿和生境补偿最具可持续性，即所谓“授

① 洪尚群、吴晓青、段昌群等：《补偿途径和方式多样化是生态补偿基础和保障》，载《环境与科学技术》2001 年第 24 期。

人以渔”；政策补偿最具建设性，充分引导海洋经济的良性发展。所以，要结合各个海洋地区的具体情况，采取最合适的补偿方式。

（三）确定海洋资源生态行政补偿标准①

补偿标准问题，是实施海洋资源生态行政补偿的关键。补偿标准的确定取决于其所提供的生态产品和生态服务价值能否度量及如何度量。生态建设区为维护生态环境而进行的直接投入一般显而易见也比较容易量化。一般可以根据经审核的财务数据和评估数据进行确定。而在生态经济受限制区域，一般只能参照发展情况基本相同的第三方地区，并利用两个地区人均收入之间的差额做出估算。为了避免海洋资源生态行政补偿过于行政化从而导致补偿“一刀切”的情况及补偿资金后续不足情况的发生，海洋资源生态行政补偿标准应该基于海岸带自身环境和经济发展特点，综合考量环境保护直接和间接成本：第一，要对生态建设者的直接投入和生态限制开发区域的直接损失进行补偿；对产业结构的调整进行补贴；在生态服务价值产生正外部性影响时，对生态系统改善后的维护管理费用进行补偿。确保后续资金的充足，防止海洋资源生态行政补偿时间效率上的缺失。第二，要立足于海洋资源生态行政补偿类型的海洋资源生态行政补偿标准。根据海洋资源生态行政补偿的不同类型，应确立不同的补偿标准。在纵向海洋资源生态行政补偿中，中央主要承担海洋资源生态行政补偿资金的支付，剩余资金则由受益区域自行协商予以确定。如果没有直接受益区域，则中央应确立直接资金补偿和间接补偿的补偿标准，以确保海洋资源生态行政补偿前后地方政府资金的充足；在横向海洋资源生态行政补偿标准中，地方政府应基于直接补偿和间接补偿的基本标准，综合考虑产业结构调整

① 金琦子：《区域生态行政补偿立法研究》，中国地质大学（北京）2014年硕士学位论文，第35页。

的补偿标准，并由各受益区域共同承担补偿责任。根据海洋资源生态行政补偿的适度性原则，各受益区域应根据直接受益程度、受益者的支付意愿和承担能力以平等协商的方式确立承担比例；如果协商无法达成一致，则应由各受益地区平均承担。

（四）拓宽海洋资源生态行政补偿资金来源渠道①

拓宽补偿资金来源渠道，能有效确保资金充足，防止因资金短缺导致的补偿不到位。具体可安排为：成立专项基金，尽量减少海洋资源生态行政补偿行政化所带来的消极影响，提高资源使用效率，同时可成立基金委员会，监督管理基金运行情况。加大预算投入，政府可以在国民经济体系中纳入海洋资源生态行政补偿资金，并在对环境保护费用的支出中相应加重该补偿的投入比例。征收生态税，征收税务的目的是运用经济手段调节资源的合理配置。国家可通过对生态环境资源有关的开发与利用行为征收生态税，并切出一定比例，作为区域海洋资源生态行政补偿的资金来源。引入市场融资方式。从 1998 年起，我国开始用增发国债的方式对环境保护的支出费用予以安排，并取得了一定效果。此外，还可以鼓励私人积极参与绿色产业的投资，具体方式包括提供低息贷款、延长贷款偿还期限等。

（五）完善海洋资源生态行政补偿的管理体制和责任机制②

在具体实践过程中，海洋资源生态行政补偿不单只对环境保护产生影响，还会影响到补偿所涉及的海岸带区域的经济利益。此外，海洋资源生态行政补偿通常依附于相关部门政策和国家综合性政策

---

① 金珣子：《区域生态行政补偿立法研究》，中国地质大学（北京）2014 年硕士学位论文，第 36 页。

② 金珣子：《区域生态行政补偿立法研究》，中国地质大学（北京）2014 年硕士学位论文，第 38～39 页。

中，行政色彩浓厚，一般会对多个部门的利益产生影响，并涉及国内不同功能区域的利益分配。同时，也需要对国家和地方政府专门建立的公共财政相关补偿政策进行监管。鉴于此，建立一个海洋资源生态行政补偿的管理和协调体制就显得尤为重要，可具体安排为：

1. 在国务院下设生态补偿委员会，由补偿所涉及的有关部门领导参与组成，可包括生态环境部、发改委、农业农村部等相关部委领导，仲裁有关海洋资源生态行政补偿的纠纷，并为相关重大决策提供指导或参考意见。

2. 海洋资源生态行政补偿实践较多的省市也可依此设置相应机构。

3. 海岸带区域间应统一设立专门的工作机构，负责海洋资源生态行政补偿的具体事务，如在流域内设立流域管理局，负责该流域的环境保护和生态补偿的具体事项。

4. 建立信息资源共享平台。信息资源共享平台的构建有利于加强政府协商机制，增强合作的可操作性。首先，政府间可通过对平台提供的信息正确衡量各方收益。其次，环境资源信息的公开，有利于区域间合理配置资源，提高资源使用效率，减少资源浪费。

海洋资源生态行政补偿责任机制也是对区域补偿主体的监督。当海岸带区域补偿主体不履行相应的法定义务或违反权利规定时，就应当承担责任。海洋资源生态行政补偿作为内部环境保护行政行为，违反相关权利义务规定的责任在纵向行政补偿中就体现为内部行政责任。对此，完善海洋资源生态行政补偿责任机制应从以下几方面入手：

1. 应明确海洋资源生态行政补偿主体各自的权利义务。在不同层级政府间实施的纵向生态补偿中，上级政府享有监督权、指导权、给予行政奖励或处分权，并负担行政补偿或兑现行政奖励的义务，下级政府则享有获得补偿或奖励的权利，并承担监督上级政府行使权力的义务。在横向生态补偿中，不同于纵向生态补偿上下级政府之间服从——命令的关系，各补偿主体享有平等的行政地位，因此彼此之间的权利义务的分配应该依据法律进行协商。具体权利可包括协商权、流域内和生态保护建设区与受益区补偿权，并承担有效解决冲突的义务。

2. 增加海洋资源生态行政补偿自我评价的规定。在海岸带区域海洋资源生态行政补偿的内部行政责任运行初期，相关行政机关应先进行自我评价，具体包括对补偿实施的法律法规或政策依据进行评价；海洋资源生态行政补偿具体实施前，对补偿标准确定的评估手段和方法进行评价；对补偿实施的具体方式进行评价；对补偿最终的实施效果进行评价。这样不仅限制了政府的自由裁量权，提高了行政效率，同时也在一定程度上节约了行政成本。

3. 明确救济途径。在横向海洋资源生态行政补偿中，由于补偿主体双方行政地位平等，行政裁决为海岸带区域海洋资源生态行政补偿的救济途径。如有一方不履行义务则可请求共同的上级机关进行裁决，强制不履行义务的一方履行义务，支付补偿金或违约金，并基于领导责任制，追究相关负责人的责任，如警告、记过、开除等。在纵向海岸带区域海洋资源生态行政补偿中，该补偿责任应是内部行政责任，任何一方违反权力义务的行为都可能导致行政处分或纪律上的责任，对此，既可向原处理机关申请复核，也可直接向上级行政机关提起申诉。

四、海岸带环境信息公开之完善①

（一）转变观念，建立海岸带环境信息公开制度

1. 建立基于网络和数据库的海岸带环境信息资源“共享”系统

信息不足或信息渠道不畅必然会对决策产生不利的影响，从而

① 王琪、李杨：《海洋环境管理中的信息不对称及应对措施》，载《中国海洋大学学报（社科版）》2007 年第 5 期。

带来利益损失，“囚徒的困境”就是最好的例证。通过上文的分析可以看出，不仅公众受到信息不对称的影响，政府本身也受到信息不对称的制约。“我国政府部门掌握着数千个非常有价值的数据库，但大部分都还是死库。”① 因此，必须让这些数据库活起来，使其更好地为政府、社会服务，从而创造更大的价值。原国家海洋局在《20世纪末中国海洋环境质量公报》中指出，虽然我国海洋污染快速蔓延的势头得到一定程度的减缓，但海岸带环境质量恶化的总趋势仍然没有得到有效遏制。可见，我国海岸带环境问题的存在，正在对经济、社会发展产生越来越严重的影响。因此，严峻的现实要求我国必须改变海岸带环境信息采集和公开中存在的信息不对称现象，建立基于网络和数据库的信息“共享”系统。

2. 完善法律体系，制定“信息公开法”

海岸带环境问题是社会公共问题，海岸带环境保护活动的开展涉及多方利益，需要共同努力。而实现这种合作参与的一个基本前提便是获取足够充分的相关海洋环境信息。目前，我国还没有一部专门的“信息公开法”，各种关于海岸带环境信息公开的法律规范大都零散地分布在各种法律文件中。因而，有些利益相关者想获得的海岸带环境信息、文献资料因为不在公开范围之列而无法获取。对公众而言，当知情权得以有效合法地行使时，公众对政府或企业决策者的假设更能提出合法合理质疑，也更可能组织起来推动社会变革；对企业而言，企业需要各种与海岸带环境保护相关的信息来使企业利润最大化；对政府而言，政府需要足够的海岸带环境信息来进行决策，进而进行海岸带综合管理。因此，必须重视信息公开的必要性，将信息公开提高到法律的高度。

① 卢宏、孙金华：《网络环境下政府信息资源开发利用的探讨》，载《江西行政学院学报》2000 年第 1 期。

（二）实行“海陆一体化”的综合管理体制

“海洋污染主要是单向输入的陆域经济活动的外部不经济性”①，因此，在海洋污染80%来自陆源污染的情况下，我国相关管理部门不能将目光仅仅盯在海洋上，否则只能事倍功半。根据系统的整体性原理，即“整体大于各个孤立部分的总和”，本书建议实行“海陆一体化”的调控和管理，充分发挥系统的整体功能。然而，目前我国还没有一部“海陆一体化”或海岸带综合管理的法律。而且，目前在精简机构、减少开支的大背景下，设立一个“海陆一体化”综合管理的行政机构可能是不现实的。因此，“较为可行的办法是在适当的管理部门即把某个现有部门的权限扩大”②，这样做既符合精简机构、减少开支的大背景，又可以完成基于海岸带综合管理的“海陆一体化”管理。根据“海陆一体化”的管理思想，统一海岸带综合管理的标准和指标，并由该部门向各级政府及政府部门、企业、公众提供有关的海岸带环境信息，从而改变“各自为政”“条块分割”的现象。只有这样才能解决海岸带综合管理中的信息不对称问题，从而实现海岸带环境信息的公开、透明。

因此，在海岸带环境信息公开范围上，我国现有制度存有较大的改进空间。可以从以下两个方面加以完善③：

1. 在“环境信息公开办法”中明确界定“海洋环境信息”

以《奥胡斯公约》为基础，应该将海洋环境信息定义为：以书面形式、电子形式或任何其他形式存在的有关海洋环境要素的信息，

---

① 栾维新等：《海陆一体化建设研究》，海洋出版社2004年版，第11页。

② 张灵杰：《美国海岸带综合管理及其对我国的借鉴意义》，载《世界地理研究》2001年第2期。

③ 基于我国当前“海岸带综合管理”立法和“信息公开”立法还有待设立和完善，当务之急是首先进行这两部立法工作。因此，本书在此仅对《环境信息公开办法》提出立法建议，期待能够推动海岸带信息公开立法的进程。

对海洋环境要素造成或可能造成影响的各种因素及人类活动信息及因海洋环境要素或人类活动而受到或可能受到影响的人体健康、安全、生活条件信息。在该总括性条文后，可具体列举环境、人类活动、人体健康、生活条件所涉及的具体因素，通过抽象归纳和具体列举相结合的方式，对海洋环境信息加以界定。

2. 明确海洋环境信息公开的“相对例外”属性，确立“公共利益测试”的法律地位

具体而言，应首先增加海洋信息公开例外事项的列举，纳入行政内部事务、司法信息、第三人信息等。在此基础上，建立完整的“公共利益测试”规则，明确规定任何海洋环境信息公开的例外（除排污信息外），都应进行“公共利益测试”。只有在不公开的利益超过公开的利益时，才属于免予公开的对象。这样既为政府机关裁量是否公开相关海洋环境信息提供了指导性准则，也为法院审查相关行政行为是否明显不当提供了参考依据。

我国海洋环境信息公开的利益平衡机制导致政府海洋环境信息公开矛盾的主要方面体现为行政主体往往在公共利益的考量上叠加自身的利益，如体现社会利益的环境保护政策，反映了社会公众的长期、持久利益，这与政府短期绩效的考量相冲突，没有相应的利益平衡机制加以保障就无法与政府机构相抗衡，无法维护利益平衡。因此，这种平衡的实现必须依赖具体的制度设计。为了保障公众的环境知情权，保护国家利益、商业秘密和个人隐私，除了确立基本的原则之外，还需要加强立法、司法、行政、社会几个方面机制的统一保护①：

1. 立法保障

（1）明确利益界限的标准。首要问题是应对各种利益的重要性

① 刘萍、陈雅芝：《政府环境信息公开和保密的利益限制与平衡》，载《理论导刊》2011 年第 8 期。

作出估计或衡量，为协调利益冲突提供标准。我国“条例”和“办法”立法位阶较低，造成行政主体基于利益限制不公开海洋环境信息时，自由裁量权的范围和标准不明确，缺乏可操作性。因此，应依法厘定各种利益的界限，对国家秘密、商业秘密和个人隐私的范围进行界定，同时确保各相关法律规定不相互矛盾。将原则性立法具体化，加强对海洋环境信息不予公开的行政裁量行为的立法控制，确保在充分平衡各种利益的基础上，最大程度契合海洋环境信息公开化原则。

（2）完善政府海洋环境信息不予公开的程序。为政府机关设置程序性义务，用规范化的程序来保证实质正义的实现，确保政府海洋环境信息公开的制度化、规范化和程序化。①明确海洋环境信息不予公开范围的决定机构。为保证相关行政机构行使职权的正当性和合法性，可以考虑撤销低级别行政机构的设密权，规范定密人员的任职要求，建立定密人员专业化制度。当发生争议时应由高级别的专门管理机构做出判断。②健全海洋环境信息不予公开范围的决定程序。明确定密、解密程序及其规则，建立说明理由制度，规范定密异议制度。③保障当事人基本的程序性权利以制约行政权力。当为实现公共利益对私人利益造成不利影响及损害时，当事人应有知情权、参与权、听证权及法律救济权。

2. 行政规制

政府对涉及公共利益的信息控制程度的强弱，决定了政府信息公开与保密的范围划分，决定了社会公众对政府信息获取权利的实现程度，也直接影响社会公众所能获得的政府信息的范围和数量。行政机关必须按照立法机关对各种利益的界定执行法律，遵照法定职权合理平衡各种利益关系，任何肆意扩大或缩小政府海洋环境信息公开的内容、程度、范围的行政行为，都是对社会整体利益和行政相对人具体利益的侵害。应建立拒绝公开说明理由制度，约束政府海洋环境信息不予公开的自由裁量权，使拒绝公开的理由公开化，并成为公众环境知情权救济的基础。应建立海洋环境信息公开的行政问责制度，实行严格的行政责任追究制度，对不当行使行政裁量权、没有履行公开义务、侵犯公众环境知情权和损害公共利益、私人利益者进行行政处分。完善行政内部监督制约机制，实现申诉权和行政复议权的具体化、程序化，以保障这些制度落到实处。

3. 司法救济

司法救济是政府海洋环境信息公开中利益平衡极为重要的动力机制。海洋环境问题往往涉及不特定多数人的利益，当私人利益与公共利益或公共利益与公共利益产生纠纷时，应将不予公开的信息是否属于例外的争议纳入司法救济的轨道中，公民个人、公益团体等有权依法提起行政诉讼，请求法院给予救济。在司法审查中，应进行具体个案的利益分析与衡量，保证公共利益优先及公共利益与个人利益的平衡。法院对于不予公开的范围必须采取严格解释规则，同时行政机关拒绝公民的环境知情申请时，必须负责证明拒绝的理由，以保障公众环境知情权的行使。鉴于海洋环境问题的公益性，有必要建立和完善环境公益诉讼制度，发挥环境公益诉讼的利益救济功能。法官要通过合理的解释去平衡各种利益的冲突，以实现法律的公平与正义。环境公益诉讼的效益并非仅限于个案救济，先例判决将为其后的相关判决及行为提供一定预期，可能还会涉及现行公共政策及法律制度的改变或新的公共政策及法律制度的确立。此外，建立环境信息不公开的国家赔偿制度。对行政机关不当行使行政裁量权肆意限制和损害公民利益的，公民有权向法院起诉要求获得国家赔偿。

4. 社会监督

国家与市民社会的互助，既是应对复杂环境问题的需求，也是实现多元主体之间多种利益共赢状态的需要。从世界各国看，在环境信息公开制度的建立过程中，社会力量和民间组织的推动起了很大的作用。马克·E. 凯恩在《美国的环境民主》一文中指出："人民应该一起参加鉴定那些公共利益的目标和价值的过程；通过政治的和社会的组织行使他们集体的权力以保障公共利益。这种民主是一种思想，即人民在鉴定和争取公共利益方面应该有平等的自由和平等的影响力。"随着我国市民社会的发展，社会力量日益强大，权利和社会力量对国家权力制约的作用越来越大，成为政府海洋环境信息公开中利益平衡的真正力量。一方面，应加大公众和新闻媒体的监督力度，发挥公众和舆论监督政府在海洋环境信息公开与不公开的利益衡量中的巨大作用，促使政府权力运作的透明化，建设阳光政府。另一方面，社会公众应参与到政府海洋环境信息公开的平衡机制中，对政府海洋环境信息不予公开进行问责，主要通过环境行政公益诉讼，依托公民、环境保护的民间团体和社会团体来实现对政府海洋环境信息不予公开的监督。

五、海洋生态损害索赔之完善①

（一）明确具体的行政机关索赔主体

行政机关是海洋生态损害索赔诉讼中的索赔主体。但这些机关在诉讼中是以财产管理者和监督者的身份参与诉讼，向污染责任人提出赔偿诉求的民事法律主体，而不是行使强制执行力的行政机关。因此在诉讼过程中与被告处于平等的民事主体地位，平等地享有权利承担义务。立法有必要对作为索赔主体的行政机关进一步明确与细化分工，防止各个机关相互推诿或监管起诉权内容重叠，无法形成有序的诉讼秩序，最后损害国家和社会共有的海洋生态利益。因此，本书认为，海洋生态损害的索赔主体应该从以下几个方面来确定：

---

① 杨健萍：《我国海洋生态损害索赔法律问题研究》，天津大学 2012 年硕士学位论文，第 27 ~33 页。

1. 依部门职能划分来确定

不同国家行政管理部门在代表国家行使索赔权时其原告主体的确定应以各不同部门的职能划分为基础，以《海洋环境保护法》为指导，结合《渔业法》《防治海岸工程建设项目污染损害海洋环境管理条例》《防治海洋工程建设项目污染损害海洋环境管理条例》《海洋倾废管理条例》等法律法规对各管理部门在海洋环境监管权方面的职能分配来确定具体由哪一个部门来担当海洋生态损害索赔案的原告代表国家进行诉讼。① 进一步讲，原告的快速确定是索赔诉讼关键且重要的第一步。

2. 级别问题

这一问题取决于损害范围的影响区域有多大，如果只限于地方性损害，建议由相关地方人民政府行使海洋环境监督管理权的部门来行使；如果损害范围涉及两个或两个以上的地方政府，建议由省级部门来行使；如果损害范围涉及两个省，建议由国家相关部门来行使。此外，还应考虑损害数额的大小和是否具有涉外性，一般情况下，损害数额的大小与行政机关的级别成正比例关系，在具有涉外性因素时，建议选择较高级别的行政机关予以索赔。

3. 损害后果的重叠问题

如果海洋生态损害后果涉及多方面，建议摒弃分开索赔的做法，由行政部门内部联合协调，进行统一索赔，这样才能更好维护行政机关的权威，保证索赔范围不出现重叠或遗漏，有利于司法审判的顺利进行。由于我国海域辽阔，建立由中央到地方的分级海洋生态

① 具体表现在：环境保护部门对陆源污染物和海岸工程建设项目海洋污染损害行使监督管理权；海洋部门对海洋工程建设项目和海洋倾倒废弃物造成的海洋污染损害行使监督管理权；海事部门对所辖港区水域内非军事船舶和港区水域外非渔业、非军事船舶污染海洋环境行使监督管理权；渔业部门对渔港水域内非军事船舶和渔港水域外渔业船舶污染海洋环境行使监督管理权；军队环境保护部门对军事船舶污染海洋环境行使监督管理权。

损害索赔制度更加符合我国的特殊国情。海洋生态损害的索赔权不仅是一种权力更是一种职责，应严格依照法律规定来行使，否则应承担相应的法律后果。行政机关在生态损害索赔实践中，大多数情况下都是通过与责任人谈判达成和解协议而了结的。我国行政机关的索赔主体地位可以借鉴美国《油污法》有关托管人的规定：并不禁止托管人就索赔与责任人达成任何协议。因此，为了能尽快解决索赔纠纷，并迅速采取恢复受损环境的措施，建议我国在相关立法中赋予提出索赔的行政机关与责任人进行和解的权利，但是应以整个赔偿过程公开化、透明化，避免有关部门滥用职权损害国家利益和社会公共利益为前提。索赔主体是否提起诉讼，放弃部分或全部权利，与责任人达成和解，应该经上级部门的批准。增加一层约束，更能规范权力的行使。

因此，在我国海洋生态损害国家索赔主体的确定上，本书认为，各行政主管部门的最高行政机关——国务院生态环境部、自然资源部、国家渔业局、国家海事局等部门作为主要综合协调、监督管理部门，地方人民政府有关部门行使本行政区域内的具体海洋环境监督管理权，这样不仅增加了证据的真实性、客观性、严肃性和可信度，而且符合统一领导、分工负责、办事高效的行政原则。本书采纳学者黄宗斌的观点，对各机关具体负责索赔案件的类型区分如下①：

1. 地方人民政府环保行政主管部门有关海洋生态损害案件索赔主体的确定

根据《海洋环境保护法》《防治陆源污染物污染损害海洋环境管理条例》《防止拆船污染环境管理条例》《防治海岸工程建设项目污染损害海洋环境管理条例》，地方人民政府环保行政主管部门对其管辖区内的下列海洋生态损害案件行使索赔权：

① 黄宗斌：《海洋生态损害国家索赔主体问题研究》，载《中国海商法研究》2013 年第 2 期。

（1）陆源污染物和海岸工程建设项目所引起的海洋环境污染损害防治工作由国家环境保护行政部门负责监督管理（《海洋环境保护法》第5条第1款）。

（2）各行政区域内陆源污染物所引起的海洋生态损害案件由县级以上地方人民政府环境保护行政主管部门负责索赔（《防治陆源污染物污染损害海洋环境管理条例》第4条第2款）。根据该规定，国务院环境保护行政主管部门主管的是全国陆源污染物的防治工作，而具体各行政区域内的陆源污染物污染损害工作则由县级以上地方人民政府环境保护行政主管部门负责索赔。

（3）港区水域外岸边拆船作业所引起的海洋生态损害案件由县级以上人民政府环境保护部门负责索赔（《防止拆船污染环境管理条例》第4条第1款）。

（4）海岸工程建设项目所引起的海洋生态损害案件由县级以上地方人民政府环境保护部门负责索赔（《防治海岸工程建设项目污染损害海洋环境管理条例》第5条第2款）。包括：损害海岸带生态保护系统案件（《防治海岸工程建设项目污染损害海洋环境管理条例》第20条）；围海造地破坏水产资源案件（《防治海岸工程建设项目污染损害海洋环境管理条例》第7条第3款）；污染、破坏重点保护野生动植物生存环境，建闸、筑坝影响渔业资源案件（《防治海岸工程建设项目污染损害海洋环境管理条例》第21条）；损害污染环境、破坏景观、损害环境质量案件（《防治海岸工程建设项目污染损害海洋环境管理条例》第10条）；毁坏红树林和珊瑚礁生态系统案件（《防治海岸工程建设项目污染损害海洋环境管理条例》第23条）。

2. 地方人民政府海洋行政主管部门有关海洋生态损害案件索赔主体的确定

根据《海洋环境保护法》《海洋自然保护区管理办法》《防治海洋工程建设项目污染损害海洋环境管理条例》《防止拆船污染环境管理条例》，地方人民政府海洋行政主管部门作为海洋环境的监督管理机关，主要负责其管辖区内的下列海洋生态损害案件的索赔：

（1）海洋工程建设项目和海洋倾倒废弃物所引起的海洋环境污染损害防治工作由国家海洋行政主管部门负责监督管理（《海洋环境保护法》第5条第2款）。

（2）海洋工程建设项目的海洋生态损害案件由县级以上地方人民政府海洋行政主管部门负责索赔（《防治海洋工程建设项目污染损害海洋环境管理条例》第4条）。根据该条规定，国家海洋主管部门负责的主要是全国海洋工程建设项目环境保护的监督管理工作，具体各行政区域及毗邻海域的海洋工程建设项目的环境保护工作则由沿海县级以上地方人民政府海洋主管部门负责索赔。

（3）海洋自然保护区内违反有关规定的行为所造成的海洋生态损害案件由县级以上地方人民政府海洋行政主管部门负责索赔（《防治海洋工程建设项目污染损害海洋环境管理条例》第40条）。根据该条规定，海洋工程建设项目所造成的海洋生态损害包括对海洋自然保护区的损害。因此，海洋工程建设项目在海洋自然保护区内违反有关规定的行为所造成的海洋生态损害也应由县级以上地方人民政府海洋行政主管部门负责索赔。

（4）破坏海洋自然保护区的各种案件由县级以上地方人民政府海洋行政主管部门负责索赔（《海洋自然保护区管理办法》第15条）。

3. 海事行政主管部门有关海洋生态损害案件索赔主体确定

根据《海洋环境保护法》《防止拆船污染环境管理条例》等有关法律规定，海事行政主管部门主要对其管辖区域内以下海洋生态损害案件提出索赔：

（1）非军事船舶和港区水域外非渔业、非军事船舶的海洋环境污染损害防治案件由国家海事行政主管部门和渔业行政主管部门共同负责（《海洋环境保护法》第5条第3款）。

（2）海事行政主管部门对所辖区域内水上拆船和所辖区域外岸边拆船作业的污染防治案件具有监督管理权（《防止拆船污染环境管

理条例》第4条第2款）。

4. 县级以上地方人民政府渔业行政主管部门有关海洋生态损害案件索赔主体确定

根据《海洋环境保护法》《渔业法》《防止拆船污染环境管理条例》《野生动物保护法》等有关法律规定，县级以上地方人民政府渔业行政主管部门在其管辖区域内负责对以下海洋生态损害案件提出索赔：

（1）渔港水域内非军事船舶和渔港水域外渔业船舶的海洋环境污染防治案件由国家渔业行政主管部门负责监督管理（《海洋环境保护法》第5条第4款）。

（2）国家渔业行政主管部门主要负责管理、协调全国范围内渔业工作，具体各行政区、各重要水域、渔港等渔业作业的监督管理工作由县级以上人民政府渔业行政主管部门负责（《渔业法》第6条第1款）。

（3）引进海洋动植物物种对海洋生态系统所造成的危害案件由县级以上人民政府渔业行政主管部门负责索赔（《海洋环境保护法》第25条）。

（4）破坏渔业资源的行为（包括炸鱼、毒鱼、电鱼等案件）所造成的损害案件由县级以上人民政府渔业行政主管部门负责（《渔业法》第30条、第31条、第35条）。

5. 军队环保部门有关海洋生态损害案件索赔主体确定

根据《海洋环境保护法》第5条第5款、《防止拆船污染环境管理条例》第4条第4款等相关法律的规定，军队环保部门主要负责对辖区内的军事船舶污染及军港水域拆船所引起的海洋生态损害提起索赔。

6. 海洋生态损害案件索赔主体确定的特殊情况

除上文根据法律规定可以明确判断索赔主体的海洋生态损害类型外，还存在着其他特殊情况，包括海洋行政主管部门综合管理的情形及吸收渔业行政主管部门共同负责的情形。

（1）特殊情况之一——海洋行政主管部门综合管理的情形

根据海洋生态损害案件类型化的分析过程可知，我国现有的法律所规定的海洋生态损害仅局限于特定海洋资源损害和特殊海洋生态系统损害，相对于保护海洋环境的需要，我国法律所规定的海洋生态损害范围还存在一定的空白。而且，即使是对特定海洋资源损害和特殊海洋生态系统损害的救济也不尽完善。在目前我国海洋环境保护法律体系未能穷尽并预测一切海洋生态损害类型的情况下，借助兜底条款的立法技术，以概括性、原则性的规定，将法律法规没有规定主管机关的海洋生态损害案件索赔权赋予特定的行政主管部门，能够有效填补海洋生态损害索赔主体的空白，从而将我国海洋生态损害索赔的范围最大化。国家海洋行政主管部门是海洋环境的综合监管机构，因此对法律法规还没有规定主管机关的海洋生态损害案件，应当由海洋行政主管部门负责。

此外，实践中关于非军事船舶污染损害案件中，海洋行政主管部门与海事行政主管部门由谁作为索赔主体常常发生争议。根据海事行政主管部门负责的海洋生态损害案件类型包括所辖水域内非军事船舶污染损害案件和所辖水域外非军事船舶、非渔业船舶污染损害案件的分类结果来看，海事行政主管部门应当对非军事船舶污染损害案件进行索赔。但是国务院办公厅《关于印发交通部直属海事机构设置方案的通知》将海事部门的职责描述为“负责辖区内水上安全管理、海上航标管理、水上安全通信管理、防止船舶污染及其他有关管理工作；按照授权，管理船舶和海上设施检验、港口航道测绘工作；负责船舶登记、船舶法定配备的操作性手册与文书审批、船舶所有人安全管理体系审核与监督和船员培训、考试发证、船员证件管理工作；负责辖区内水上搜寻救助、污染事故应急处理和重大水上交通事故的调查、处理工作”。由此可见，海事部门的职权以监控海上载运工具和海上航行设施，实现交通安全为主，其他主要管辖区域是港口、航道和锚地，虽然其有管理船舶污染事故的职能，但主要在于惩治污染肇事船舶及进行污染发生后的清污与采取防止进一步损害的措施。由此可推断非军事船舶在海事机关所管辖港区内（这里的港区指港口，并扩大至由海事部门管理的锚地、航道）污染海洋环境造成的损害（即使污染扩散至水域外）应由海事部门作为原告。而所辖港区外的非军事船舶损害只要不是在渔政部门管辖的渔港或军事部门管辖的军港水域则应由海洋行政部门进行索赔。因此对海事行政主管部门索赔的“所辖水域外非军队船舶、非渔业船舶污染造成的海洋生态损害”，应理解为非军事船舶在海事机关所管辖港区内（包括港口、锚地、航道）污染海洋环境并扩散至水域外所造成的海洋生态损害；除上述海事行政主管部门索赔的管辖区域内非军事船舶污染外溢至管辖区域外所造成的海洋生态损害之外的其他海事行政主管部门辖区外非军事船舶污染的海洋生态损害案件均应由海洋行政主管部门负责索赔。

（2）特殊情况之二——吸收渔业行政主管部门共同负责的情形

如上文所述，在各部门具体负责案件类型区分结果中，渔业行政主管部门索赔的海洋生态损害案件类型与其他主管部门之间存在交叉重叠之处，其具体案件索赔主体区分如下：

渔业行政主管部门的海洋渔业管理，有别于渔业生产管理，它是以调整渔业生产活动中所发生的各种经济关系，维护国家及渔业生产者的合法权益，维护良好的生产秩序，保护、增殖、开发并合理利用渔业资源，提高渔业的经济效益、社会效益和生态效益，以促进和服务于生产为目的，由国家对渔业所实施的行政监督管理。①渔政管理机构对内维护渔场生产秩序，繁殖、保护水产资源，对外维护中国的渔业权益。根据渔业局的主要职责可知，国家渔业行政

① 岳小花、密晨曦：《论国家索赔海洋生态损害的赔偿责任》，载《中国海洋大学学报（社会科学版）》2011年第3期。

机关还承担保护渔业资源及水生野生动植物资源的工作，《海洋环境保护法》第5条第3款同时规定了“船舶污染事故给渔业造成损害的，应当吸收渔业行政主管部门参与调查处理”。因此，即使是渔港水域外非军事船舶污染所引起渔业资源损害，不论是否属于渔业船舶污染所引起，国家渔业行政机关都有索赔权。

除船舶污染造成的渔业资源损害应吸收渔业行政主管部门参与索赔外，其他类型的侵权行为导致的渔业资源损害及水生野生动植物损害也应吸收渔业行政主管部门参与索赔，如《渔业法》中规定的擅自引进海洋动植物物种，对海洋生态系统造成危害的；在鱼、虾、蟹类的洄游通道建闸筑坝不建设过鱼设施或者采取其他补救措施对水产资源造成严重影响的；捕杀、伤害国家重点保护的水生野生动物等海洋生态破坏类型。

有关国家机关海洋生态损害索赔权限不明，容易导致不同部门之间对于具有部门利益的海洋生态损害案件互相争夺索赔权，而对于不具有部门利益的海洋生态损害案件则互相推诿、置之不理，不利于及时、有效对海洋生态损害进行索赔，影响了中国海洋环境的保护和改善。以法律为依据，将中国现有海洋环境保护法律框架下能够得到法律支持的海洋生态损害类型化，并结合海洋行政主管部门的职能分工，将各部门负责索赔的海洋生态损害类型予以确定，能够有效解决中国海洋生态损害索赔过程中所遭遇的索赔主体混乱、分工不明的现象。这样不仅明确了有关国家机关的海洋生态损害索赔权限，而且保证了有关海洋行政主管部门或其他依法行使海洋环境监督管理权的部门代表国家对责任者提出海洋生态损害索赔顺利进行。同时，有利于对互相推诿、置之不理等怠于行使职权的相关部门的责任追究，促使有关国家机关积极行使海洋生态损害索赔权，对于督促海洋生态损害案件事故责任人积极预防和治理海洋生态损害、保障中国海洋生态环境的可持续发展、推动中国海洋经济的跨越发展都具有积极意义。

（二）完善赔偿范围

赔偿范围的完善应坚持恢复原状和全部赔偿的原则。恢复原状原则是损害赔偿的优先适用原则，在可以恢复原状的情况下，法律不主张适用损害赔偿。只要海洋生态损害在性质上是能够恢复的，那么应首先考虑的是恢复原状，而不是判令事故责任人承担损害赔偿责任，恢复工作完成后，财产的效用和价值仍然受到影响的，应由责任人给予相应的经济补偿；如果损害具有不可恢复性，责任人就必须通过金钱赔偿使受害人在价值上恢复到损害发生前的状态。通过赔偿，把受害人的利益恢复到损害以前的状态或水平，这是损害赔偿制度的最佳目的，也是其追求的理想状态。赔偿范围并不是海洋生态系统本身所遭受的客观事实上的全部损害，而是人们凭借科技手段已经认识到并经一定的评估方案进行评估确定的海洋生态损害。这不仅仅是由于技术水平和人的认识能力的局限性，也有对社会发展综合因素的考量。因为很多造成海洋生态损害的行为，如石油的勘探和运输，都是社会经济发展过程中必要的具有社会正当性的活动。如果由赔偿责任人承担海洋生态所带来的所有客观性损害，这无异于将全社会的风险都集中在了责任者的身上，而其他人则分享这些活动所带来的积极利益，这显然违背公平正义原则。海洋生态损害的赔偿范围具体应包括：

1. 合理的预防性措施及预防措施造成的进一步灭失或损害费用

即任何为了防止已经发生的或即将发生的海洋生态损害，防止损害的进一步扩大或者将损害程度降低在最小的范围内，已经采取的或未来将要采取的任何实际可行的合理措施费用及由于采取预防措施而造成的进一步灭失或损害费用。应该在法官的自由裁量之下，综合考量多种因素，认定预防措施是否合适或与损害相符，如已造成损害的性质和程度、预防措施的性质和相伴的风险、措施采取之后可能有效的程度、有关的科学和技术专门知识等。

2. 清污费用

清污费用是损害实践中最常见的费用，清污行为对预防损害的发生和进一步扩大都有着十分重要的作用。在发生海洋生态损害时，污染责任人往往不会采取积极的清理措施，为了阻止损失的进一步扩大，常常是由相关的政府机关自己或者委托专业的清理机构进行清污作业，也会有个人或组织自愿加入清污行动。那么此时的清污费用就应该包括在赔偿范围之内。①

根据侵权责任法将损害控制在最小的宗旨，侵权事故发生后，受害人有义务采取有效措施防止损失的扩大，就此部分花费的费用由侵权者承担。这样的规定在于鼓励受害人对损害进行清理，避免加重责任人的损害责任。② 受害人积极采取措施减少损害的进一步扩大，由此产生的费用如果还让受害人承担，责任人就构成不当得利，也不利于损害事故的及时清理。

3. 恢复措施费用及无法恢复时的补救性措施费用

恢复海洋生态所采取措施的费用包括恢复海洋生境（海洋底质环境、海岸保护区、湿地、鸟类栖息地等）的费用和恢复物种的费用。恢复措施旨在使被损害的海洋生态环境恢复到损害或破坏尚未发生前的状态。在无法复原时采取异地重建或者引入具有相同或类似功能的替代物等补救性措施，以最大程度地弥补海洋生态环境所遭受的损失。如果此类补救措施仍然无法实施，便应赔偿该环境的价值。确定复原措施是否合理时，应借鉴《国际油污损害赔偿基金公约》关于恢复措施合理性的规定，应考虑采取复原措施的成本与实际收到或能够合理预期收到的效果是否成合理比例、是否具有技术可行性、该措施是否具有一定合理性的预期前景。另外，还应借

① 竺效：《生态损害事实及其可填补之类型研究》，载《北京林业大学学报（社会科学版）》2008 年第 7 期。

② 戚道孟：《论海洋环境污染损害赔偿纠纷中的诉讼原告》，载《中国海洋大学学报》2004 年第 1 期。

鉴美国《油污法》的规定，赔偿范围包括恢复期间的价值减损和过渡期费用。

4. 海洋功能损失费用

海洋环境功能的损失主要是指海洋环境容量损失的费用，海水具有一定的环境自净能力，受到污染的海水在物理、化学和生物等自然作用下，会自动将污染物的浓度和总量降低，但当超过一定限度的环境污染破坏了海域海水的自净能力时，海水就丧失了溶解一定污染物的功能，海洋环境的质量便随之下降。海洋环境功能是海洋生态系统正常运作的基础，不应忽视对其的赔偿。

5. 海洋生物资源损失费用

天然渔业资源损失之所以应得到赔偿，主要原因在于这种资源能够为鱼类的繁殖提供条件，是渔民能够从事捕鱼等经济活动的前提条件。除了天然渔业资源之外，海洋生物资源损失还应包括浮游动植物、底栖生物、游泳生物、鸟类等损失费用。虽然生物资源的赔偿在计算上存在较大的难度，但是海洋环境法律应该从生物多样性角度重视对生物资源的保护和赔偿。

6. 海洋生态服务功能损失费用

随着人类与海洋互动的频繁和加强，海洋生态系统不但向人类提供实物、能源等实用性生态产品，还向人类提供各种生态服务功能。海洋生态系统服务功能是指人类从海洋生态系统获得的各种权益，包括供给功能、调节功能、文化功能和支持功能，这些功能对维持人类的生存和发展起着至关重要的作用。① 海洋生态服务功能的损害和削弱直接威胁到人类可持续发展的生态基础。

7. 为达到上述目的而支付的评估、监测、科研等费用。

---

① 供给功能主要是指海洋生态系统为人类提供各种产品如原材料、水资源供给、基因资源等。调节功能主要是指海洋生态系统对人类发挥的调节空气、湿度等功能。文化功能主要是指娱乐、观光、审美等精神性权益。支持功能是指海洋生态系统生产和支撑其他服务功能的基础功能，如营养循环等。

（三）赔偿额的确定

赔偿数额的确定至关重要，应综合考虑如下因素：

1. 责任人对海洋生态损害事故的发生是否具有主观故意或重大过失

这是确定海洋生态损害赔偿数额时首先应当考虑的前提性因素，如果责任人存在主观恶性，则应包括惩罚性赔偿，否则不应包括惩罚性赔偿，对海洋生态损害只承担海洋生态损害的全部损失即可。①

2. 受污染海域生态系统的脆弱程度

正常的海洋生态系统本身具有一定的循环能力和张力，可以将一些污染物通过自身系统予以解决。但不同的海域脆弱程度不尽相同，海域生态系统的脆弱程度越大，就越容易遭受损害，恢复难度也就越大，赔偿数额也就越高。如果受污染海域生态系统状态良好，相应的损害也会越小，恢复难度也就越低，赔偿数额也会较低。

3. 受污染海域污染前后的海洋生态状况

对受污染海域污染前后的海洋生态状况进行对比分析，才能确定海洋生态损害的程度。在此基础上由评估鉴定机构评估损害才能确定具体的赔偿数额。因为海洋生态损害不同于其他损害，出于公平原则的考量，应该将污染前后的海洋生态状况予以明晰，确保责

---

① 惩罚性赔偿的主观归责特征和高于受害人实际损害的赔偿标准特点，使得惩罚性赔偿不仅具有补偿的功能，还同时具有制裁和预防的功能。但是有一些致害行为是人类社会存在发展必不可少的行为，本身具有一定的合理性，此种行为不能杜绝，只能降低其危险性，应以海洋生态损害的全部损失为限，不适用惩罚性赔偿责任。惩罚性赔偿数额的确定应从公平正义的角度考虑，结合具体的案件实际和致害人的承受能力，赋予法官自由裁量权，赔偿过低威慑不足，赔偿过高会导致有益的行为被阻止，妨碍社会经济的发展。责任人的故意或重大过失的认定可采取客观推定的方法。

任人只对其造成的损害承担责任。前后海洋生态状况差距大的意味着后一次损害赔偿的数额较高，相反赔偿数额就会较低。

4. 排放污染物的数量和品质以及污染海域的污染面积

污染物的品质主要是指其是否具有毒性，在环境中是否具有可降解性以及在海洋环境中留存的时间长度等。污染物的数量的多少和品质的差异直接决定了清污措施的难度和费用，以及恢复措施所需的费用。污染海域的污染面积最直接地反映了损害范围在地理上的空间区域有多大，一般与损害后果成正比，同时意味着赔偿数额更高。另外，还应考虑责任人侵害行为的持续时间，损害人承担责任的经济能力等具体情节。

（四）建立第三方评估鉴定机构

司法公正的理念要求任何人不得成为自己的裁判者，因此应该建立第三方评估鉴定机构。第三方评估鉴定机构不直接参与诉讼活动，与案件的审理结果没有法律上的利害关系。确保鉴定机构免受各种行政和人为因素的干扰，能够采用科学客观的态度开展鉴定工作，最大程度地保障评估鉴定结论的准确性、科学性和客观性，使评估鉴定结论有较大的公信力。① 该机构应该做到以下几方面：首先，独立性。由于海洋生态损害的索赔主体是相关政府部门，所以该机构应独立于政府部门的干涉，能够确保作出不受影响的评估鉴定结论。其次，公正性。海洋经济的涉外性决定了生态损害的责任方可能是国外的机构，那么在此种情况下，如果评估鉴定报告不能做到公平公正，将不利于索赔的正常进行。最后，专业性。海洋生态损害评估具有复杂性，所以鉴定机构的专业性是评估报告有证明力的保证。独立第三方评估鉴定机构应本着“公开、公正、公平”及对全体社会公众负责的原则开展工作。由于海洋海事类的高校和

① 杜志淳：《司法鉴定概论》，法律出版社2010年版，第75页。

科研院所是科学研究的前沿阵地，对新理论、新科学的研究能力较强，拥有海事专业知识的教授专家和先进的高科技海事技术与设备，因此在建立第三方评估鉴定机构时，要善于依托高校和科研院所资源，利用其科研力量、人员配置等综合优势，从而更好地为海洋生态损害索赔保驾护航。

六、海岸带环境监测之完善①

（一）提高海岸带环境监测法规立法层次

缺乏高层次的法律法规规范海岸带环境监测工作，使得海岸带环境监测的统一监督管理作用很难发挥，在很大程度上影响了海岸带环境监测管理的权威性和规范性，阻碍了海岸带环境监测事业的发展，其存在的先天缺陷，将越来越不能满足海岸带环境监测发展的需要。

目前，迫切需要在海岸带环境监测管理方面出台一部行政法规，在条件尚不成熟的情况下，也可以先制定部门规章。这部法规应包括以下内容：对海岸带环境监测的原则、海岸带环境监测的职能与任务、海岸带监测业务机构的资质认证、海岸带环境监测人员的考核与持证上岗、海岸带环境监测数据信息管理、海岸带环境监测网络管理、海岸带环境监测的有偿服务、海岸带环境监测在法律裁判中的地位与作用、海洋灾害与海洋污染事故损害评估等；建立系统的海岸带环境监测机构的资质认证制度、海岸带环境监测人员考核与持证上岗制度、监测质量控制与质量管理制度、海岸带环境监测数据报告制度、海岸带环境监测有偿服务制度等一系列规章制度，用立法约束参与海岸带环境监测活动的机构和个人，规范管理海岸

---

① 朱晓燕：《海岸工程污染海洋环境防治法律制度研究》，中国法制出版社2015年版，第212～215页、第218～221页。

带监测工作，保障全国海洋环境监测网的建设与运行，提高监测质量和服务能力。

（二）完善海岸带环境监测规范标准体系

国家海洋行政主管部门对海岸带环境监测的管理工作，必须严格按照国家环境监测规范和标准，尤其是国家海洋环境监测规范和标准进行。这说明《海洋环境保护法》没有赋予国家海洋行政主管部门制定海洋环境监测规范和标准的职权。按照《环境保护法》的规定，海洋环境监测规范和标准，应由国务院环境保护主管部门统一制定。因此，自然资源部需要按照国家海洋环境监测规范和标准制定具体的实施办法。

根据《环境保护法》第 10 条第 1 款和《海洋环境保护法》第 14 条第 1 款的规定，生态环境部应尽快制定国家海洋环境监测规范和标准，作为自然资源部制定具体实施办法和各系统、各级监测站开展海洋环境监测工作的依据。为此，首先，应进行海洋环境监测规范和标准体系论证工作，建立科学、完整的规范和标准体系，确定规范和标准体系的具体项目，编制规范和标准的计划制订；其次，应对现行规范和标准进行清查，在此基础上进行补充和修改或部分废止，按照规定的程序，由生态环境部发布施行，并组织力量抓紧制定监测工作确实需要而尚空缺的规范和标准，力争用两三年的时间充实和完善国家海洋环境监测规范和标准的基本框架。

海洋事业的快速发展对海洋标准化工作和海洋计量工作提出了新的要求。海洋环境监测技术标准和规范是海岸带环境监测业务的技术纲领和指南，随着监测技术手段的不断更新和监测内容的不断拓展，监测技术标准和规范应同步加以更新。2007 年，由原国家质量监督检验检疫总局、国家标准化管理委员会批准发布的《海洋监测规范》等 7 项强制性系列国家标准和《海面溢油鉴别系统规范》推荐性国家标准，分别于 2008 年 5 月 1 日和 4 月 1 日起实施。《海洋监测规范》系列国家标准密切结合我国海洋环境监测技术现状、海区特点和监测工作实践，充分考虑了海洋监测质量控制的要求，参考了国际上近年来发表的相关文献，《海洋标准化管理办法》结合新形势下海洋工作的实际需要和出现的新情况、新问题，进一步规范了海洋标准化工作和海洋计量工作以推动海洋事业快速发展。

（三）建立海岸带环境监测指标体系和评价模式

海岸带环境监测指标是可以用于代表一个复杂海洋生态系统或环境问题关键要素的物理化学生物学或社会经济的测量因子，具有清晰的解释和明确的指示意义，并可以通过可比性技术方法进行测量，对于指标体系的研究是实施监测的重要基础。

我国海岸带环境监测指标体系研究与发展比较缓慢。针对海洋物理要素的监测，设置了用于海浪、潮汐、风暴潮等预报的基本指标；对于污染环境，设计的是主要污染物，包括我国近年来关注的重要的无机污染物、有机污染物和部分致病菌等指标。从总体上看，选择指标时缺乏充分的依据和深入的研究。在监测向生物生态监测方向发展的今天，我国对于生态监测的指标研究没有突破性进展。同时，我国目前的评价预测仍然处于单要素的和简单的统计模式之中。赤潮、水质等要素的预测预警刚刚起步，生态环境的预测预报还是空白，缺乏针对性的预测预警产品，更缺乏高精度、高时空分辨率的预测预警业务化模式。发展赤潮、风暴潮、海冰、海浪、水质、生态、温、盐、流的预报预警评价模式应是当前的重要任务。

目前，国际上已经形成了生物健康评价指标体系、海洋及河口生态学指标体系、河口及海洋生物学评价准则和方法等。这些研究成果为我国借鉴和实现跨越式发展奠定了基础，应结合我国海洋及其生态系统的实际情况，研究制定我国海岸带环境监测指标体系和评价模式，包括环境综合质量评价指标体系和方法、海洋生态系统健康评价指标体系和方法及海洋环境质量体系和生态环境评价指南等。

（四）推进海岸带环境监测资料共享

在大力发展经济，努力构建和谐社会的今天，各级政府和社会公众需要更加细致、准确、全面、及时地把握和了解海洋环境质量现状和趋势。如何让海岸带环境监测与评价的成果更好地为我国海岸带环境保护管理工作提供科学依据、为海岸带海洋生物资源的开发和海洋经济的可持续发展保驾护航，已成为今后一个时期海岸带环境监测工作的重点。

提高海岸带环境监测服务能力的关键在于提高海岸带环境监测资料的利用能力。海岸带环境监测资料既是海洋监测工作的重要成果，同时也是海洋环境保护、海洋资源开发和海上活动的出发点和基础。海洋监测资料，包括监测过程中获得的数据、图片、影像等，在海洋资源开发、空间利用、工程建设、军事安全、维护权益、综合管理、公益服务及海洋科学研究等工作中，具有综合的、多方面的使用价值。长期以来，如何充分发挥海岸带监测资料的作用，使之在上述工作中产生应有的价值，一直是困扰管理者和科学家的一个重要的难题。监测过程中不断产生新资料，管理和科研工作中需求的资料又很难获得，有时甚至几个不同的单位在同一时间、同一地点、开展相同项目的监测，造成重复建设和极大的浪费。因此，应及时进行海岸带监测信息产品加工、应用，使花费大量人力、物力获得的资料尽可能得到广泛的使用，而不是束之高阁，避免需要使用时造成重复建设和浪费。必须制定相应政策，建立资料共享的机制，促进海洋资料的共享。可以通过出台一些规定，给予资料提供者一定的优惠条件，如提供资料者可以获得相应数量的其他资料、可以优先或免费获得其急需的服务、拥有提供资料服务的资质条件等，促使资料拥有者（包括机构和个人）将手中的监测资质分享、贡献出来。

促进监测资料的开发和广泛应用的同时，也应通过制定相应的规定，加强对海岸带环境监测资料的管理，保证获取的资料纳入统一的管理中，如在监测项目实施前，预先扣除一定比例经费保存在资料管理部门，待项目完成并按要求交付检测资料后，再将该部分经费返还任务承担单位；项目成果鉴定和评奖，必须有资料管理部门出具的资料验收证明作为前提，否则不予受理。这些办法都将对资料的交付和统一管理起到重要的保证作用。

（五）在法律规定中扩大海岸带环境监测的范围，尽快建立海上应急监测体系

在海岸带环境监测类型上，应当重视对海岸带生境与生物资源影响的监测和研究，尤其是长期影响的监测，从而克服只注重污染源监测的弊端。由于海上溢油事件突发性强、扩散快、危害大，因此，国家应组织力量对海上的溢油及其他危险物质的溢出事件加强监测，建立起海上应急监测体系。一是开展污染事故危险源调查工作，建立危险源适时监控系统，形成完整的突发性环境污染事故应急监测体系；二是配备应急监测仪器设备，加强应急人才队伍的建设，构建较为完备的海洋环境污染事故应急响应系统。

（六）通过海岸带环境监测法启发公众参与海岸带环境保护

环境保护体现公众的利益并与公众的健康息息相关，引入公众参与对海岸带环境监测制度实施的监督机制，发挥公众的积极性和主动性对海岸带环境监测的实施情况能收到良好的效果。日本的经验给我国提供了很好的启示：在过去短短十几年内，日本发展出了几乎是世界上最先进的海洋生态恢复与建设技术。日本之所以能发展出这样的技术，除了其海岸带生态环境承受着巨大的环境压力的客观因素以外，国家的法律法规也起到了巨大的推动作用。

2001 年年初，日本环境厅升格为正部级的环境省（环境大臣属于内阁成员），统管全国环境保护工作，其中负责海洋环境保护管理的主要部门为水环境部闭锁性海域对策室。同时，日本许多学术团体和非政府机构也在海洋环境保护工作中发挥重要作用。日本的海洋生态环境调查与监测主要通过两个方面进行：一是由环境省组织的全国海域自然环境保护基础调查；二是由各个从事海洋研究的大学及研究机构建立的长期的海洋生态监测研究站进行的调查监测。

目前，环境省还没有建立起一个真正长期意义上的监测海洋生态状况的定位站，尽管如此，日本许多从事海洋研究的大学和科研机构中有许多已经建立了有不同侧重点的海洋生态监测站。目前，由大学建立的海岸带海洋生态环境研究定位站有 18 个，彼此之间通过互联网等实现数据与信息共享。这些站位每年获取的数据将成为当地海洋环境保护管理工作的重要参考。

我国这方面目前还没有一个规范海岸带环境监测的民间组织的规章制度，日本是规定形成制度，采用民间专家调查的方法完成的海岸带环境监测。由环境省自然保护局组织各方面的海洋生态专家制定出通用的调查方案和调查方法，具体由环境省生物多样性中心落实，然后由各都道府县的环境保护管理部门具体组织本地区从事海洋研究的大学和科研机构在相同时间实施调查。调查结果先由各地区环境保护管理部门组织专家汇集并写出分析评估报告，供地方性海岸带环境监测工作参考，同时，重要的数据信息统一汇集到生物多样性中心，由该中心组织国内知名专家向国家作出报告。到目前为止，日本已经开展了 6 次全国海域自然环境调查。我国可以吸收日本的经验，设定相关的规章制度，使“民间力量”与“官方力量”充分结合。

参考文献

著作类：

孙中山：《孙中山全集（第二集）》，中华书局 1956 年版。

黎莲卿等编：《亚太地区第二代环境法展望》，法律出版社 2006 年版。

张海文等：《渤海区域环境管理立法研究》，海洋出版社 2009 年版。

张湘兰：《海商法论》，武汉大学出版社 1996 年版。

何卫东：《跨界海洋环境损害国家责任论》，武汉大学出版社 2000 年版。

高健军：《中国与国际海洋法》，海洋出版社 2004 年版。

鹿守本、艾万铸：《海岸带管理体制——体制和运行机制研究》，海洋出版社 2001 年版。

胡增祥、崔红、马英杰：《生物多样性是中国环境保护的重要任务》，载《海洋多样性保护的法律思考》，青岛海洋大学出版社，2006 年版。

王志远、蒋铁民：《渤黄海区域海洋管理》，海洋出版社 2003 年版。

魏敏：《海洋法》，法律出版社 1987 年版。

刘家沂：《海洋生态损害的国家索赔法律机制与国际溢油案例研究》，海洋出版社 2010 年版。

曾世雄：《损害赔偿法原理》，中国政法大学出版社 2001 年版。

汪劲：《环境法学》，北京大学出版社 2006 年版。

朱晓燕：《海岸工程污染海洋环境防治法律制度研究》，中国法制出版社 2015 年版。

吕忠梅：《环境法新视野》，中国政法大学出版社 2000 年版。

管华诗、王曙光：《海洋管理概论》，中国海洋大学出版社 2003 年版。

张朝晖、叶属峰、朱明远：《典型海洋生态系统服务及价值评估》，海洋出版社 2008 年版。

栾维新等：《海陆一体化建设研究》，海洋出版社 2004 年版。

杜志淳：《司法鉴定概论》，法律出版社 2010 年版。

［美］斯蒂格利茨：《政府为什么干预经济》，中国物资出版社 1998 年版。

［美］埃莉诺·奥斯特罗姆：《公共事物的治理之道》，上海三联书店 2000 年版。

［加］E. M. 鲍基斯：《海洋管理与联合国》，海洋出版社 1996 年版。

［美］Biliana Cicin – Sain、Robert W. Knecht：《美国海洋政策的未来——新世纪的选择》，张耀光、韩增林译，海洋出版社 2010 年版。

论文类：

焦欣欣：《浅析船源污染的沿海国管辖权（中）》，载《法制与社会》2008 年 3 月。

任光超、杨德利：《后现代社会发展视野下的海岸带管理》，载《中国发展》2011 年第 3 期。

晏维龙、袁平红：《海岸带和海岸带经济的厘定及相关概念的辨析》，载《世界经济与政治论坛》2011 年第 1 期。

徐道一、易善锋：《生物多样性及其理论意义》，载《地球科学进展》1994 年第 3 期。

蒋金龙、王金坑等：《基于海岸带综合管理的海洋生物多样性保护规划》，载《海洋开发与管理》2012 年第 1 期。

徐祥民、于铭：《区域海洋管理：美国海洋管理的新篇章》，载《中州学刊》2009 年第 1 期。

陈宝红、杨圣云、周秋麟：《以生态系统管理为工具开展海岸带综合管理》，载《台湾海峡》2005 年第 1 期。

刘瑞玉：《中国海物种多样性研究进展》，载《生物多样性》2011 年第 6 期。

丁寻韬、李智：《风险预防原则在海洋生物入侵中的适用研究》，载《海峡法学》2014 年第 3 期。

郭境、朱小明：《实施海岸带综合管理保护我国海洋生物多样性》，载《浙江万里学院学报》2010 年第 2 期。

郭院、朱晓燕：《试论中国的海洋环境监测制度》，载《海洋开发与管理》2005 年第 2 期。

陈慧玲：《浅析环境信息公开与海洋环境管理》，载《决策管理》2007 年第 1 期。

徐靖、李俊生、薛达元等：《〈遗传资源获取与惠益分享的名古屋议定书〉核心内容解读及其生效预测》，载《植物遗传资源学报》2012 年第 5 期。

孙法柏、高静：《发达国家与发展中国家间生物技术知识产权保护的冲突及其消解》，载《福建政法管理干部学院学报》2007 年第 3 期。

薛达元：《〈生物多样性公约〉新里程碑：〈名古屋 ABS 议定书〉（上）》，载《环境保护》2010 年第 23 期。

薛达元：《〈生物多样性公约〉新里程碑：〈名古屋 ABS 议定书〉（下）》，载《环境保护》2010 年第 23 期。

陶梅、胡小荣、周红立：《〈生物多样性公约〉对遗传资源国际交流政策的影响》，载《植物遗传资源学报》2008 年第 9 期。

毕列爵：《从 19 世纪到建国前西方国家对我国进行的植物资源调查》，载《武汉植物学研究》1983 年第 1 期。

薛达元：《遗传资源获取与惠益分享：背景、进展与挑战》，载《生物多样性》2011 年第 15 期。

赵富伟、薛达元：《遗传资源获取与惠益分享国际制度的国际趋势及国家立法问题探讨》，载《生态与农村环境学报》2008 年第 2 期。

薛达元：《名古屋议定书的主要内容及其潜在影响》，载《生物多样性》2011 年第 1 期。

周宏、马永双：《〈遗传资源获取与惠益分享的名古屋议定书〉的遵约机制对我国生物遗传资源保护的启示》，载《产业与科技论坛》2016 年第 17 期。

黄宗斌、江琴：《海洋生态损害国家索赔主体问题研究》，载《中国海商法研究》2013 年第 2 期。

王炳蔚、高蕾：《论海洋环境污染索赔案件中国家行政机关原告地位的判定》，载《中国海洋法学评论》2009 年第 2 期。

周龙：《论海洋生物多样性的法律保护（中）》，载《人民论坛》2016 年 2 月。

姚丽娜：《我国海岸带综合管理与可持续发展》，载《哈尔滨商业大学学报（社会科学版）》2003 年第 3 期。

和先琛：《浅析我国现行海洋执法体制问题与改革思路》，载《海洋开发与管理》2004 年第 4 期。

张辉：《国际海洋法与我国的海洋管理体制》，载《海洋开发与管理》2005 年第 1 期。

银森录、郑苗壮、徐靖等：《〈生物多样性公约〉海洋生物多样性议题的谈判焦点、影响及我国对策》，载《生物多样性》2016 年第7期。

林燕梅、成功：《遗传资源及相关传统知识惠益分享的蓝图与路线图分析》，载《中国发明与专利》2013年第11期。

秦天宝：《论遗传资源获取与惠益分享中的事先知情同意制度》，载《现代法学》2008年第3期。

赵恩波：《美国〈海岸带管理法〉浅析——兼论我国海岸带立法》，载《海洋与海岸开发》1990年第4期。

李宜良：《美国海域使用管理及对我国的启示》，载《海洋开发与管理》2006年第4期。

张灵杰：《美国海岸海洋管理的法律体系与实践》，载《海洋地质动态》2002年第3期。

成克武、周晓芳、张炜银：《美国〈濒危物种法〉及其相关政策措施》，载《世界林业研究》2008年第4期。

张博：《美国外来物种入侵的相关法律对我国的启示》，载《黑龙江省政法管理干部学院学报》2005年第2期。

刘康：《加拿大海洋环境管理》，载《海洋开发与管理》2011年第1期。

王晓霞、周怡圃、李宜良：《〈日本海洋基本法〉系列研究——尽快制定我国海洋基本法是建设海洋强国的必由之路》，载《海洋信息》2008年第3期。

陈宗波：《菲律宾生物多样性及其相关知识的立法及对中国的启示》，载《河北法学》2008年第11期。

张义钧：《〈欧盟海洋战略框架指令〉评析》，载《海洋开发与管理》2011年第4期。

蔡守秋：《综合生态系统管理法的发展概况》，载《政法论坛》2006年第3期。

周龙：《论海洋生物多样性的法律保护（中）》，载《人民论坛》2016年第2期。

翟勇：《中国的生物多样性保护立法》，载《世界环境》2009 年第 3 期。

季柳阴来：《国际环境条约在中国的履行——以〈生物多样性公约〉为例（下）》，载《法制与社会》2011 年第 6 期。

刘康：《加拿大海洋环境管理》，载《海洋开发与管理》2011 年第 1 期。

李浩、郑安民、李东明：《美国、澳大利亚防控生物入侵策略对我国的启示》，载《植物检疫》2007 年第 4 期。

陈宗波：《菲律宾生物多样性及其相关知识的立法及对中国的启示》，载《河北法学》2008 年第 11 期。

王运生、肖启明、万方浩等：《日本〈外来物种入侵法〉及对我国外来物种管理立法和科研的启示》，载《植物保护》2007 年第 1 期。

黄康宁、黄硕琳：《我国海岸带综合管理法律问题探讨》，载《广东农业科学》2010 年第 4 期。

赵明利、伍业锋、施平：《从“综合”角度看我国海岸带综合管理存在的问题》，载《海洋开发与管理》2005 年第 4 期。

董跃：《我国海岸带管理立法建设途径刍议》，载《海洋开发与管理》2008 年第 11 期。

许浩、陈栋：《我国海洋生物资源养护的立法初探》，载《中国渔业经济》2011 年第 6 期。

王琪、李杨：《海洋环境管理中的信息不对称及应对措施》，载《中国海洋大学学报（社科版）》2007 年第 5 期。

刘莹：《网络环境下图书馆的信息资源建设》，载《情报资料工作》2000 年第 2 期。

谭和平：《利益视角中的政府信息公开》，载《云南行政学院学报》2006 年第 1 期。

韩启明：《网络环境下政府信息资源开发利用探讨》，载《长江论坛》2003 年第 3 期。

颜佳华、易承志：《转型期中央与地方关系的困境及其对策》，载《湖南社会科学》2004 年第 6 期。

王琪：《海洋环境问题及其政府管理》，载《青岛海洋大学学报（社会科学版）》2002 年第 4 期。

陈国强、王颖：《海岸带综合管理的若干问题》，载《海洋通报》2003 年第 3 期。

王威：《关于海洋环境污染中国家民事索赔之研究》，载《广西社会科学》2010 年第 9 期。

黄宗斌：《海洋生态损害国家索赔主体问题研究》，载《中国海商法研究》2013 年第 2 期。

岳小花、密晨曦：《论国家索赔海洋生态损害的赔偿责任》，载《中国海洋大学学报（社会科学版）》2011 年第 3 期。

王建廷：《我国地方海洋立法技术分析》，载《海洋环境科学》2009 年第 1 期。

沈峰、傅金龙、周世峰：《海洋功能区划制度在浙江的实践与思考》，载《海洋开发与管理》2010 年第 10 期。

周瑞荣、许祝华、张彦彦：《系统论视角下的海洋功能区划》，载《海洋开发与管理》2009 年第 26 期。

李晋、林宁等：《市级与省级海洋功能区划空间符合性分析研究》，载《海洋通报》2009 年第 5 期。

任一平、李升等：《我国海洋功能区划中的公众参与及其效果评价》，载《中国海洋大学学报》2009 年第 1 期。

丘君等：《渤海区域生态补偿机制的研究》，载《中国人口、资源与环境》2008 年第 2 期。

洪尚群、吴晓青、段昌群等：《补偿途径和方式多样化是生态补偿基础和保障》，载《环境与科学技术》2001 年第 24 期。

卢宏、孙金华：《网络环境下政府信息资源开发利用的探讨》，载《江西行政学院学报》2000 年第 1 期。

邢孟军：《转型期地方政府与中央政府博弈关系探析》，载《学习论坛》2004 年第 11 期。

张灵杰：《美国海岸带综合管理及其对我国的借鉴意义》，载《世界地理研究》2001 年第 2 期。

刘萍、陈雅芝：《政府环境信息公开和保密的利益限制与平衡》，载《理论导刊》2011 年第 8 期。

竺效：《生态损害事实及其可填补之类型研究》，载《北京林业大学学报（社会科学版）》2008 年第 7 期。

戚道孟：《论海洋环境污染损害赔偿纠纷中的诉讼原告》，载《中国海洋大学学报》2004 年第 1 期。

韩洋：《大海洋生态系区域：海洋法新制度的构建研究》，中国海洋大学 2010 年硕士学位论文。

管岑：《海岸带生态系统管理法律研究》，中国海洋大学 2011 年硕士学位论文。

王晓强：《我国生物多样性保护法律制度研究》，中国海洋大学 2010 年硕士学位论文。

杨健萍：《我国海洋生态损害索赔法律问题研究》，天津大学 2012 年硕士学位论文。

宫晴晴：《海洋生态损害国家索赔制度初探》，华东政法大学 2012 年硕士学位论文。

张留丽：《论沿海国对船只污染的管辖权》，中国政法大学 2011 年硕士学位论文。

徐冲：《论美国海岸带管理法律制度对我国的借鉴》，中国海洋大学 2011 年硕士学位论文。

贺蓉：《我国海岸带立法若干问题研究》，中国海洋大学 2009 年硕士学位论文。

董健：《我国海岸带管理模式及其运行机制研究》，中国海洋大学2016年硕士学位论文。

王晓辉：《防治外来物种入侵立法研究》，中国政法大学2006年硕士学位论文。

王冠钰：《澳大利亚的海洋法实践研究及其对我国的启示》，中国海洋大学2010年硕士学位论文。

马英杰：《我国珍贵濒危海洋动物保护法律研究》，中国海洋大学2008年博士学位论文。

王敬敬：《生物遗传资源获取与惠益分享的立法问题研究》，北京林业大学2014年硕士学位论文。

金珣子：《区域生态行政补偿立法研究》，中国地质大学（北京）2014年硕士学位论文。

张小磊：《海上船舶油污生态损害赔偿范围研究》，华东政法大学2010年硕士学位论文。

刘雯雯：《我国海洋生态损害索赔主体法律问题研究》，大连海事大学2008年硕士学位论文。

徐根平：《我国海洋环境监测法律规制》，中国海洋大学2011年硕士学位论文。

WORM B，BARBIERE，BEAUM ONTN：*Impacts of Biodiversity Loss on Ocean Ecosystem Services*，Nature，2006，314（3）.

NAEEMS. LIS：*Biodiversity Enhances Ecosystem Reliability*，Nature，1997，390.

KENNEDY，NAEEMS，HOWEKM：*Biodiversity as a barrier to ecological invasion*，Nature，1997.

Ellina Levina etal，*Policy Frameworks for Adaption to Climate Change in Coastal Zones*，The Case of the Gulf of Mexico Organization of Economic Co - operation and Development，04 - May - 2007.

Nijar G S. *The Nagoya Protocol on Access and Benefit Sharing of Genetic Resources：an Analysis*. Malaysia：Centre of Excellence for Biodiversity Law（CEBLAW），2010.

Costa Rica：Biodiversity Law，No. 7788. Article 7. 1；Andean Community：Decision 391 on Access on Genetic Resources，Article 1；Australia：Environmental Protection and Biodiversity Reservation Regulations 2000，Article 8A. 03.

Santiago Carrizosa，Stephen B. Brush，Brian D. Wright，et al，Accessing Biodiversity and Sharing the Benefits：Lessons from Implementing the Convention on Biological Diversity，International Union for Conversation of Nature and Natural Resources，2004，p. 37.

法律法规类：

国际公约：

《联合国海洋法公约》
《生物多样性公约》
《卡特赫纳生物安全议定书》
《濒危野生动植物种国际贸易公约》
《生物多样性公约关于获取遗传资源和公正和公平分享其利用所产生惠益的名古屋议定书》
《国际防止船舶造成污染公约》
《控制和管理船舶压载水和沉积物国际公约》
《国际油污损害民事责任公约》
《设立国际油污损害赔偿基金公约》
《1996 年关于海上运输有害有毒物质的责任和损害赔偿的国际公约》

国外立法：

美国：《美国海洋行动计划》《基于生态系统管理海洋管理的科

学声明》《海岸带管理法》《渔业保护与管理法》《海洋保护区行政命令》《珊瑚礁保护区法》《国家环境政策法》《海洋资源和工程发展法》《海洋保护研究和自然保护区法》《渔业保护和管理法》《濒危物种法》《外来有害水生生物预防与控制法》《国家入侵物种法》《油污责任法》《水质清洁化法》

法国：《海岸带整治展望》《关于海岸带保护及整治的方针》《海岸带整治保护及开发法》《海岸公物法》《生物多样性恢复自然与人文景观法令》

荷兰：《海上污染法》《防止船舶污染法》

澳大利亚：《澳大利亚海洋政策》《区域海洋规划》《联邦海岸带政策》《联邦海岸带行动计划》

加拿大：《加拿大海洋战略》《联邦环境保护法》《海洋法》《渔业法》《沿海渔业保护法》《渔业管理规定》《渔业检查规定》《领海和渔区法》《渔区法令》《沿海省份渔业管理规定》《太平洋渔业管理规定》《大西洋渔业管理区规定》《渔业发展法》《渔业改进贷款法》《渔业价格支持法》《航海法》《水法》《防止油类污染法》《海洋倾废法》《国家海洋保全区法》《加拿大环境标准》《海洋保护区战略》《有害生物控制产品法》《海洋环境陆基活动污染预防国家行动计划》

日本：《海洋污染法》《海域水质污染法》《推进海底资源开发法》《国土综合开发法》《海洋建筑物安全水域法》《海洋基本法》《海面围垦条例》《海岸法》《海岸法实施令》《公有水面填埋法》《海洋污染及海上灾害防止法》《濑户内海环境保护特别措施法》《濑户内海环境保护特别措施法的实施令》《关于渔业水域的临时措施法》《水产资源保护法》《国土综合开发法》《海洋基本法》《海底资源开发推进法案》《关于在专属经济区等水域行使自然资源勘探和海洋科学调查的主权权利及其他权利的法案》《海洋生物资源养护和管理法》

菲律宾:《国家一体保护区系统法》《野生生物资源保存与保护法》《群体知识产权保护法案》《为科学、商业及其他目的开发生物与遗传资源、其副产品和衍生物确立指南、建立管理框架的第247行政令》《关于生物与遗传资源开发实施规则与条例的第96－20号行政令》

印度:《野生动物保护法》《危险微生物、遗传工程微生物或细胞的生产、应用、进出口和贮藏条例》《环境保护条例》《印度给可持续发展委员会的报告》《国家林业政策》《国家环境与发展的保护战略和政策声明》

欧盟:《欧盟2005年至2009年战略》《欧盟海洋综合政策绿皮书》《欧盟海洋综合政策实施指南》《水资源框架指令》《环境影响评价指令》《战略环境评价指令》《欧盟海洋战略框架指令》《关于共同体生物多样性战略》《养护欧洲野生生物和自然生境公约》《关于自然养护和风景保护的比荷卢公约》《保护阿尔卑斯山公约》《欧共体关于保护自然生境和野生动植物种的指令》《关于共同体生物多样性战略》《欧盟鲸类条例》《欧盟海豹皮指令》

我国立法:

《海洋环境保护法》

《全国海洋功能区划（2011—2020年)》

《国务院关于全国海洋功能区划（2011—2020年）的批复》

《中国自然保护区发展规划纲要（1996—2010年)》

《全国生态保护“十三五”规划纲要》

《全国生态环境建设规划》

《国务院关于建立国家级海洋类型自然保护区的批复》

《近岸海域环境功能区管理办法》

《海洋功能区划技术导则》

《省级海洋功能区划编制技术要求》

《濒危野生动植物进出口管理条例》
《海岸线保护与利用管理办法》
《海洋倾废管理条例》
《海洋监测规范》
《海洋标准化管理办法》
《海洋石油勘探开发环境保护管理条例》
《防治陆源污染物污染损害海洋环境管理条例》
《防治海岸工程建设项目污染损害海洋环境管理条例》
《防治海洋工程建设项目污染损害海洋环境管理条例》
《防治船舶污染海洋环境管理条例》
《广东省近岸海域环境功能区划》
《广东省海域使用管理条例》
《广东省港口管理条例》
《广东省海洋与渔业基本建设项目管理试行办法》
《广东省海域使用金征收使用管理暂行办法》
《青岛市海岸带规划管理规定》

图书在版编目（CIP）数据

国内外海岸带管理对海洋生物多样性保护立法研究 / 朱晓燕著 . —北京：中国法制出版社，2018. 12
ISBN 978 - 7 - 5093 - 6814 - 5

Ⅰ. ①国… Ⅱ. ①朱… Ⅲ. ①海岸带 - 海洋生物 - 生物多样性 - 保护 - 立法 - 研究 - 世界 Ⅳ. ①D912. 604

中国版本图书馆 CIP 数据核字（2018）第 278496 号

责任编辑　陈　兴　赵律玮　　封面设计　杨鑫宇

国内外海岸带管理对海洋生物多样性保护立法研究
GUONEIWAI HAIANDAI GUANLI DUI HAIYANG SHENGWU DUOYANGXING BAOHU LIFA YANJIU

著者/朱晓燕
经销/新华书店
印刷/北京京华虎彩印刷有限公司
开本/640 毫米 ×960 毫米　16 开　　印张 / 22　字数 / 251 千
版次/2018 年 12 月第 1 版　　2018 年 12 月第 1 次印刷

中国法制出版社出版
书号 ISBN 978 - 7 - 5093 - 6814 - 5　　定价：69. 00 元

北京西单横二条 2 号
邮政编码 100031　　传真：010 - 66031119
网址：http：//www. zgfzs. com　　**编辑部电话：010 - 66071862**
市场营销部电话：010 - 66033393　　**邮购部电话：010 - 66033288**
（如有印装质量问题，请与本社印务部联系调换。电话：010 - 66032926）